주 안에서 사랑하는

_____에게

이 책을 드립니다.

예수님의 이적과 계시

예수님의 이적과 계시

곽요셉 목사

새세대

요즘 한국교회 일각에서 이적(기적)의 소문들이 많이 들려옵니다. 이적은 사람들의 흥미를 끕니다. 특히 종교의 우월함을 드러내는 방편으로 이적이 곧잘 인용됩니다. 사람들은 이적을 경험하여서 기독교 신앙에 이르게 되는 경우도 적잖이 있고, 또한 기존 신자들도 하나님이 살아계신 증거로 각종 이적의 소문들을 자랑하기도 하고 말하고 듣고 싶어 합니다. 이적을 갈망하는 수천 명의 사람들을 모아놓고 그 자리에서 각종 질병이 나았다고 주장하는 치유자들을 우리 주변에서도 볼 수 있습니다. 심지어 그들은 TV나 인터넷으로 자신들의 집회 현장 영상에 손만 대도 이적이 일어난다는 말도 합니다. 이처럼 황당하기까지 한 이적 무용담들은 순진한 사람들의 귀를 솔깃하게 만들지만, 동시에 아무런 이적도 경험하지 못한 채 고통과 시련 속에 머물러 있는 대다수의 신자들마저 좌절과 영적 열등감에 빠뜨리고 있습니다. 따라서 이적에 대한 성경적 이해와 분별력은 올바른 신앙 성장을 위해서 매우 시급한 과제로 떠올랐습니다.

　물론 성경은 이적의 이야기들로 가득합니다. 천지만물과 인간을 지으시고 주관하시는 하나님께서 초자연적으로 역사하심은 신앙의 상식에 해당됩니다. 하지만 이적은 전적으로 하나님의 주권에 속한 일입니다. 오늘날에도 하나님이 우리의 삶에 초자연적으로 역사하시며 그러한 이적을 경험하는 주된 통로가 우리의 강력한 믿음에 달려 있다는 주장을 곧잘 접하게 됩니다. 그리고는 이적의 근거를 성경, 특히 복음서에 나오는 예수님의 많은 이적 기사들에서 찾습니다. 하지만 예수님께서는 이적 그 자체만을 요구하고 이적에만 의존하는 무리들을 꾸짖으셨습니다. 왜냐하면 이적, 다른 말로 표적은 그 가리키는 바에 가장 중요한 의미가 있기 때문입니다. 우리는 성경의 이적 기사와 접할 때 이적을 일으키신 하나님과 그 분이 이적을 통해서 알려주시려는 메시지에 주목해야 합니다. 성경은 이적 자체에만 집중하다 신앙의 길에서 멀어진 사람들에 관한 이야기들도 분명히 전하고 있습니다.

　본서는 예수님께서 행하신 이적 이야기들을 신학적으로 정립하고 신자의 삶에 던져주는 영적인 의미를 탐구하고 있습니다. 예수님의 이적들은 그 이적을 경험한 사람들이 하나님의 뜻을 발견하여, 믿고 순종하며 인내하도록 주어진 강렬하고도 상징적인 메시지였습니다. 이적의 진정성은 능력을 체험하는데 있는 것이 아니라, 이적을 행하신 그 분과 만나는데 있습니다. 우리가 많은 이적을 말하지만, 사실 이적 중 최고의 이적은 하나님께서 우리를 사랑하시고 긍휼이 여기사 그 아들을 보내서 구원의 은혜를 베푸셨다는 것이 최고의 이적입니다. 그 은혜에 응답하여 새로운 깨달음으로 순종하고 변화된 삶을 사는 것, 그것이 바로 하나님이 행하시는 이적의 온전한 목적입니다.

저자는 이적에 대한 성경적 이해를 바르게 제시하려는 설교자의 소명으로 본서를 집필하게 되었습니다. 예수소망교회 강단에서 성도들을 향해 선포된 말씀이기에 목양의 마음 또한 담겨져 있습니다. 우리 주님께서 친히 행하시고 가르쳐주신 이적의 의미를 배우는 가운데, 지금도 우리와 교통하시며 우리의 삶을 아름답게 빚어 가시는 하나님과의 만남을 경험하시기 바랍니다.

목 차

01_첫 표적의 의미

하나님의 말씀_요한복음 2 : 1 - 11

사흘 되던 날에 갈릴리 가나에 혼인이 있어 예수의 어머니도 거기 계시고 예수와 그 제자들도 혼인에 청함을 받았더니 포도주가 모자란지라 예수의 어머니가 예수에게 이르되 저희에게 포도주가 없다 하니 예수께서 가라사대 여자여 나와 무슨 상관이 있나이까 내 때가 아직 이르지 못하였나이다 그 어머니가 하인들에게 이르되 너희에게 무슨 말씀을 하시든지 그대로 하라 하니라 거기 유대인의 결례를 따라 두 세 통 드는 돌항아리 여섯이 놓였는지라 예수께서 저희에게 이르시되 항아리에 물을 채우라 하신즉 아구까지 채우니 이제는 떠서 연회장에게 갖다 주라 하시매 갖다 주었더니 연회장은 물로 된 포도주를 맛보고 어디서 났는지 알지 못하되 물 떠온 하인들은 알더라 연회장이 신랑을 불러 말하되 사람마다 먼저 좋은 포도주를 내고 취한 후에 낮은 것을 내거늘 그대는 지금까지 좋은 포도주를 두었도다 하니라 예수께서 이 처음 표적을 갈릴리 가나에서 행하여 그 영광을 나타내시매 제자들이 그를 믿으니

여러분은 성경에 나타난 기적을 얼마나 믿고 또 얼마나 그 기적을 구하며 오늘을 살아가십니까? 성경에는 수많은 기적들이 기록되어 있습니다. 창세기부터 요한계시록까지, 창조부터 심판에까지 계속해서 기적들이 나옵니다. 기적을 뺀다면 성경의 분량은 무척 적어집니다. 또

한 하나님의 말씀으로서 온전한 성경이 되지도 못합니다. 하나님께서 무에서 유를 창조하셨다? 기적입니다. 인간을 창조하셨다? 기적입니다. 예수님이 이 땅에 오셨다? 기적입니다. 성령으로 잉태하셨다? 기적입니다. 하나님의 아들이 십자가에 죽으셨다? 기적입니다. 그분이 부활하셨다? 기적입니다. 승천하셨다? 기적입니다. 하나님의 우편에 앉으셔서 통치하신다? 기적입니다. 천당과 지옥이 있다? 기적입니다. 성경에서 기적에 관한 이야기를 빼면 도무지 하나님의 말씀이 되지 않습니다. 우리는 이 점을 기억해야 합니다.

하나님께서는 계시의 하나님이십니다. 하나님께서는 스스로 존재하시면서 자신의 뜻을 말씀해주시고 알려주시기 위해 수많은 다양한 방법들을 사용하십니다. 기적은 하나님께서 자신의 뜻을 알려주기 위해 사용하신 가장 극적인 방법입니다. 그러나 하나님은 때로는 직접 말씀하시기도 하고, 사람을 통해서 말씀하시기도 하고, 사건을 통해서 말씀하시기도 하고, 기적을 통해서 말씀하시기도 합니다. 우리는 이점을 기억해야 합니다.

기적은 계시입니다

어느 목사님이 죽음을 앞둔 어떤 분을 찾아가서 마지막 권면을 했습니다. "마귀를 규탄함으로써 사탄의 그 사악한 행위를 부정하십시오. 마귀는 나와 무관하다고 선포하십시오." 그랬더니 이 임종직전에 계신 분이 아무런 대답을 안 합니다. 다시 권면을 하지만 아무 말씀을 안 하십니다. 그래서 목사님이 질문했습니다. "어째서 마귀의 그 사악함을 규탄하지 않는 겁니까?" 그러자 그분이 이렇게 대답했습니다. "내가 어디로 갈지도 알지 못하는 판국에 누구의 비위를 거스르라고 그런 말을 합니까!"

이런 불신앙의 사람을 신앙의 사람으로 만들 때 기적이 나타납니다. 기적을 통해서 하나님께서 말씀하시고, 그 말씀을 통해서 오직 한 분이신 하나님을 믿음으로 고백하고 느끼며 살도록 하나님께서 역사하십니다. 물로 세상을 심판하신 것이 노아의 홍수입니다. 소돔과 고모라의 심판은 불로 이루어졌습니다. 이런 사건들을 통해 그들이 무엇을 기억했겠습니까? 그것은 바로 하나님께서 살아 계신다는 것입니다. 그 사건을 통해 하나님께서 강력한 메시지를 주십니다. 다시 말해서 불신앙의 사람에게 믿음을 주십니다. 그것이 목적입니다.

예를 들어, 질병과 관련된 기적을 생각할 때 우리는 으레 질병이 깨끗해져서 치유되고 없어지는 것만을 생각합니다. 그러나 동시에 질병에 걸려 죽는 것도 기적입니다. 갑자기 설명 안 되게 죽고 사는 모든 것이 기적입니다. 성공과 실패도 기적입니다. 흥망과 성쇠도 기적입니다.

요한복음 9장에는 날 때부터 시각장애인인 사람이 나옵니다. 예수님께서 그에 대해서 말씀하십니다. "하나님의 하시는 일을 나타내고자 하심이라(3절)." 그런 시각장애인은 태어나면서부터 하나님의 경륜 안에 있습니다. 이적입니다. 하나님의 경륜 안에서 이루어지는 모든 역사들 자체가 이적입니다. 문제는 어떤 관점으로 보느냐 하는 것인데, 인간의 관점으로 보면 기이한 일은 다 기적이요, 이적입니다. 그러나 하나님의 관점에서 보면 기적은 없습니다. 단 하나가 남습니다. 말씀이 남고, 하나님의 계시가 남습니다. 그러니까 영적인 사람은 말씀을 구하고, 육적인 사람은 끝까지 기적을 구하다 망합니다. 우리는 이것을 분명히 알아야 합니다.

오늘날 보면 신앙인인데도, 심지어 성직자인데도 기적을 안 믿습니다. 성경을 보면서도 '이건 이렇고, 저건 저렇고' 하면서 자기 마음대로 해석합니다. 이것은 불신앙입니다. 인간의 관점으로는 너무 기이해서 설명이 안 되니까 믿지 않지만, 그러나 그 자체가 불신앙입니다. 하나님께서는 오늘도 그 분의 경륜 안에서 그 분의 일을 그 분의 방법으로 행하시기 때문입니다. 그것을 인간이 느낄 때는 기적이요, 신비일 뿐입니다. 이 점을 기억해야 합니다.

신약성경에 나오는 기적의 세 가지 의미

오늘 본문에는 너무나 유명한 사건이 나타납니다. 물이 포도주가 되는 이적이 나타났습니다. 얼마나 놀라운 일입니까? 그런데 왜 하나님께서는 이런 이적을 쓰셔야만 했습니까? 그건 말씀을 주시기 위함입니다. 이것을 분별해야 합니다. 그래서 오늘 본문에서는 이 이적을 '표적'이라 말씀합니다. 특별히 오늘 본문이 중요한 까닭은 이 이적이 예수님이 공생애 가운데서 행하신 첫 기적이며, 의도적으로 행하신 표적이기 때문입니다. 그래서 더 큰 의미가 있습니다. 신약성경에서는 기적을 세 가지로 말씀합니다. 조금 신학적인 개념이지만, 알아둘 필요가 있습니다.

첫째로, 헬라어 '테라스'는 한국어로 '기적' 또는 '이적'으로 번역됩니다. 영어로는 'wonder', '깜짝 놀라는 것'입니다. 기이한 것입니다. 또한 'miracle', '초자연적인 것'입니다.

둘째로, 헬라어 '두나미스'는 '능력'으로 번역됩니다. 영어로는 'power'입니다. '힘'이요, '능력'입니다. 이 언어가 사용될 때는 능력의 원인이 나타나는데 능력을 행한 자가 누구인지, 능력의 원천, 그 궁극적인 원인이 누구인가를 묻게 됩니다. 그리고 성경에서는 그분이 '하나님이시다'라는 의미로 사용합니다.

셋째가 무엇보다 중요한데, '세메이온'이라는 헬라어입니다. 오늘 본문에 나오는 용어는 다 '세메이온'입니다. 이것은 '표적' 또는 '상징'으로 번역됩니다. 영어로는 'sign'입니다. 구체적으로 말하면 'miraculous sign'입니다. 다시 말해서 그 기적 안에, 기이한 일 안에 의미가 있습니다. 그러므로 기적은 상징일 뿐, 이 상징이 뜻하는 메시지가 있음을 알아야 합니다. 더 높은 차원에서 쓰이는 용어입니다.

성령께서는 기적도, 능력도, 표적도 행하십니다. 그러나 가장 중요한 것이 무엇입니까? 신앙인은 표적을 통해서 메시지를 듣습니다. 성령께서는 그 메시지를 깨닫게 하시고, 기억나게 하십니다. 하나님을 만나게 하십니다. 만일 이적은 봤지만 메시지를 듣지 못하면 아무 소용이 없습니다. 그냥 망합니다. 오늘날은 이적을 믿지 않습니다. 과학기술이 발달하고 정보화 시대이기 때문에 그렇습니까? 아닙니다. 불신앙 때문입니다. 그런가하면 또 다른 그룹은 이 과학정보와 기술에 너무 실망해서 신비주의로 빠집니다. 그래서 기적만 외칩니다. 그런데 메시지가 없습니다. 이 또한 불신앙입니다.

어느 아버지와 아들이 사막을 여행하고 있었습니다. 그런데 여행길에 물이 떨어졌습니다. 큰일 났습니다. 거기다가 얼마간 길을 헤매기까지 하니 너무 답답한 나머지 아들이 아버지를 원망합니다. "아버지, 우리 다 죽겠어요. 어떻게 물도 없이 여행을 합니까? 괜히 더 돌아다니지 말고 그냥 앉아서 죽는 것이 낫겠습니다." 그러던 중에 그들은 큰 무덤 하나를 발견합니다. 그러자 아들이 울면서 말합니다. "우리는 저렇게 죽을 거예요. 그냥 포기하고 죽어요." 그때 아버지가 껄껄 웃으면서 이런 말을 했습니다. "아들아, 무덤은 희망의 징조란다. 무덤이 있다는 것은 마을이 가까이에 있다는 의미란다."

표적을 통해서 그 메시지를 듣는 자가 하나님의 사람이요, 영적인 사람이요, 복 있는 사람입니다. 듣지 못하면 기적을 몸소 체험하고, 이적을 눈으로 직접 보아도 아무 소용이 없습니다.

혼인잔치에서 보여주신 첫 표적

오늘 본문은 이것이 "첫 표적(11절)"이라고 말씀합니다. 그 많은 이적들 중에서도 첫 표적입니다. 하나님께서는 하나님의 지혜와 경륜으로 어디에 사용하실지, 어떻게 일으키실지, 누구에게 행하실지 의도적으로 첫 표적을 택하셨습니다. 그러니 이 첫 표적이 얼마나 중요합니까? 이 표적의 첫 메시지는 이것이 바로 혼인잔치라는데 있습니다. 이적이 나타난 다른 경우를 보면 박해 중이나 어떤 어려운 상황 중입니다. 그러니 초상집이나 순교할 순간에 첫 표적이 나타날 만하지 않습니까? 그런데 아닙니다. 처음 표적, 성경에서 첫 표적이라고 하면서 예수님께서 하신 일을 기록한 것은 이것 하나뿐입니다. 두 번째 세 번째도 기록이 없습니다. 이 중요한 첫 표적이 혼인잔치에서 일어났습니다.

기독교는 금욕주의가 아닙니다. 착각하지 마시기 바랍니다. 또한 기독교는 염세주의도 아닙니다. 기독교는 낙관적인 긍정주의도 아닙니다. 전혀 아닙니다. 그럼 기독교가 무엇입니까? 잔치입니다. 이것을 선포합니다. 혼인잔치는 얼마나 기쁩니까? 다 잊어버리고 기쁜 것만을 서로 생각하며 축하하는 시간입니다. 기쁨이 있고, 감사가 있고, 찬송이 있습니다. 이와 같이 하나님 나라는 고행도, 낙담도, 절망도 아니고 잔치임을 선언합니다. 어떤 잔치입니까? 종말론적 잔치입니다. 하나님 나라는 종말론적 잔치, 천국 잔치입니다.

탕자의 비유가 이것을 잘 말해줍니다. 아버지를 떠난 삶은 그 자체가 고난이요, 고행이요, 슬픔이요, 낙담이요, 절망이지만, 아버지께로 돌아오면 그 마지막은 잔치입니다. 기쁨의 잔치입니다. 아무것도 묻지 않고 잔치를 베풉니다. 맞아주고, 기뻐하고, 찬양하고, 감사합니다. 하나님 나라는 이와 같이 돌아온 아들을 맞이하는 잔치입니다. 이를 종말론적인 잔치라고 합니다. 하나님의 사람은 이러한 종말론적 천국 잔치를 바라보고 소망하며, 영원한 삶을 확신하면서 오늘을 살아갑니다. 그러나 오늘도 오늘을 위해 마련된 그날의 잔치를 맛봅니다. 물론 가장 완성된 잔치는 종말에 있습니다. 그러나 진리의 능력으로 그 잔치를 미리 맛보며 살아갑니다. 이것이 하나님께서 우리에게 주신 은총입니다. 그래서 성령 안에서 의와 평강과 희락의 충만함을 믿고, 고백하고, 누리며 증거하며 삽니다. 이것이 하나님 나라입니다. 이것을 가르치는 것입니다.

첫 표적의 현장: 가정

또 하나의 메시지는 가정에서 이런 일이 있었다는 점입니다. 다른 이적은 군중들 앞에서, 수많은 사람들 앞에서 이루어지는데, 이 사건은 아닙니다. 그 당시 작은 마을 가나에서, 그것도 이름 모를 평범한 가정에서 첫 표적이 일어났습니다. 여기에 중요한 메시지가 있습니다. 가정은 하나님께서 창조하신 은혜의 선물입니다. 사람이 만든 문화제도가 아닙니다. 창세기를 보십시오. 하나님께서 친히 짝을 지어주시고 가정을 만드십니다. 하나님께서 의도하신 최소의 공동체가 바로 가정입니다. 다시 말해서 하나님 나라는 가정을 통해서 역사합니다. 최소의 공동체입니다.

그래서 본 교회 목회철학 중에 '가정의 교회화'라는 것이 있습니다. 하나님께서는 복을 주셔도 가정을 통해서 주십니다. 심판을 하셔도 그와 같이 하십니다. 그러니까 가정이 붕괴되면 사회가 붕괴되고, 사회가 붕괴되면 나라가 붕괴되고, 나라가 붕괴되면 세상이 붕괴됩니다. 원인을 세상의 정책, 국가의 정책에서 찾지만, 아닙니다. 거기에는 해결점이 없습니다. 문제를 해결하려면 세상의 어지러움이 무엇 때문인지를 알아야 하는데, 나라와 사회를 따라가다 보면 결국 최소단위는 가정입니다. 최소 공동체입니다. 거기서부터 문제를 해결하지 않으면 근본적인 해결이 안 됩니다. 하나님 나라의 시작, 하나님 나라의 선포가 이와 같습니다.

이 가정에는 또 다른 신비가 있습니다. 하나님을 아는 신비가 있습니다. 부모와 자식 간의 사랑의 관계를 통해서 아버지 하나님의 사랑을 느낄 수 있고, 추측할 수 있도록 가정을 만들었습니다. 하나님의 자녀로서 그 하나님 아버지의 사랑이 어떠한가를 간접적으로 경험할 수 있도록 가정을 우리에게 주셨습니다. 놀라운 신비가 이 가정 안에 있습니다. 가정은 이 점을 우리에게 계시합니다.

첫 표적의 경험: 순종

또 다른 의미로는 순종의 중요성입니다. 우리는 진리를 말하고 진리의 능력을 경험해야 합니다. 따라서 진리에 순종하지 않으면 절대 경험하지 못합니다. 종종 진리를 강하게 깨닫지만 그때의 느낌으로 끝나곤 합니다. 그 느낌을 삶의 능력으로 체험하려면 겸손한 마음으로 순종해야 합니다.

오늘 본문을 보면 예수님의 어머니, 마리아가 여기에 있었습니다. 그 어머니가 예수님에 대한 절대 순종의 마음으로 문제를 해결하려고 합니다. 아주 사소한 문제지만, 그 문제를 예수님께로 가져갑니다. 이것이 순종하는 마음입니다. 모든 그리스도인은 모든 문제를 예수님 앞에 가져가야 됩니다. 그 순종의 자리에서 하나님께서 지혜도 주시고, 영광도 주십니다.

이것은 정말 사소하고 작은 문제였습니다. 그 당시에 포도주는 생필품이고 그리고 잔치에 포도주가 없으면 수치를 당합니다. 그래도 이것은 죽고 사는 문제는 아닙니다. 좀 중요하기는 해도 절대적인 문제가 아닙니다. 포도주는 없어도 되는 것 아닙니까? 그런데 이 하찮고 사소한 문제를 통해서 하나님의 역사가 일어납니다.

오늘 본문은 말씀합니다. "그의 어머니가 하인들에게 이르되(5절)" 마리아의 말입니다. "너희에게 무슨 말씀을 하시든지 그대로 하라 하니라(5절)." 순종의 마음입니다. 여기서부터 하나님의 표적과 이적이 나타나기 시작합니다. 누군가의 순종사건을 통해서 하나님의 역사가 나타나기 시작합니다. 또한 하인들도 그렇게 했습니다. "예수께서 저희에게 이르시되 항아리에 물을 채우라 하신즉 아구까지 채우니(7절)." 솔직히 포도주가 부족하다는데 물을 채워서 무엇 합니까? 그것도 굳이 그렇게 꽉꽉 채울 게 뭐 있습니까? 대충 하면 그만입니다. 그런데 하인들은 순종했습니다. 그냥 알든 모르든 순종했습니다.

왜 그렇게 했습니까? 예수님의 말씀이기 때문입니다. "갖다 주라 하시매 갖다 주었더니(8절)." 끝까지 그냥 순종하는 것입니다. "연회장은 물로 된 포도주를 맛보고 어디서 났는지 알지 못하되 물 떠온 하인들은 알더라(9절)." 물 떠온 하인들은 알았습니다. 즉, 순종하는 자만이 압니다. 순종하지 않는 자, 하나님을 경외하지 않는 자는 메시지를 들으려고 해도 들을 수 없습니다. 이것이 무슨 일인지를 모릅니다. 그저 속으로 '아, 놀랍구나!' 하고 끝입니다. 그렇게 허탄한 삶을 살고 망합니다. 그러나 순종하는 자만이 알게 됨을 우리에게 깨닫게 해주십니다. 하나님 나라는 진리에 순종하고, 진리를 실천하는 자에게 능력으로 나타납니다. 이것을 계시해주는 사건입니다.

첫 표적의 영향: 질적인 변화

또한 가장 중요한 것은 바로 물이 포도주가 되는 질적인 변화입니다. 양적인 변화가 아닙니다. '오병이어'는 양적 변화입니다. 그러나 이것은 질적 변화입니다. 하나님의 이적, 표적은 양적인 변화와 질적인 변화가 동시에 일어납니다. 그러나 첫 표적은 무엇을 말하는 것입니까? 가장 중요한 본질, 절대 타협할 수 없는 그 무엇의 변화, 곧 질적인 변화를 강조합니다. 그 만큼의 물이 포도주로 변했습니다. 질적으로 변했습니다.

그리스도인이 누구입니까? 성경은 말씀합니다. 새사람입니다. 거듭났습니다. 중생했습니다. 자신을 보시기 바랍니다. 변한 것이 하나도 없어 보입니다. 아이큐가 높아진 것도 아니고, 코가 오똑해진 것도 아니고, 갑자기 쌍꺼풀이 생긴 것도 아니고, 키가 자란 것도 아니고, 배가 좀 들어간 것도 아닙니다. 그 무엇 하나 변한 것이 없어 보입니다. 그러나 사실 변했습니다. 무엇이요? 질이 변한 것입니다. 이것을 우리는 내적 변화라고 합니다.

제일 먼저 변한 것은 마음입니다. 새 마음이 있어야 새사람입니다. 이것이 없으면, 그 필요성조차도 모른다면 아무것도 아닙니다. 그래서 전에는 육신의 마음으로 살았는데, 이제는 아닙니다. 그리스도의 마음으로 상상하고 생각하고 삽니다. 이것이 완전히 변한 것입니다. 내가 무엇을 선택하고, 무엇이 좋다고 하고 무엇이 싫다고 할 때마다 이것이 누구의 마음인지를 생각하시기 바랍니다. 내 마음이거든 갖다 버리시기 바랍니다. 그러나 그리스도의 마음이거든 그것이 하나님의 뜻인

줄 아시기 바랍니다. 우리는 충분히 그 정도는 생각할 수 있는 사람들입니다. 생각하기를 멈추면 안 됩니다. 마음이 변했으니, 그러다보니 가치관도 변합니다. 세상 중심으로 살다가 하나님 나라 중심으로 변했습니다. 완전히 변했습니다.

또한 지식이 변했습니다. 이전까지는 세상에서 가르쳐주던 지식만을 생각했는데, 이제는 다시 한 번 생각하고 묻습니다. 세상이 가르쳐준 지식이 필요는 하지만 온전한 지식은 아님을 깨닫습니다. 그러므로 진리가 뭐라고 말하는지 항상 다시 생각합니다. 그래서 언제나 하나님을 아는 지식으로 살아갑니다.

더욱이 소원이 변했습니다. 내 소원이 이루어지기를 구하지 않습니다. 저나 여러분이나 하나님 안에서 변화된 새 마음은 내 소원을 하나님께 맡기고자 합니다. 그리스도의 마음을 생각하면서 오직 하나님께 영광이 무엇인가를 생각하면서 소원합니다. 이것이 질적인 변화입니다. 이런 사람을 그리스도인이라 부릅니다. 하나님 나라는 이와 같이 역사합니다.

이와 같이 많은 함축적 의미들을 간단하게 혼인잔치가 열린 어느 가정을 의도적으로 선택하시고 물이 포도주가 되게 하는 사건으로 보여주십니다. 이 사건은 평생 기억될 것이고, 주께서 오실 그날까지 모든 하나님의 사람들에게 나타날 것입니다. 거기에는 엄청난 메시지가 있습니다. 그 말씀을 듣는 사람은 오늘의 삶 속에서, 수많은 이적적인 사건 속에서 하나님의 음성을 듣습니다. 그 사람이 복 있는 사람입니다.

첫 표적의 결과: 하나님께 영광

킹 던컨(King Duncan)의 저서 「더 좋은 세상을 만드는 영향의 법칙」 (The Amazing Law of Influence)이 있습니다. 이 책에서 그는 세상이 변화되기 위해서 가장 우선적으로 변화해야 되는 것은 자기 자신임을 강조하면서, 변화의 3단계를 말합니다. 첫째는 변화시킬 대상은 세상이 아니고, 이웃이 아니고, 바로 나라는 것입니다. 이것을 항상 알아야 됩니다. 둘째가 그 변화된 자신이 정직해야 된다는 것입니다. 그래야 이웃이, 세상이 변합니다. 셋째가 정직한 그 안에 항상 감사가 있어야 된다는 것입니다. 그래야 이웃도 변하고, 세상도 변합니다. 이것이 성경적입니다.

'오병이어'의 이적만큼 찬란하고 멋있는 것이 없습니다. 물고기 두 마리와 떡 다섯 개뿐인데, 이것으로 오천 명을 먹이고도 남았다면 세상의 모든 문제를 해결할 수 있지 않겠습니까? 오늘날의 식량문제, 경제문제를 다 해결하고도 남을 것입니다. 그래서 깜짝 놀란 사람들이 예수님을 왕으로 모시려고 합니다. 하지만 예수님은 그들의 내적인 변화가 전혀 이루어지지 않았음을 아셨습니다. 그래서 산으로 피하셨다가 나중에는 강을 건너시면서 말씀하십니다. "살리는 것은 영이니 육은 무익하니라. 내가 너희에게 이른 말은 영이요 생명이라(요 6:63)." 이런 엄청난 이적을 통해서 메시지 곧 하나님의 말씀을 전해주시는데, 사람들은 다 도망갑니다. 다 떠나갑니다. 그렇게 끝이 납니다. 구원받지 못한 것입니다. 이것은 하나님 나라의 역사가 아닙니다.

열 명의 나병환자가 예수님께 오자 예수님께서는 제사장에게 가라고 하십니다. 그래서 순종하고 가는 것까지는 좋았는데, 고침을 받은 것까지는 좋았는데, 한 사람만 예수님께로 돌아왔습니다. 예수님께서 그에게 말씀하십니다. "네 믿음이 너를 구원하였느니라(눅 17:19)." 그 사건을 통해서 믿음을 얻었고, 구원을 받았습니다. 이것이 성령의 역사입니다. 하나님 나라는 이처럼 질적인 변화, 내적인 변화에서부터 시작됩니다. 오늘본문은 이것을 우리에게 나타내주고 있습니다.

그래서 오늘 본문 11절은 너무나 귀중한 말씀입니다. "예수께서 이 처음 표적을 갈릴리 가나에서 행하여 그 영광을 나타내시매 제자들이 그를 믿으니라." 이 첫 표적의 목적이 무엇입니까? 예수님께서 하나님 이심을, 그리스도이심을 나타내는 것입니다. 그의 영광, 메시야의 영광, 하나님의 영광을 나타냅니다. 이것이 메시지입니다.

물이 포도주로 변한 것 때문에 세상은 놀라지만, 하나님의 사람은 놀랄 일도 없고 오직 그 안에서 메시지를 듣습니다. 그랬더니 어떻게 됩니까? "제자들이 그를 믿으니라(11절)." 순종한 자들이 믿고, 하나님의 은총을 받은 자들이 믿고, 믿어집니다. 그러고 나서 세상이 변화됩니다. 모든 것이 이적입니다. 삼위일체 하나님께서 계신 것도, 역사하시는 것도 다 이적입니다. 그 전지전능 안에 내가 있고, 내 미래가 있고, 내 운명이 있습니다. 이적 안에서 신앙고백이 나타나게 됩니다.

기적은 계시입니다

항상 자기 그림자를 벗어던지고 싶은 어떤 사람이 있었습니다. 그래서 바닥에서 데굴데굴 구르기도 하고, 깊은 구덩이에 빠지기도 했습니다. 그런데도 그림자가 없어지지 않습니다. 하긴 그럴 것 아닙니까? 그림자를 어떻게 없애겠습니까? 그래서 그는 어느 현자를 찾아갔습니다. 그 현자가 그 사람한테 말합니다. "이 사람아, 이처럼 쉬운 것을 뭐 그렇게 고민하나?" "어떡하면 됩니까?" 현자는 그 사람을 데리고 큰 나무 밑으로 갔습니다. 그리고 또 말합니다. "자신의 그림자를 벗어던지고 싶은 사람은 이처럼 나무그늘로 들어가야만 한다네. 그러면 그림자가 없어진다네."

우리도 마찬가지입니다. 벗어던지고 싶은 우리의 그림자, 우리의 큰 나무 되시는 예수 그리스도 안에 들어가면 모두 사라집니다. 예수 그리스도 안에 거하면 그만입니다. 하나님께서 오직 예수 그리스도 안에서 새 생명을 얻고, 구원받고, 변화되고, 하늘의 잔치에 참여하고, 하늘의 능력을 보고 메시지를 들을 수 있도록 예비하셨습니다. 이 세상의 모든 표적에는 메시지가 있습니다. 사건 안에는 메시지가 있습니다. 하나님의 영광을 보며 예수 그리스도 안에서 하나님의 음성을 듣는 자가 복 있는 사람입니다. 성령께서는 오늘도 이렇게 역사하시며, 하나님께서 살아계심을 사건을 통해서 믿고 고백하도록 우리를 인도하실 것입니다. 이 은혜의 삶을 우리도 살아야 합니다.

PRAYER

전지전능하신 은혜의 하나님, 하나님의 놀라운 경륜과 은혜 안에서 우리를 하나님의 자녀로 재창조하시고, 모든 사건을 통해서 하나님의 영광을 보며 온전한 믿음의 사람으로 날마다 변화될 수 있도록 성령의 역사를 허락해주셔서 진심으로 감사드립니다. 불신앙 가운데, 인간의 관점에서 이 세상을 보는 어리석은 자가 아니라, 성령의 인도하심을 따라 영 주도적인 삶을 살아 주님의 마음으로, 주님의 지식으로 생각하고 판단하고 하나님의 뜻을 분별하며 하나님께 영광 돌리는 복되고 귀한 삶을 살도록 항상 지켜주시옵소서. 주 예수 그리스도의 이름으로 간절히 기도드립니다. 아멘.

02_말씀을 믿고 가는 자

하나님의 말씀_요한복음 4 : 46 – 54

예수께서 다시 갈릴리 가나에 이르시니 전에 물로 포도주를 만드신 곳이라 왕의 신하가 있어 그 아들이 가버나움에서 병들었더니 그가 예수께서 유대로부터 갈릴리에 오심을 듣고 가서 청하되 내려오셔서 내 아들의 병을 고쳐주소서 하니 저가 거의 죽게 되었음이라 예수께서 가라사대 너희는 표적과 기사를 보지 못하면 도무지 믿지 아니하리라 신하가 가로되 주여 내 아이가 죽기 전에 내려오소서 예수께서 가라사대 가라 네 아들이 살았다 하신대 그 사람이 예수의 하신 말씀을 믿고 가더니 내려가는 길에서 그 종들이 오다가 만나서 아이가 살았다 하거늘 그 낫기 시작한 때를 물은즉 어제 제 칠 시에 열기가 떨어졌나이다 하는지라 아비가 예수께서 네 아들이 살았다 말씀하신 그 때인줄 알고 자기와 그 온 집이 다 믿으니라 이것은 예수께서 유대에서 갈릴리로 오신 후 행하신 두번째 표적이니라

미국에서 실제로 있었던 사건입니다. 알래스카에 사는 스티브라는 청년이 처음으로 교회에 갔습니다. 그날 목사님은 마태복음 17장 20절을 본문으로 하여 '산을 옮길 만한 믿음'이라는 제목의 설교를 했습니다. 처음 교회에 온 그 청년은 그 말씀을 듣고 큰 감동을 받았습니다. 그리고 해마다 겨울이면 어김없이 눈사태를 일으키는 자기 집 뒤에 있는

산을 떠올렸습니다. '저걸 없애야겠다. 믿음으로 저걸 옮겨야겠다.' 그러면서 그는 작정하고 기도를 하게 되었습니다.

그 소식을 목사님이 들었고 근심이 생겼습니다. 기도를 하지 말라고 할 수도 없고, 잘했다고 칭찬할 수도 없었습니다. 처음 교회에 온 사람한테 무언가 명확하게 답을 줄 수가 없었습니다. 대신 목사님은 하나님께 이렇게 기도했다고 합니다. "하나님, 저 청년이 하는 기도는 응답되지 않을 기도인데, 저 기도를 멈추게 해주세요."

그런데도 청년은 기도를 멈추지 않았고 계속 최선을 다해서 기도했습니다. 그런 채로 40일쯤이 지났습니다. 그리고 마침내 놀라운 사건이 일어났습니다. 그것은 바로 그 산 주변에 새로운 고속도로가 뚫리면서 흙이 필요하게 되어 그 산의 흙을 몽땅 퍼가는 트럭행렬을 보게 된 것입니다. 하나님께서 현대적인 방법으로 역사하시는 모습을 목격한 것입니다.

하나님께서는 살아계셔서 역사하십니다. 하나님께서는 그의 뜻을 그의 방법으로 다양하게 이루십니다. 인간의 방법이 아닙니다. 또한 그 뜻을 이루시는 때와 시간도 하나님께 있습니다. 이것은 하나님의 주권입니다. 인간의 방법으로, 인간의 때에 이루시는 것이 아닙니다. 그 까닭은 하나님의 지혜가 인간의 상상과 기대보다 훨씬 더 우월하기 때문입니다.

말씀을 믿고 가는 자

하나님께서는 분명히 온전한 믿음의 기도를 들으시고 응답하십니다. 하나님께서는 하나님의 사람에게 하나님의 뜻을 주시고 그 뜻을 소원하시게 하여 그 뜻을 이루십니다. 그래서 의인의 기도에 능력이 있고 역사는 힘이 있다고 성경은 말씀합니다. 문제는 믿음입니다. 하나님을 아는 지식과 일치하는 믿음이냐 아니냐 하는 것이 문제입니다. 하나님의 뜻 안에 일치하는 믿음의 기도냐 아니냐 하는 것이 문제입니다. 여러분은 어떤 믿음을 가지고 오늘을 살아갑니까?

이런 격언이 있습니다. "믿음이란 믿을 수 없는 것을 믿는 것이다. 믿을 수 있는 것을 믿는 것은 믿음이 아니다." 믿음의 조상 아브라함에 대해서 로마서 4장이 자세히 기록하고 있습니다. "아브라함이 바랄 수 없는 중에 바라고 믿었으니(18절)." 이것이 온전한 믿음입니다. 바랄 수 없는 중에 바라고 믿었다는 것은 쉽게 말해서 불가능의 가능성을 믿었다는 것입니다. 그것이 참 믿음입니다. 왜 그렇습니까? 하나님께서 행하시는 일이기 때문입니다.

실제로 성경기록을 보면 아브라함에게는 자식이 없었습니다. 하나님께서 어느 날 그를 부르서서 하늘의 무수한 별과 같이 자식을 주리라 말씀하셨습니다. 아브라함은 그 말씀을 믿었습니다. 그랬더니 하나님께서 그 중심을 의롭게 여기셨습니다. 그리고 복의 근원으로 만들어 가셨습니다. 아브라함은 그 믿음으로 복을 받았습니다.

더 나아가 하나님께서는 아브라함의 나이 99세 때, 자식이 없는 그에게 내년에 아들을 낳으리라고 말씀하셨습니다. 그는 생리적으로 자기 몸이 죽었다는 것을 스스로 알고 있었습니다. 그런데도 아브라함은 의심하지 않았습니다. 왜입니까? 하나님의 말씀을 믿고 살았기 때문입니다. 그 이삭은 성령으로 잉태한 것이 아닙니다. 하나님의 말씀을 믿고 살아가면서 얻은 아들입니다. 우리는 이삭이 아브라함의 믿음에 대한 하나님의 응답이었다는 사실을 항상 기억해야 합니다.

이 본문에는 예수님께서 갈릴리에서 두 번째로 행하신 표적이 기록되어 있습니다. 왕의 신하가 있었는데 그는 고위관리입니다. 그런데 그의 아들이 죽을 만큼 아픕니다. 아니, 죽어가고 있습니다. 이대로 가면 죽습니다. 그런데 예수님께서 그를 불쌍히 여기시어 살리셨습니다. 오늘 본문은 그 기적에 대한 기록입니다. 이 표적 안에 하나님의 말씀이 계시되어 있습니다. 예수님께서 악한 세대가 표적만을 구한다고 하셨습니다. 메시지를 구하지 않고 기적만 구하는 마음은 불신앙입니다. 기적 안에 담겨있는 메시지를 구해야 합니다.

하나님께서는 본문에서 한 이적의 사건을 통하여 믿음의 변화과정을 우리에게 알려주십니다. 하나님께서 친히 예수 그리스도 안에서 한 사람의 믿음이 어떻게 변화하는가를 보여주시는 겁니다. 어떻게 해야 온전한 믿음의 사람으로 변화될 수 있는가를 이 사건을 통해서 말씀하십니다. 그 말씀에 우리는 귀를 기울여야 합니다.

참 믿음은 맹목적인 믿음이 아닙니다

먼저 본문에는 '맹목적인 믿음'이 나타납니다. 왕의 신하인 고위관리가 지금 예수님을 만나는데, 그것은 첫 대면입니다. 그런데도 그는 간청합니다. "내려오셔서 내 아들의 병을 고쳐주소서. 내 아들이 죽게 되었습니다." 이 사람은 지금 한계상황에 직면해 있습니다. 그는 부족한 것이 없습니다. 고위관리요, 부자입니다. 명예도 있고, 물질도 많고, 지식도 많았습니다. 권력도 있었습니다. 그런데 그에게 가장 소중한 사랑하는 아들이 죽게 되었고 이 일에 대해서는 속수무책입니다. 그리고 이 일에 대해서는 무지하고 무능한 자신을 발견합니다.

이런 한계상황 안에서 그는 소문을 듣습니다. 오늘 본문에 나타난 것처럼 가나에서 어떤 청년이 물을 포도주로 변화시킨 기적의 사건을 들었습니다. 나름대로 뜬소문인지 아니면 실제 사건인지 확인해보았을 겁니다. 예수님께서 가나에 오셨다는 소식을 듣고 자기 고향 가버나움에서 그곳까지 갑니다. 따져보면 32km쯤 됩니다. 그 당시에는 최소한 이틀에서 삼일은 걸리는 거리입니다. 아마도 그 거리를 한숨에 달려갔을 것입니다. 그리고 이제 예수님을 만나서 그 앞에 무릎을 꿇고 빕니다. "내 아들을 살려주소서."

아직은 이 예수님이 '하나님의 아들, 메시야'라고 하는 어떤 증거도 없습니다. 그런데도 단지 기적을 하나 일으켰다고 소문난 그 젊은 목수 청년 앞에서 간청합니다. 지금 이 사람은 자신의 소원이 성취되기를 무조건 바라며 매달립니다. 그런데 이것은 온전한 믿음이 아닙니다. 구원받을 믿음도 아닙니다. 우리는 이런 믿음을 주변에서 너무나 많이 봅니다. 이런 뜨거운 열정은 다른 모든 종교에도 있습니다. 어찌 보면 우상숭배에 더 많습니다. 분별이 필요합니다. 이것은 기독교 신앙이 아닙니다.

십 몇 년 전에 남미에 교회성장신학을 강의하러 갔다가 브라질 상파울루를 방문한 적이 있었습니다. 상파울루에 수많은 초대형교회들이 생겼다는 소식을 들었기에 나름대로 관심을 갖고 갔습니다. 그 놀라운 광경을 목격하고 싶었습니다. 그 당시 수만 명이 모이는 교회가 열 개가 넘었습니다. 그 가운데서 좀 선별해서 몇 교회를 방문했고, 특별히 경제적으로나 교육적으로 중간 이상인 계층의 교회는 직접 예배에 참여했었습니다.

그런데 한 교회 예배에 참여하면서 한마디로 저는 큰 충격을 받았습니다. 이런 생각까지 하게 되었습니다. '이게 무슨 교회인가? 이 사람들이 신앙인이라면 내가 가짜다. 내가 진짜면 이 모두가 가짜다. 십자가만 달았지, 실은 아무것도 아니다.' 왜냐하면 온통 전지전능하신 하나님 앞에 자기 소원만 구하는 것입니다. '주여, 주여'를 뜨겁게 외치면서 온통 달라는 기도 말고는 아무것도 없었습니다. 그 집회의 절정을 이루는 시간에 간증을 하고 헌금봉투를 주는데 그 봉투색깔이 다 다릅니다. 가만히 보니까 봉투에 5불, 10불, 20불, 50불, 100불, 200불, 500불, 1000불, 2000불 5000불 이렇게 씌어 있고, 거기에 기도제목이 적혀 있었습니다. 5불짜리에는 감기나 무좀 같은 것이 적혀 있었고, 한 500불 되는 것에는 디스크 같은 것이 적혀 있었습니다. 암은 1000불이 넘어야 봉투에 적혀 있습니다. 그렇게 해놓고 그대로 응답받았다고 간증을 합니다.

그 교회 목회자는 여성목회자였는데, 복을 심어야 복을 받는다고 강조합니다. 세상에 무슨 이런 교회가 있습니까? 신앙의 동기가 잘못되었습니다. '기복신앙'입니다. 우리가 다 알고 있듯이, 한국교회의 가장 큰 문제가 기복신앙입니다. 그 신앙의 동기가 잘못되었습니다. 아무리 뜨겁고 열정이 있어도 기복적 신앙은 구원받을 만한 신앙이 아닙니다. 분명히 알아야 합니다. 그런 신앙은 하나님께 영광 돌리지 못하고 자기의 소원을 먼저 구하는 행위입니다.

하지만 오늘 본문의 말씀에는 하나님의 놀라운 지혜와 신비의 역사가 있습니다. 하나님의 예비하심이 있습니다. 이 아무 부족함 없는 왕의 신하가 한계상황에 직면하지 않았더라면, 가장 사랑하는 그 무엇을 잃을 수밖에 없는 상황에 직면하지 않았더라면, 과연 그 멀리까지 예수님을 찾아왔겠습니까? 그리고 그 앞에 무릎 꿇고 간청하겠습니까? 그냥 평안하면 이런 사건은 절대 일어나지 않았을 것입니다.

그래서 불신자들에게는 이 모든 것이 우연이지만, 진정한 믿음의 사람에게는 이 모든 것이 은총의 계기입니다. 다 알 길은 없지만, 분명 이 사건이 없었으면 하나님께로 나올 수 없었습니다. 우리 자신을 생각해보아도 이런 사건 없이 하나님을 찬양하며, 정말 뜨겁게 하나님을 경외하며 순종하는 사람이 있습니까?

참 믿음은 포기하지 않는 믿음입니다

또 본문에는 '포기하지 않는 믿음'이 있습니다. 이것은 발전된 믿음입니다. 더 성숙했습니다. 낙심하지 않는 믿음입니다. 왕의 신하가 말합니다. "내려오서서 내 아들의 병을 고쳐주소서(47절)." 그러자 예수님께서 말씀하십니다. "너희는 표적과 기사를 보지 못하면 도무지 믿지 아니하리라(48절)." 한마디로 거절입니다. 왜 이렇게 말씀하시는 것입니까? 동기가 순수하지 않아서입니다. 그러나 동시에 또 다른 기회를 주십니다. 예수 그리스도께서 주시는 인격적 방법의 기회입니다. 그 믿음을 지금 변화시키십시오.

우리 주변에도 신앙을 포기한 사람이 많이 있습니다. 얘기를 들어 보면 다 말이 됩니다. 다 나름대로 충분한 이유가 되지만, 하나님 앞에서, 성경 앞에서는 아닙니다. 분명한 것은 그 사람이 믿음이 없기 때문입니다. 포기한 것입니다. 어떻게 말하면 더 큰 사건이 있어야 하나님 앞에 나올 사람입니다.

오늘 본문에서 왕의 신하는 예수님의 거절에 얼마나 놀랐겠습니까? 그러나 그는 생각하며 다시금 예수님께 매달립니다. 그래서 49절에서 이렇게 고백합니다. "주여 내 아이가 죽기 전에 내려오소서." 얼마나 간절한 고백입니까? 지금 일대일로 조용히 만난 것이 아닙니다. 주변에 보는 사람이 많습니다. 고위관리가, 당시 최고 지도자가 젊은 청년 앞에서 지금 끈질기게 매달립니다. 왜일까요? 포기할 수 없기 때문입니다. 한마디로 자존심과 지식을 다 내버립니다. 명예, 재산도 다 버렸습니다. 그런 것 다 버려도 상관없으니 자기 아들만 살려달라고 합니다. 그 간절함이 예수님 앞에 인정됩니다. 그래서 예수님께서 응답하기 시작하십니다. 우리에게는 모든 것을 다 버리고 예수님께 나아오는 그런 간절함이 있습니까?

참 믿음은 순종하는 믿음입니다

이어서 본문에는 '의심하지만 순종하는 믿음'이 나타납니다. 여기서부터 진정한 믿음이 시작됩니다. 회의하고 의심하지만 순종합니다.

"예수께서 가라사대 가라 네 아들이 살았다 하신대 그 사람이 예수의 하신 말씀을 믿고 가더니(50절)." 여기서 깊이 생각해보십시오. 아니, 같이 가셔야 되는데 함께 안가시겠다고 합니다. 그냥 말씀뿐입니다. "믿고 가라. 이미 다 나았다." 여러분, 이 말씀 믿을 수 있습니까? 그 절박한 상황에서, 그 높은 위치의 사람이 그렇게 멀리까지 와서 젊은 청년 앞에 엎드려 건절히 구하는데 그냥 가라니요? 자기만 믿고 가라니요? 오늘날에는 그쯤 되면 난리가 날 것입니다. '뭐 이런 인간이 다 있나?' 원망과 불평 속에 아마 조금 남아 있던 믿음도 다 잊어버릴 것입니다.

이 신하의 처지를 생각해볼 때, 이 시간은 너무나 힘든 시간입니다. 우리도 그와 같은 상황에서는 그 말씀을 받아들이기 어려울 것입니다. 그러나 그는 말씀대로 믿고 갔습니다. "예수의 하신 말씀을 믿고 가더니(50절)." 이해가 되어서 간 것이 아닙니다. 충분히 만족해서 간 것도 아닙니다. 어떤 확신이 있어서 간 것도 아닙니다. 갈 수밖에 없었습니다. 그것을 인정합니다. 자신은 무지하고 무능력합니다. 소망은 오직이 예수라는 청년밖에 없습니다. 그 말씀을 믿고 가는 것 말고는 소망이 없습니다. 그러니 싸우겠습니까, 따지겠습니까? 그러나 그것이 온전한 믿음의 시작입니다.

얼마 전 저희 예수소망교회의 성도 한 분이 제게 미리 전화로 약속을 하고 찾아왔습니다. 무슨 일이냐고 물었더니, 이제 곧바로 수술 받으러 병원에 간다고 합니다. 들어보니 아주 큰 수술이었습니다. 그래 제가 말씀드렸습니다. "이렇게 아프신데 병원에 계시면서 따로 연락을 하시면 제가 직접 찾아갈 텐데, 어쩌자고 이렇게 직접 오셨습니까?" 그랬더니 이렇게 말씀하세요. "바쁘실 텐데 뭐하러 오세요? 제가 오면 되는데요. 목사님께서는 기도만 해주십시오. 그것으로 충분합니다." 제가 얼마나 감동이 됐겠습니까? 여러분 같으면 안 그렇겠습니까? 정말 성령의 감동하심 속에서 그분을 위해 간절히 기도드렸습니다. 그분은 밝게 웃고 갔습니다. 수술이 잘 끝났다고 나중에 들었습니다. 얼마나 아름다운 모습입니까?

제가 시무하는 교회에 이런 분들 많습니다. 어떤 분은 전화로만 기도해주셔도 된다고 합니다. 어떤 분은 목사님이 알고 있기만 해도 된다고 합니다. 목사의 마음으로는 한번 만나서 기도해주고도 싶지만, 그렇게 말씀하는 분들을 많이 봅니다. 이런 믿음이 훌륭한 믿음입니다. 하나님께서는 그 중심을 보십니다. 전지전능하신 하나님 앞인데, 모든 것이 다 내 마음대로, 내 뜻대로 되어야만 합니까? 인격적인 말씀에 대한 믿음으로 응답받기 시작하는 것입니다.

창세기 12장을 보면 하나님께서 어느 날 믿음의 조상 아브라함에게 나타나셔서 다짜고짜 말씀하십니다. "고향을 떠나라. 내가 지시한 땅으로 가라." 아무 설명이 없습니다. 아브라함은 왜 떠나야 하는지, 지시할 땅이 어디인지도 모릅니다. 일단 가다보면 알려주시겠다고 합니다. 이 말씀을 듣고 아브라함이 도대체 얼마나 고민했을까요? 하루일지, 한 달일지, 일 년일지 궁금합니다. 그러나 그 즉시는 아닐 것입니다. 바보가 아닌 이상 그럴 수가 없지요. 그러나 결론은 무엇입니까? 이해는 가지 않아도 하나님 말씀이니 믿으면 끝입니다. 하나님의 음성으로 들렸습니다. 여기에 무슨 이성적 판단과 세상의 경험이 필요합니까? 아브라함은 일단 믿고 순종하고 갔습니다.

그런데 하나님께서는 고만한 믿음, 그 믿음이 복의 근원되게 하시고, 엄청난 복을 주셨습니다. '오직 의인은 믿음으로 말미암아 살리라.' 뭘 한 것이 없습니다. 그 믿음이면 됩니다. 이제 될 것입니다. 그 믿음을 하나님 자녀의 신분으로 격상시키십니다. 이것이 하나님의 방법이요, 구원의 길입니다. 순종을 안했다면 어떻게 되겠습니까? 계속 의심만 하고 있다면, 생각만 하고 있다면 아무 일 없습니다. 이 왕의 신하도 그냥 믿고 갑니다. 그 말씀의 권위를 믿고 갑니다. 여기로부터 그는 온전한 믿음의 사람으로 거듭나기 시작합니다. 그리고 복을 받습니다. 성도 여러분은 얼마나 말씀을 믿고 순종하며 오늘을 살아갑니까?

참 믿음은 온전한 믿음입니다

그리고 본문에는 '온전한 믿음'이 나타납니다. 그 순종함을 통해서 믿음이 변화됩니다. "자기와 그 온 집이 다 믿으니라(53절)." 한마디로 말씀이 곧 능력임을 체험합니다. 그 예수님이 하나님께서 보내신 구세주심을 알게 됩니다. 그의 말씀이 곧 능력임을 믿게 됩니다. 말씀을 통해서 인격의 하나님을 만납니다. 그러다보니 증거 할 수밖에 없습니다. 온전한 믿음은 증인의 믿음입니다. 증거 하지 않고는 살아갈 수 없습니다. 그 은혜가, 그 진리가, 그 능력이 나를 사로잡고 있는데, 어떻게 말하지 않을 수 있겠습니까?

누가 뭐래도 하나님께서는 살아계십니다. 어떤 상황에 있어도 하나님께서는 살아 계십니다. 그분이 말씀하십니다. 그분이 예수 그리스도를 이 땅에 보내셨습니다. 그 말씀이 곧 능력으로 나타납니다. 이것을 믿게 됩니다. "그 온 집안이 다 믿더라." 지금 자신의 지식과 판단과 경험을 뛰어넘는 믿음을 갖게 되었습니다. 세상의 판단과 동의를 구하지 않습니다. 그것을 뛰어넘는 믿음을 갖게 되었습니다. 이 모든 것이 하나님의 은혜와 경륜 속에 이루어지는 인격적인 삶의 과정입니다.

이런 이성을 '중생한 이성'이라고 합니다. 이전에는 이성을 세상 지식과 합리적 판단력과 동일하게 여겼습니다. 그러다보니 성경에 나타난 이적과 보이지 않는 하나님, 그리고 그 분의 역사와 수많은 신령한 복들이 믿어지지 않았습니다. 그런데 이제는 믿어집니다. 믿게 되니까 진리 안에서, 말씀 안에서만 합리적 생각을 합니다. 이전의 것들은 비합리적이고 비이성적입니다. 중생하고 보니까, 이성이 중생하고 보니까 오직 말씀만이 진실입니다. 말씀만이 진리입니다. 말씀 안의 생각만이 옳습니다. 하나님의 뜻에 합당한 믿음을 갖게 됩니다. 그 믿음으로 복을 받습니다.

성경을 보면 위대한 믿음의 어머니 한나가 나옵니다. 사무엘의 어머니입니다. 그 당시는 자녀가 없는 것이 큰 수치요, 고통이었습니다. 조롱거리입니다. 어느 날 한나는 작정하고 금식기도를 하러 성전에 가서 엎드려 기도합니다. 절규하면서 기도합니다. 제사장 엘리가 그 모습을 보니 술 취한 여자 같았습니다. 정신이 왔다 갔다 하는 사람 같기도 했는데, 하지만 제대로 알고 나니 하나님께 탄식하며 자녀를 달라고 기도하는 것이었습니다. 엘리는 한나에게 하나님께서 응답하실 거라고 말합니다. 어떻게 보면 귀찮아서 보내는 것 같습니다. 그렇지 않다면 '네 기도가 응답되리라' 해야 하는데, 그 말씀도 없습니다. 다만 하나님께서 들으셨을 테니까 가라고 합니다.

그런데 정작 한나는 하나님의 말씀을 들은 것이 아니었습니다. 그래도 한나는 그 제사장의 말을 그냥 하나님의 말씀으로 받아들입니다. 그대로 들어버립니다. 그리고 믿고 갑니다. 이것이 성경의 기록입니다. "가서 먹고 얼굴에 다시는 근심 빛이 없더라(삼상 2:18)." 반드시 주실 것을 믿고 그냥 즐거워하면서 이미 받은 자로 살아갑니다. 그 아들이 사무엘 선지자입니다. 이해되지 않는 수많은 사건들 속에서 은총의 계기를 통해서 믿음이 변화되고, 또한 순종을 거쳐 온전한 믿음으로 하나님의 뜻을 이루게 됩니다.

믿음이 아니고는 하나님께 나아갈 수도 없고, 믿음이 아니고는 하나님의 지혜와 평강을 빌려 쓸 자가 없습니다. 믿음이 아니고는 하나님께서 소유하신 것을 내 것으로 만들 재간이 없습니다. 성경은 오직 합당한 믿음으로만 하나님의 것을 내 것으로 만들 수 있다고 말씀합니다. 그것이 복 있는 삶입니다. 여러분은 그 믿음으로 오늘을 살아가십니까?

말씀을 믿고 가는 자

미국의 유명한 토크쇼의 황제 래리 킹(Lawrence Harvey Zeiger)이 오래 전에 노년의 빌리 그래함(Billy Graham) 목사님을 인터뷰하게 되었습니다. 목사님이 파킨슨병으로 큰 고통을 받고 있을 때입니다. 그래 첫 마디가 이랬답니다. "얼마나 고통이 많으십니까? 목사님께서는 하나님께 그 고통을 좀 줄여달라고, 이 병을 좀 고쳐달라고 항상 기도하시겠군요." 하지만 빌리 그래함 목사님은 아니라고 하면서 충격적인 말을 했습니다. "저는 하나님의 뜻대로 되기를 기도하고 있습니다."

그리고는 한마디 더 붙입니다. "만일 하나님께서 저한테 더 큰 말씀과 교훈을 주시기 위해서 이 병이 주어졌다면 기꺼이 받겠다고 기도하고 있습니다." 80세 노인의 신앙입니다. 수많은 은총의 사건을 통해서 하나님께서 기뻐하시는 온전한 믿음의 사람으로 변화되고, 그 믿음을 통해서 하나님의 위대한 역사가 나타나게 됩니다.

여러분, 오늘 내게 가장 필요한 것이 무엇입니까? 가장 절실하게 이 시간 하나님 앞에 구하는 것은 무엇입니까? 건강입니까, 명예입니까? 사업의 성장입니까, 돈입니까? 지식입니까, 출세입니까, 권력입니까? 중생한 그리스도인은, 온전한 믿음을 가진 자는 오직 믿음을 구합니다. 하나님의 말씀을 순종하고 가는 믿음, 믿고 가는 그 믿음, 그것이면 충분하기 때문입니다. 그 믿음으로 하나님의 역사를 나타내고, 하나님의 영광을 나타내기 때문입니다. 하나님께서는 살아계십니다. 오늘도 말씀과 함께 역사하십니다.

성경에는 수많은 복락들이 있습니다. 세상이 줄 수 있는 것도 있고, 세상이 줄 수 없는 엄청나고 신령한 복락들도 있습니다. 여러분은 얼마나 그 복락들을 믿고 받은 자로 오늘을 살아갑니까? 그 믿음 위에 하나님께서 지혜와 능력과 평강과 화평과 의를 더하십니다. 그 믿음을 가진 자를 오늘도 찾으시고 기다리시며, 그와 함께 하나님의 역사를 이루십니다. 오직 말씀과 성령의 역사 안에 참된 믿음의 변화, 믿음의 성숙, 온전한 믿음으로 향하는 그 길이 예비 되어 있습니다. 우리는 이 믿음으로 오늘을 살아가야 합니다.

PRAYER

전지전능하신 은혜의 하나님, 불신앙의 자녀에게 하나님을 믿는 믿음을 허락하시고, 주의 초월적 지혜와 능력 안에서 말씀으로 날마다 변화되며 성령의 역사로 날마다 온전한 믿음의 사람으로 변화되는 은총의 삶을 우리에게 허락해주심을 진심으로 감사드립니다. 거듭난 자로 믿고 순종하는 믿음을 구하며 그 믿음의 삶을 살아 하나님의 지혜와 능력과 평강으로 살아가는 모든 위대한 복음의 증인되게 우리를 지켜주시고 주의 길로 인도하여주시옵소서. 주 예수 그리스도의 이름으로 간절히 기도드립니다. 아멘.

03_기적을 본 죄인

하나님의 말씀_누가복음 5 : 1 - 1

무리가 옹위하여 하나님의 말씀을 들을새 예수는 게네사렛 호숫가에 서서 호숫가에 두 배가 있는 것을 보시니 어부들은 배에서 나와서 그물을 씻는지라 예수께서 한 배에 오르시니 그 배는 시몬의 배라 육지에서 조금 떠기를 청하시고 앉으사 배에서 무리를 가르치시더니 말씀을 마치시고 시몬에게 이르시되 깊은 데로 가서 그물을 내려 고기를 잡으라 시몬이 대답하여 가로되 선생이여 우리들이 밤이 맞도록 수고를 하였으되 얻은 것이 없지마는 말씀에 의지하여 내가 그물을 내리리이다 하고 그리한 즉 고기를 에운 것이 심히 많아 그물이 찢어지는지라 이에 다른 배에 있는 동무를 손짓하여 와서 도와달라 하니 저희가 와서 두 배에 채우매 잠기게 되었더라 시몬 베드로가 이를 보고 예수의 무릎 아래 엎드려 가로되 주여 나를 떠나소서 나는 죄인이로소이다 하니 이는 자기와 및 함께 있는 모든 사람이 고기잡힌 것을 인하여 놀라고 세베대의 아들로서 시몬의 동업자인 야고보와 요한도 놀랐음이라 예수께서 시몬에게 일러 가라사대 무서워 말라 이제 후로는 네가 사람을 취하리라 하시니 저희가 배들을 육지에 대고 모든 것을 버려 두고 예수를 좇으니라

조이 도우슨(Joy Dawson)의 저서 「삶을 변화시키시는 하나님의 불」 (Life-Changing Purposes of the Fire of God)에 나오는 저자의 간증 하나를 소개합니다. 2001년 9월 11일 미국에서 엄청난 사건이 일어났습니다.

바로 9·11 테러 사건입니다. CNN이 이 사건과 관련하여 특별히 한 십대소녀의 이야기를 두 번이나 보도했습니다. 세계무역센터가 불길에 휩싸여 있을 때, 이 소녀는 다른 사람들과 마찬가지로 불길을 피해 계단을 통해서 밑으로 내려가는데 그 와중에도 하나님께 기도합니다.

그때 갑자기 건물 전체가 송두리째 무너져 내립니다. 많은 사람들이 죽었는데, 이 소녀만 살아남았습니다. 하지만 칠흑 같은 어둠 속에 갇혀 버렸습니다. 무너진 철재기둥들과 돌덩이들, 그리고 먼지더미가 주변을 에워싸고 있었습니다. 소녀는 선 채로 옴짝달싹도 할 수 없는 처지였습니다. 그때 소녀는 두려움에 떨며 하나님께 간절히 기도했다고 합니다. "하나님, 기적을 베풀어주세요." 결국 구조대원들이 소녀를 구출합니다. 나중에 소녀는 그 일을 간증했고 CNN은 이 소녀의 간증을 보도했습니다.

그런데 이 책의 저자가 그 간증을 들으면서 깜짝 놀랐던 것은 소녀가 구출되던 당시의 상황 때문입니다. 소녀는 구출될 당시 편안히 잠을 자고 있었다고 합니다. 그것도 선 채로요. 이것이 어떻게 가능합니까? 소녀는 그렇듯 평안히 잠들어 있다가 생존자를 찾는 구조대원들의 외침소리를 듣고 잠에서 깨어나 마침내 건강한 몸으로 구출되었습니다. 하나님께서 그 소녀의 기도에 응답하셔서 소녀가 평안히 잠들게 해주신 것입니다. 이처럼 하나님이 응답하시는 방법은 인간의 상상을 초월합니다. 너무나 놀라운 방법입니다.

이 책의 저자는 그 사건을 통해 나타난 하나님의 지혜에 충격을 받았습니다. 그리고 하나님께 감사하고, 하나님을 찬양하며, 하나님 앞에서 회개기도를 했다고 합니다. 우리 주변에는 충격적인 사건들이 너무나 많습니다. 무엇을 생각하십니까? 이 9·11 사태 이후 미국 교회들이 급성장한 적이 있습니다. 사람들이 회개하며 교회로 몰려왔습니다. 그러나 또 6개월쯤 지나자 다시 원상태로 돌아갔습니다. 그 엄청난 사건의 메시지를 잃어버리게 된 것이지요. 오늘 우리도 이런 모습으로 신앙생활을 하지는 않습니까?

자신의 참 모습 발견하기

'자기 인식 이론' 가운데에는 사회학자인 찰스 호튼 쿨리(Charles Horton Cooley) 박사가 주장하는 '거울 자아(looking-glass self)'라는 이론이 있습니다. 간단합니다. 자기 자신을 알기 위해서 다른 사람의 반응을 살피며, 다른 사람의 눈에 비치는 모습으로 자기 자신을 깨닫게 된다는 것입니다. 여기에는 세 가지 단계가 있습니다.

첫째는 상상의 단계입니다. 우리가 다른 사람에게 어떻게 보일지, 내 말과 행위가 다른 사람에게 어떻게 비쳐질지 생각하는 것입니다. 누구나 그런 생각을 합니다. 내가 이런 옷을 입으면 남들이 나를 어떻게 볼지 생각하는 바로 그 단계로부터 자신을 발견하게 됩니다.

둘째는 우리의 모습에 대한 다른 사람의 판단을 생각하는 단계입니다. 내 언행을 다른 사람들이 보고 나를 어떻게 판단하느냐를 생각합니다. 선하게 판단하느냐 악하게 판단하느냐, 좋게 판단하느냐 비난하느냐를 생각합니다. 그 판단을 인식함으로서 자신을 생각하게 됩니다.

셋째는 우리 자신에 대한 이런 판단들을 스스로 해석함으로써 자신을 자각하는 단계입니다. 참으로 유용하고 훌륭한 이론이기는 하지만, 이 정도로는 결코 참된 자신의 모습을 발견할 수 없습니다.

오래 전에 제 친구들 가운데서 유난히 칭찬을 많이 받는 친구가 있었습니다. 그럴 만도 합니다. 공부를 아주 열심히 했고, 주변에 친구들도 많았습니다. 인물도 아주 좋고, 키도 훤칠하니 컸습니다. 그런데 그 친구는 꼭 자기 여자 친구와만 함께 있었습니다. 그러면서 여자 친구와 끊임없이 얘기를 합니다.

그래 제가 물어봤습니다. "너는 여자 친구가 네 곁에 늘 있어야 되냐?" 그러자 그 친구 하는 말이 여자 친구는 자기 거울과 같다는 것입니다. 그 여자 친구가 자기를 바라보는 모습, 자기한테 기대하는 여자 친구의 모습 속에서 자신을 발견하고 동기부여를 받는다는 것입니다. 그래서 공부도 더 열심히 하게 되고, 단정한 모습을 갖추게 되고, 착하게 살려 하고, 열심히 살려 한다는 것입니다. 동기부여를 받는 것입니다.

사람은 누구나 그런 상황 속에서 나름대로 동기부여를 받고 살아갑니다. 그렇게 자신의 모습을 발견하고자 합니다. 하지만 그런 식으로 진정한 자신의 모습을 찾을 수는 없습니다. 성경에서 예수님께서는 한마디로 말씀하십니다. "사람에게 보이려고 하지 마라. 도무지 그러지 마라. 특별히 선행을 행할 때는 더욱 그러지 마라. 그것은 위선이다." 그러면서 말씀하십니다. "하나님께로부터 상 받지 못하느니라." 아주 결정적인 말씀입니다. 사람들에게 비치는 모습, 사람들의 판단으로는 자신의 정체성을 회복할 수 없습니다. 스스로 속고 있는 것입니다.

그리스도인의 자기인식

로마서 12장 2절은 말씀합니다. "너희는 이 세대를 본받지 말고." 세상을 본받지 말라고 하십니다. 세상의 수많은 방법들이 작은 도움은 되겠지만, 그것으로 참된 자기 정체성을 찾을 수는 없습니다. 참된 소망을 가질 수는 없습니다. 성경은 한마디로 말씀합니다. 진정한 자아, 진정한 자기 모습은 오직 하나님 앞에서만 찾을 수 있다고 말입니다. 이 진리를 발견한 사람이 칼빈(John Calvin) 목사님입니다. 그는 말합니다. "인간은 하나님 앞에서만 진정한 자신의 모습을 찾을 수 있다. 아니, 하나님 앞에서만 자신의 자아를 찾을 수 있다." 그래서 그는 「기독교 강요」(Institutes of the Christian Religion)라는 두꺼운 역작을 통해서 이 진리를 설명합니다.

먼저 하나님 앞에서 내가 얼마나 큰 죄인인가를 알 수 있습니다. 하나님을 모르면 자기가 항상 괜찮은 사람입니다. 다만 옆에 누가 있느냐가 문제입니다. 나쁜 놈이 있으면 나는 선한 사람이고, 더 훌륭한 분이 있으면 나는 그만도 못한 사람이 됩니다. 왔다 갔다 합니다. 그러나 하나님 앞에서는 항상 일정합니다. 내가 얼마나 큰 죄인인가를 압니다. 자신이 진노의 자녀이며 심판의 대상임을 깨닫게 됩니다.

또한 예수 그리스도 안에서 은혜 받은 자는 하나님 앞에서 내가 얼마나 고귀한 존재인지 압니다. 나는 예수님께서 십자가에서 돌아가실 만큼 귀한 존재입니다. 하나님께서 나를 통해 하나님의 역사를 이루십니다. 이 얼마나 놀라운 존재입니까? 하나님께서 사랑하시는 존재입니다. 이름을 기억하는 존재입니다. 함께하시는 존재입니다. 그래서 그리스도인은 그 하나님 앞에서 자기를 발견하고, 감사하고, 찬송하고, 헌신하게 됩니다. 이것을 항상 기억해야 합니다.

오늘 본문에는 이적을 보고 자신을 발견하고 회개하는 사람들의 모습이 기록되어 있습니다. 정확히 말하면, 예수님께서 이적을 통해서 자신을 발견하게 하시고, 하나님께로 나아오도록 하시며 그리고 그들을 부르시는 과정이 기록되어 있습니다. 이적을 보고 크게 놀랐습니다. 큰 충격을 받았습니다. 그리고 자기가 누구인지를 알아갑니다. 이들은 이적만 본 것이 아니라 이적을 일으키는 분을 보았습니다. 하나님의 능력만 본 것이 아니라 능력을 일으키는 그분을 보았기에 변화됩니다. 이것이 하나님의 역사입니다. 그런고로 성경에 나타난 모든 이적, 아니, 이 세상에 있는 모든 충격적인 사건들은 하나님의 자기 계시입니다. 하나님께서 믿지 않는 자들을 믿게 하시려는 은총의 도구입니다. 이것을 기억해야 합니다.

기적은 하나님의 자기 계시

오늘 본문에서 예수님께서는 배 위에서 많은 무리들에게 설교하십니다. 그리고 곧바로 그 말씀을 주시며 이적을 일으키십니다. 말씀을 주신 자가 누구인가를 나타내시는 것입니다. 모든 만물의 주인이시요, 자연의 주인 되심을 자신의 권위와 이적을 통해서 나타내십니다. 이것을 알았기에 그들은 변화됩니다. 자, 이적의 목적이 무엇입니까? 하나님의 뜻을 나타내기 위함입니다. 본문뿐만 아니라 성경 전체에 나타난 이적은 사람들을 부자로 만들려는 것이 아닙니다. 건강해서 오래 살게 하려는 것이 아닙니다. 하나님의 뜻을 나타내는 사건입니다.

어떤 십대 소년이 나이가 되어 열심히 노력해 운전면허증을 땄습니다. 하지만 운전은 하고 싶은데 할 기회가 없었습니다. 그래서 엄마를 졸라서 허락을 받고 차를 몰고 나갔습니다. 엄마도 그 차에 타고 있었습니다. 집에서 출발해서 한 바퀴 죽 돌고는 다시 집으로 돌아왔습니다. 소년이 운전하는 차가 집에 도착하자 엄마가 차에서 내리면서 이렇게 말했습니다. "정말 감사합니다." 소년은 그것이 엄마가 자기한테 하는 말인 줄 알고 멋쩍어 웃으면서 대답했습니다. "엄마가 나한테 무슨 존대를 쓰고 그러세요? 언제든지 태워드릴께요." 그러자 엄마가 이렇게 말했다고 합니다. "너한테 말한 게 아니다, 이놈아. 하나님께 감사하는 거다." 하나님 덕에 무사히 도착했다는 겁니다.

일상생활 속에서 하나님을 인식하며 하나님 안에서 생각하는 자가 복 있는 사람입니다. 지혜로운 사람입니다. 오늘날 누구나 성령 충만을 구합니다. 모든 그리스도인은 성령의 역사와 성령의 이적을 원합니다. 능력을 구합니다. 그러나 생각하시기 바랍니다. 무엇을 위해서 구하는 것입니까? 하나님의 뜻을 이루기 위해서입니까? 아니면, 내 소원을 이루기 위해서입니까? 이것은 엄청난 차이입니다. 구원에 이르는 믿음이냐, 아니면 불신앙이냐? 그 차이입니다.

「탈무드」에 이런 글이 있습니다. "기적을 바라되 의존하지 말라." 참 유익한 표현입니다. 하나님의 능력이 곧 기적입니다. 능력은 구해야 됩니다. 당연히 구하되 의존하지는 마십시오. 내 소원을 이루기 위해서 구하지 말라는 것입니다. 매달리지 말라는 것입니다. 하나님의 뜻을 위해서 구하라는 메시지입니다.

기적은 하나님의 능력의 증거

하나님의 능력은 이적의 사건으로 나타납니다. 그러기 위해서 최소한 두 가지의 영적 조건이 있어야 합니다. 첫째가 하나님의 선택입니다. 둘째는 선택받은 자의 순종입니다. 이 두 가지가 있어야 합니다. 꼭 기억하십시오. 오늘 본문에서 예수님께서는 배 두 척 중 한 척에 타십니다. 시몬 베드로의 배입니다. 그 배를 강에 띄우시고 거기서 설교를 하십니다. 이것이 우연입니까? 아닙니다. 예수님께서 택하신 것입니다. 더욱이 베드로에게 "깊은 데로 가서 그물을 던져라"고 하신 말씀이 우연입니까? 절대 아닙니다. 우리는 다 알 수 없지만, 예수님께서 택하십니다. 그것이 은혜입니다.

우리가 그리스도인이 되었습니다. 하나님의 선택을 받았습니다. 왜 선택받은 것입니까? 우리는 모릅니다. 하나님의 선택은 마구잡이입니다. 선택받은 조건과 자격이 인간에게 있지 않습니다. 조금도 없습니다. 있다고 생각한다면 그는 은혜를 모르는 사람입니다. 하나님께 있습니다. 하나님의 뜻을 이루기 위해서 놀라운 하나님의 능력을 체험하고 하나님의 뜻을 이루게 하기 위해서 택하셨습니다. 이것이 있어야 하나님의 능력이 내게, 우리에게 임합니다.

또한 베드로는 어부 입니다. 평생 어부로 살았습니다. 물고기 잡는 데 전문가입니다. 더욱이 밤새도록 수고했지만 한 마리도 못 잡았습니다. 그리고 이제 '그물을 내려서 씻고 있다'고 성경은 기록합니다. 오랜 시간에 걸친 사건입니다. 베드로는 너무나 피곤해서 배를 철수하고 쉬러 가야했습니다. 그런데 예수님께서 말씀하십니다. "다시 바다로 나가라. 그리고 깊은 데에 그물을 던져라." 이게 논리적으로나 이성적으로 이해가 됩니까? 처음 본 젊은 청년, 그것도 어부가 아닌 사람이 하는 말을 따를 수 있습니까? 전혀 상상할 수 없는 일입니다. 그러나 베드로는 신중합니다. 의심하고 회의합니다. 그리고 말도 안 된다는 것을 알면서도 순종합니다. 그래서 놀라운 사건을 경험합니다. 순종하지 않았다면 아무 일도 없었습니다.

그래서 그는 말합니다. "밤이 새도록 수고하였으되 잡은 것이 없지마는(5절)." 토를 답니다. 깨끗한 순종이 아닙니다. 왜요? 가기 싫거든요. 말도 안 되거든요. 여기에는 복잡한 상황이 있는 것입니다. 우리더러 상상하도록 여백을 둔 것입니다. 수많은 무리가 있었습니다. 그래서 지금 분위기에 떠밀린 것입니다. 안갈 수도 없습니다. 최소한 가야합니다. 그럴 것 같습니다.

거기다가 기분이 나쁩니다. 전문가인 내가 밤새 한 마리도 못 잡았는데 다시 가서 그물을 던지라고 합니다. 그러니 분명 한 마리도 못 잡으면 저 사람은 큰 망신을 당할 것입니다. 아마 그것을 보여주고 싶었는지도 모릅니다. 복잡합니다. 그런데도 그는 말씀에 의지합니다. 한마디로 당신이 말했으니 하겠다는 것입니다. 호칭도 '선생님'입니다. 그런데 그만큼의 순종이 믿음입니다.

진리를 깨달았지만 진리 안에 살지 않는 사람이 있습니다. 진리를 고백하고 증거 한다고 하는데 진리는 온데간데없는 사람이 있습니다.

그 사람에게 진리는 항상 저 너머에 있고, 내가 깨달아야 할 대상일 뿐입니다. 그런 사람은 진리에 속한 자가 아닙니다. '진리에 속했다, 진리 안에 거한다'는 것은 진리가 내 안에 있어야 된다는 것입니다. 내 사고방식이 변해야 됩니다. 삶의 방식이 변해야 됩니다. 진리에 순종해야 합니다. 진리는 비대중적입니다. 세상의 인기가 없습니다. 그러나 진리인고로, 말씀인고로 마지막에는 순종합니다. 그럴때 사건이 일어납니다. 믿음은 순종입니다. 그만큼의 순종이 하나님의 역사를 일으킵니다. 성경의 모든 이적을 통틀어 생각해보십시오. 예외가 있습니까? 없습니다.

요한복음 2장에 나오는 가나의 혼인잔치에서 예수님께서는 그 큰 항아리에다가 물을 채우라고 하십니다. 왜 채웁니까? 그냥 포도주를 만들면 되지 않습니까? 그러나 그만한 수고가 있어야 됩니다. 억지 수고, 억지 순종이라도 요구하십니다. 나머지는 하나님께서 하실 일입니다. 여러분은 얼마나 순종적인 믿음으로 진리 안에서 오늘을 살아갑니까?

기적을 통한 하나님 말씀의 증명

특별히 오늘 사건을 통해서 우리에게 나타낸 말씀이, 예수님의 말씀이 사건으로 일어났습니다. 넓게는 예수님께서 지금 배 위에서 설교하셨습니다. 저처럼 30분 설교하신 게 아닙니다. 적어도 한 시간, 두 시간, 세 시간 하셨을 것입니다. 그리고 그 말씀이 사건으로 일어나는 것을 보여주십니다. 말씀을 귀로도 듣고, 사건으로 봅니다. 이것이 이적입니다. 좁게는 예수님께서 "바다로 가 그물을 던져라" 말씀하십니다.

그 말씀대로 된 것이 이적입니다. 그런고로 이적은 하나님의 말씀을 증명합니다. 그 말씀은 사건으로, 능력으로 나타난다는 사실을 보여주는 것이 성경의 이적이요, 오늘의 사건입니다. 오늘 본문은 말씀합니다. "고기가 심히 많아 그물이 찢어지게 되었더라. 두 배에 채우니 배가 잠기게 되었더라."

상상해보십시오. 가득 찼습니다. 왜요? 예수님의 말씀대로입니다. 그것 하나입니다. 이제 무엇을 생각하겠습니까? 이적을 행하신 분을 만난 사람은 이적을 구하지 않습니다. 말씀을 구할 것입니다. 영적인 눈을 떠야 됩니다. 수많은 충격적인 사건들 안에서 메시지를 듣습니다. 그러나 믿음이 없는 자는 날마다 이적만 구하다가 끝납니다. 베드로는 회개합니다. "엎드려 이르되." 엎드려서 회개합니다. "주여 나를 떠나소서. 나는 죄인이로소이다(8절)."

참된 회개입니다. 왜냐하면 이적을 봤고, 그 능력을 봤는데도 능력을 구하지 않기 때문입니다. 능력을 얻어 내 소원을 성취하고, 이 나라의 해방을 구하지도 않습니다. 지금 이 순간만은 깨끗합니다. 엄청난 사건 앞에 깨끗한 신앙고백을 하고 있습니다. "나는 죄인이로소이다." 왜 그렇습니까? 이적을 행하시는 분을 만나고 있기 때문입니다.

기복신앙이 악한 이유가 무엇입니까? 그것은 바로 하나님께 능력을 구하지만, 하나님은 뒷전이요 능력이 우선이기 때문입니다. 정말 하나님의 뜻을 구하는 자에게 능력은 둘째 문제입니다. 하나님을 원할 뿐입니다. 그 마음을 알지 않습니까? 아니, 우리도 아는데, 하나님께서 모르시겠습니까? 그것은 구원받을 만한 믿음이 못됩니다. '예수 믿고 번영한다, 잘산다, 만사형통한다.' 이것은 악입니다. 기독교 아닙니다. 하나님을 우상화합니다. 아직 하나님을 신뢰하지 못합니다. 이적의 본체이신 그 예수 그리스도를 못 만났습니다. 그런데 베드로는 이적을 행하신 그분 앞에 깨끗이 무너집니다. '회개합니다. 나는 죄인입니다.'

여러분, 무엇을 회개하는 것입니까? 본문을 보면 먼저, 자신이 의심했던 것을 회개합니다. 계속 의심하고 있었기 때문입니다. 그것이 너무나 부끄럽고 너무나 죄송스럽습니다. 더 나아가서 이전에는 '선생님'이라고 불렀거든요. 자기가 봐도 한심합니다. 지금은 스스로 "주여!"하고 무릎 꿇게 됩니다. 가장 중요한 회개는 이것입니다. 배 위에서 예수님께서 몇 시간 동안 설교하셨습니다. 자기도 그 배 위에 앉아 있었습니다. 딴 사람들은 바닷가에 있었습니다. 그런데도 베드로는 회개를 안했습니다. 그런데 이제 이적을 보고 회개합니다. 진작 말씀을 믿고 그 앞에서 회개했어야 되는데, 이제야 눈으로 보고 사건을 경험해야 회개하는 자신의 인격과 삶의 방식이 너무나 부끄럽습니다.

구원받은 자는 말씀 앞에 회개합니다. 말씀을 구합니다. 구원받지 못한 자는 끝없이 능력을 구하고, 이적을 구합니다. 그래서 예수님께서 말씀하십니다. "악한 세대가 능력을 구한다. 표적을 구한다. 이적을 구한다. 악한 세대구나." 여러분은 무엇을 구하고 오늘을 살아갑니까?

기적을 본 죄인의 회개

이적에도 불구하고, 충격적인 사건에도 불구하고 아무 깨우침이나 지혜도 얻지 못하고 회개하지 못한 사람이 너무나 많습니다. 그들은 버려진 인생입니다. 하나님께서 내버려둔 인생입니다. 이미 심판받은 자입니다. 성경에 그런 사건이 많이 나타납니다. 그러니 오늘도 많을 수밖에 없는 것입니다. 그러나 구약의 대표적인 인물이 바로왕입니다. 왜요? 구약에서 가장 큰 이적은 출애굽의 사건이기 때문입니다. 한 사건이 일어날 때마다 뉘우칩니다. 그러나 다시 원상태로 돌아갑니다. 또 뉘우칩니다. 또 다시 원상태로 돌아갑니다. 반복하다가 다 죽고 맙니다.

신약에서는 가룟 유다입니다. 아니, 예수님의 제자로서 엄청난 사건을 보고 말씀을 들었는데, 끝까지 능력만을 구합니다. 그래서 내 뜻을 이루고자, 민족의 해방을 이루고자 나름대로는 고상한 목적으로 예수님을 팔아넘깁니다. 왜 그렇습니까? 유다 입장에서 저분은 절대 죽으실 분이 아니기 때문입니다. 물 위를 걸어가시고, 죽은 자를 살리시고, 오병이어의 이적을 행하신 분인데 그냥 죽으시겠습니까? 유다는 능력을 기대했는데, 그분이 능력을 안 쓰고 죽어버리십니다. 그러자 유다는 자살해버리고 말지 않습니까? 스스로 무너졌습니다.

이런 이야기가 있습니다. 죽었다 깨어나도 못하는 것이 있답니다. 무엇일까요? 그것은 '죽었다 깨어나는 것'이랍니다. 하나님께서 못하시는 것이 있습니다. 전지전능하신 하나님께서 정말 죽었다 깨어나도 못하시는 것이 있습니다. 바로 회개하지 않은 사람을 구원하시는 것입니다. 그것만은 하나님께서도 못하십니다. 이미 정하셨기 때문입니다. 회개하지 않는 자는 구원하지 못하십니다. 아니, 안하십니다. 이적은 하나님께서 불신앙의 세대를 향하여 주시는 메시지입니다.

그래서 베드로는 회개하고 예수님 앞에서 무너집니다. "주여, 나를 떠나소서. 나는 죄인이로소이다." 깊이 생각해보면 '나를 떠나소서'라고 하지는 말아야 합니다. 그러다 진짜로 떠나시면 어떡합니까? 그럼 멸망입니다. 그러나 이것이 참된 기도입니다. 그 다음 생각은 없습니다. 단순합니다. 단지 하나님 앞에서, 거룩하신 자 앞에서 내가 얼마나 큰 죄인인지를 깨닫습니다. 스스로 심판의 대상을 자처합니다. "나를 떠나소서."

그런데 여기에 은혜가 임합니다. 그 회개 기도에 창조의 지혜와 능력이 나타납니다. 하나님의 긍휼이 임합니다. 하나님의 지혜와 능력이 나타납니다. 더 큰 복을 주십니다. 그래서 예수님께서 오늘 말씀하십니다. "두려워하지 말라. 이제 후로는 네가 사람을 취하리라(10절)." 더 큰 복을 받습니다. 더 큰 창조적 미래를 약속받습니다. 하나님께 쓰임 받는 '사람을 취하는 어부가 되리라'고 약속하십니다. 얼마나 놀라운 선언입니까? 오늘도 참회하는 심령 위에 하나님께서 더 큰 복을 주십니다. 은혜를 베푸십니다.

기적을 본 죄인

여러분, 우리는 알든지 모르든지 하나님께서 일으키시는 충격적인 사건, 이적과 같은 사건을 통해서 생각합니다. 놀라 깨우치고 회개합니다. 그리고 하나님께로 돌아옵니다. 그래서 그 회개 자체가 이적입니다. 그런데 그 기적적인 회개를 통해서 더 큰 이적의 선물을 받습니다. 하나님의 자녀가 됩니다. 사유의 은총을 받습니다. 새로운 미래의 신분으로 하나님의 지혜와 능력을 보게 됩니다.

여기에서 끝나지 않습니다. 더 큰 이적의 역사가 또 일어납니다. 그것이 오늘본문 11절입니다. "그들이 배들을 육지에 대고 모든 것을 버려두고 예수를 따르니라." 예수님을 따라갔습니다. '모든 것을 버려두고', 소유와 욕망 그리고 자기의 꿈과 야망을 버려두고 오직 예수님을 좇습니다. 얼마나 놀라운 이적입니까? 헌신의 기적입니다.

그런데 이 고백, 이 삶의 결단이 무엇 때문에 일어나는 것입니까? 두려워서가 아닙니다. 하나님의 능력 때문도 아닙니다. 깊이 생각해보면 하나님의 긍휼 때문입니다. '나를 떠나소서' 하는데도 불구하고, 나는 그럴 수밖에 없는 죄인인데도 불구하고, '두려워하지 마라. 더 큰 하나님의 사람으로 너를 만들어주리라'고 말씀하시면서 나를 제자 삼으시고, 지혜와 능력을 보여주십니다. 나와 함께하십니다. 얼마나 감사합니까? 그 인격 앞에 헌신하게 되는 것입니다.

하나님께서는 오늘도 이적을 통해서 역사하십니다. 수많은 충격적인 사건들이 그렇습니다. 그 안에서 하나님의 음성을 들어야 합니다. 다윗은 성경에서 '하나님의 마음에 합한 자'라고 불린 유일한 사람입니다. 가장 복을 받은 그런 인물임에 틀림이 없습니다. 그런데 다윗은 초자연적인 기적을 한 번도 경험하지 못합니다. 그렇다고 남의 병을 고쳐주지도, 초자연적인 기적을 일으키지도 못합니다. 단 한 번도 그런 일이 없습니다. 다윗이 겪은 것은 수많은 기적 같은 사건들뿐입니다. 그런데도 그 사건 때마다 하나님께로 돌아오고, 하나님의 마음을 알고, 하나님의 은혜를 입고, 날마다 회개하는 심령으로 살아가 하나님의 사람으로 변화됩니다.

이 시대에 하나님께서 주신 마지막 기적은 하나님 자신입니다. 하나님께서 이 땅에 오셨습니다. 이보다 더 큰 기적은 없습니다. 하나님이신 인간이 십자가에 죽으셨습니다. 이보다 더 큰 기적이 없습니다. 그분이 부활하셨습니다. 마지막 계시입니다. 이 기적 앞에 "나는 죄인이로소이다. 나를 떠나소서"라고 회개하는 자는 믿음으로 하나님의 자녀가 되고, 더 큰 복의 사람으로 변화됩니다. 그러나 이 기적 앞에 콧방귀 뀌고 조롱하고 무관심하며, 말도 안 된다고 코웃음 치는 자는 멸망으로 갈 뿐입니다.

복음은 하나님의 능력입니다. 구원을 일으키시는 하나님의 능력입니다. 복음의 중심, 복음의 인격은 예수 그리스도입니다. 우리는 믿음으로 예수 그리스도 안에서 연합한 자로 말씀과 성령의 역사 안에서 날마다 회개합니다. 날마다 하나님 앞에서 자신의 모습이 어떠한지 발견하며, 하나님의 뜻대로 되기를 구하며 하나님께 영광 돌리는 삶을 살아갑니다. 그 진정한 회개 안에 창조적인 미래, 창조적인 인생이 약속되어 있습니다. 그리스도인은 이 사건에, 이 위대한 하나님 나라의 역사의 증인으로 오늘을 살아갑니다.

PRAYER

전지전능하신 은혜의 하나님, 주의 초월적 지혜와 능력 안에서 하나님 자녀 되게 하시고, 회개하는 자로 오직 믿음으로 하나님의 은혜를 알며, 은혜를 의존하며, 은혜를 구하며, 하나님과 동행하는 은총의 삶을 살도록 인도해주심에 진심으로 감사드립니다. 그러나 불신앙에 빠져 기적과 능력만을 구하며, 하나님을 외면하며, 자신의 소원이 이루어지기만을 구하는 미련한 자의 삶을 주여 불쌍히 여겨주셔서 하나님 앞에서, 말씀 앞에서, 오늘의 놀라운 사건들 앞에서 참회하며 하나님께로 나아가는 은총의 회복이 있도록 주여 우리를 지켜주시옵소서. 주 예수 그리스도의 이름으로 간절히 기도드립니다. 아멘

04_귀신도 순종하는 권위

하나님의 말씀_ 마가복음 1 : 21 – 28

저희가 가버나움에 들어가니라 예수께서 곧 안식일에 회당에 들어가 가르치시매 뭇사람이 그의 교훈에 놀라니 이는 그 가르치시는 것이 권세 있는 자와 같고 서기관들과 같지 아니함일러라 마침 저희 회당에 더러운 귀신들린 사람이 있어 소리 질러 가로되 나사렛 예수여 우리가 당신과 무슨 상관이 있나이까 우리를 멸하러 왔나이까 나는 당신이 누구인줄 아노니 하나님의 거룩한 자니이다 예수께서 꾸짖어 가라사대 잠잠하고 그 사람에게서 나오라 하시니 더러운 귀신이 그 사람으로 경련을 일으키게 하고 큰 소리를 지르며 나오는지라 다 놀라 서로 물어 가로되 이는 어쩜이뇨 권세 있는 새 교훈이로다 더러운 귀신들을 명한즉 순종하는도다 하더라 예수의 소문이 곧 온 갈릴리 사방에 퍼지더라

성경에 보면 예수님께서 열두 제자를 두셨는데, 그 중에서도 사도 베드로를 가장 사랑하고 인정하신 듯합니다. 베드로는 수석 제자입니다. 그 베드로와 예수님과의 아주 극적인 대화의 사건이 마태복음 16장 16절 이하에 기록되어 있습니다. 다시 한 번 생각해보시기 바랍니다. 예수님께서 '내가 누구냐?' 물으시니 수석 제자답게 담대히 고백합니다. "주는 그리스도시요 살아계신 하나님의 아들이시니이다." 예수님께서

매우 기뻐하시며 크게 칭찬하십니다. 그리고 엄청난 복을 주십니다. '내가 너에게 천국열쇠를 주리라.' 굉장하지 않습니까? 그리고 예수님께서는 하늘의 비밀을, 하나님의 뜻과 그 경륜을 가르쳐주십니다. '이제 내게 고난이 있을 것이고 그로 인하여 십자가에 죽을 것이고 삼일 후에 부활하리라.'

그 순간 베드로가 아주 간절하게 예수님을 붙잡고 이렇게 말합니다. '주여 그리하지 마옵소서. 결코 그리되어서는 안 됩니다. 절대 안 됩니다.' 이 베드로를 향하여 예수님께서 '사탄아 물러가라' 말씀하십니다. 마태복음 16장 23절의 말씀입니다. "예수께서 돌이키시며 베드로에게 이르시되 사탄아 내 뒤로 물러가라 너는 나를 넘어지게 하는 자로다 네가 하나님의 일을 생각하지 아니하고 도리어 사람의 일을 생각하는도다."

문제는 하나님의 일이냐 사람의 일이냐에 있었습니다. 베드로는 예수님께서 그렇게 사랑하시고 수석 제자로 임명하셨지만, 하나님의 일을 가로막고 사람의 일에 집착하므로 그 생각과 그 인격 자체를 사탄이라 꾸짖으십니다. 여러분은 하나님의 일에 집중하고 있습니까? 아니면 사람의 일에 집중하고 있습니까? 무엇보다도 여러분은 사탄의 존재와 능력에 대해서 어떤 이해와 인식을 가지고 오늘을 살아갑니까? 이건 아주 중요한 문제입니다.

사탄의 영향력

제가 이 말씀을 묵상하면서 저를 돕는 20대 비서에게 한번 물어봤습니다. "너는 사탄의 존재를 믿니?" 그랬더니 믿는대요. 그래서 매일 매일 사탄의 존재와 능력을 인식하면서 사느냐고 했더니, 그것은 아니래요. 그래서 또 제가 이렇게 물었지요. "그럼 마귀가 만일 너랑 싸우면 누가 이기겠니?" 그랬더니 조금 생각한 후에 이렇게 대답했습니다. 어떤 마귀냐가 중요하대요. 말이 된다고 생각했습니다.

그러나 분명히 기억하십시오. 사탄과 마귀의 지혜와 능력은 인간의 지혜와 능력을 초월합니다. 성경은 우리에게 분명 이것을 알라고 선언하고 있습니다. 사탄은 하나님의 일에 집중하지 못하게 끊임없이 다양한 방법으로 자신의 영향력을 펴고 있습니다. 예를 들어서, 진리를 생각해보세요. '원수를 사랑하라.' 하나님의 말씀입니다. 얼마나 지키며 살아가십니까? '네 이웃을 네 몸과 같이 사랑하라.' 이 얼마나 귀한 말씀입니까? 그런데 그 말씀에 붙들려 살아가는 사람이 얼마나 많습니까?

성경 말씀이 하나님의 말씀인 줄 알면서도 얼마나 하나님의 말씀을 가까이하며 묵상하며 살아가십니까? 모든 것이 하나님의 은혜로 주어진 걸 알면서도 내 시간과 능력과 물질을 정말로 하나님께 영광 돌리기 위하여 전적으로 사용하고 계십니까? 안타깝게도 그렇지 않은 모습이 많습니다. 그처럼 사탄은 끊임없이 모든 삶을 통하여 하나님의 일로부터 멀어지게 계속해서 방해하고 가로막고 있다는 사실을 항상 알아야 합니다.

사탄에 대한 오해

크리스천을 포함해 인간에게 있어서 사탄과 마귀에 관한 가장 잘못된 삶의 태도와 지식 두 가지가 있습니다. 첫째는, 아예 사탄과 마귀에 대해서 인정하지 않는 것입니다. 특별히 현대인들이 그렇습니다. 지식인일수록 그렇습니다. 그런데 성경은 뭐라고 말씀합니까? 창세기부터 요한계시록까지 마귀와 사탄의 역사가 가득 차 있습니다. 그걸 경고하는데, 그걸 없다 하고 또 인식하지 않으면 잘못된 삶이 아니겠습니까? 더욱이 요한일서 3장 8절의 말씀입니다. "죄를 짓는 자마다 마귀에게 속하나니 마귀는 처음부터 죄를 범함이라. 하나님의 아들이 나타나신 것은 마귀의 일을 멸하려 하심이라." 예수 그리스도께서 이 땅에 오심은 사탄의 역사를 멸하려 오셨다고 그러는데 예수 그리스도를 믿으면서도 사탄을 인식하지 못하고 그 존재를 부정한다면 그건 잘못된 신앙생활입니다.

두 번째 오류는, 사탄의 그 존재와 능력을 인정은 하는데 너무 집착하는 것입니다. 지나치게 자꾸 그쪽만 생각합니다. 또는 잘못된 이해로 사탄에 대해서 왜곡되게 인식하고 살아가는 것입니다. 예를 들면 모든 인생의 문제를 다 사탄 때문이라고 합니다. 그것은 정답입니다만, 궁극적인 답이지 과정에서 얻을 답은 아닙니다. 내 잘못, 인간의 잘못이 더 크기 때문입니다. 그래서 귀신에 대한 직접적인 사역을 하시는 많은 사역자를 보면 모든 질병의 원인이 다 마귀라고 이야기합니다. 성경에 보면 그런 사건이 많이 있습니다. 그러나 모든 질병의 원인이 다 마귀 때문은 아닙니다.

저는 오래전에 귀신을 잘 쫓고 특히 치유의 은사가 있으신 세계적 선교신학자인 피터 와그너 교수의 과목을 들은 적이 있습니다. 제가 목 디스크로 하도 고생을 하니까 옆에 있던 목사님들이나 학생들이 그분과 개인적 면담시간을 잡아줬습니다. 사실 그 분을 만난다는 건 하늘의 별따기만큼 힘든 일이었습니다. 그래서 그분을 존경하는 마음으로 만났습니다. 기도해준다고 하니까 얼마나 고마워요. 그런데 첫마디가 "사탄아 물러가라"였습니다. 정신이 번쩍 들었습니다. '이거 뭐하는 거야? 이건 생각과는 완전히 다른데, 그럼 내가 귀신들렸단 말이야?' 뭔가 성경을 잘못 이해하고 착각한다고 생각했습니다.

간단한 예를 하나 들어보겠습니다. 정신병자이거나 귀신들린 사람이 있습니다. 영적 분별력이 없으면 다 똑같습니다. 이 모두를 귀신들렸다고 생각하는데, 천만에요. 예수 그리스도가 항상 시금석입니다. 정신병자는 예수 그리스도가 누군지 모릅니다. '예수 그리스도의 이름으로 말하노니' 하면 깔깔대고 웃습니다. 그리고는 미쳤느냐고 말합니다. 그러나 귀신들린 자는 꼼짝하지 못합니다. 예수 그리스도의 권세에 눌리기 때문입니다. 완전히 서로가 달라요. 쉽게 말해서 바이러스 걸린 거랑 귀신들린 거랑 다릅니다. 영적 분별력을 가지고 사탄의 역사를 헤아려야 합니다.

사탄의 세 가지 전략

하나님의 사람 토저(A. W. Tozer) 목사님이 쓰신 「하나님 편인가 세상 편인가」(Talk Back to the Devil)란 책이 있습니다. 그 책에서 사탄의 끊임없는 전략 세 가지를 성경적으로 간단하게 기술합니다. 함께 생각해봅시다.

첫째로 항상 사탄은 인간을 죄의식에 빠지게 합니다. 하나님께서는 하나님의 자녀가 회개할 때 그가 죄를 한 번도 짓지 않은 것처럼 생각하시면서 사유의 은총을 주시는데, 사탄은 끊임없이 죄의식에 사로잡히게 만들어갑니다. 무기력하게 만들어갑니다.

둘째로 인생의 실패에 대한 기억을 계속 증폭시킵니다. 그래서 부정적인 사고, 회의적인 생각 속에서 근심과 염려와 원망과 불평과 두려움과 절망 중에 살아가게 만듭니다.

셋째로 주변사람들의 평판에 신경을 쓰게 합니다. 원래 현대 그리스도인은 특히 이 부분에서 취약합니다. 매력적이고 점잖은 그리스도인이 되기를 기대하고 있습니다. 저자는 사탄이 이렇게 말한다고 합니다. "사탄은 신앙생활 적당히 하라. 열심히 믿어봐야 너 왕따 당한다." 그런데 성경에서는 하나님께서 '오직 하나님만을 신뢰하라. 하나님의 증인으로 이 땅을 살아라. 하나님 나라의 삶을 살아라. 담대하라. 용기를 가져라'고 계속 말씀하고 있지 않습니까?

이런 이야기가 있습니다. 한 사람이 세상 욕심을 버리고 정말 하나님의 사람으로 살고자 산으로 기도하러 갔답니다. 그런데 악마가 나타나서 유혹을 하기 시작합니다. 그리고는 기도를 중단하게 만듭니다. 그래도 이 사람은 꿋꿋하게 기도했습니다. 그러자 이제 악마가 거래를 하자고 합니다. 자꾸 이런저런 생각을 집어넣으면서 말입니다. "너 여기서 기도 중단하면 네 자녀들 서울대 다 보내주고, 하버드대학 다 보내 줄게. 여기서 중단하면 강남의 제일 좋은 아파트 다 사줄게. 사업도 성공하게 해줄게." 계속 유혹하는데 이 사람이 믿음으로 단호하게 거절했습니다.

또 계속 기도하는데 마지막 마귀의 한마디, 여기에 이 사람은 무너지고 맙니다. 마귀가 그러더랍니다. "너한테 준다는 거 네 가장 친한 친구에게 줘도 되겠느냐?" 이 말 한마디에 기도중단 하고 말았다는 말입니다.

한번 생각해보시기 바랍니다. 우리가 하나님의 영광을 위하여 하나님의 말씀대로 살기를 매일매일 결단하나 자꾸 잊어버리고 나약해지고 넘어지지 않습니까? 수많은 유혹이, 다양한 형태의 시험이 우리 앞에 나타나 있습니다. 이것이 사탄의 역사입니다. 그래서 성경은 단호하게 말씀합니다. 에베소서 6장 12절의 말씀입니다. "우리의 씨름은 혈과 육을 상대하는 것이 아니요 통치자들과 권세들과 이 어둠의 세상 주관자들과 하늘에 있는 악의 영들을 상대함이라." 한마디로 보이지 않는 영, 악한 권세와 악의 영들을 상대합니다. 세상 사람들은 이걸 몰라도 그리스도인은 알아야 합니다. 그리스도인은 악한 영에 대항하여 믿음으로 승리하는 하나님의 백성입니다.

사탄도 순종하는 권위

본문 말씀은 예수님의 이적들 중 하나로 귀신을 축출하는 사건입니다. 이 이적을 통하여 하나님의 음성, 메시지를 들어야 합니다. 이적 자체가 중요한 게 아닙니다. 그 이적을 통하여 주시는 메시지를 항상 기억해야 합니다. 예수님께서는 여러 가지 이적을 행하셨는데 흔히 영어로 4D 라고 말합니다. 'Danger', 'Demon', 'Disease', 'Death' 즉 위험으로부터 구출해주는 이적, 질병으로부터 고쳐주는 이적, 귀신과 마귀로부터 구원해주는 이적, 그리고 죽음으로부터 다시 살게 하는 이적, 이런 네 가지 이적을 행하셨는데 그 중에서 귀신을 축출하는 이적이 오늘 성경에 기록되어 있습니다.

오늘 성경 말씀을 자세히 보면 마귀가 예수님 앞에서 고백하고 간청하는 내용이 기록되어 있습니다. 24절의 말씀입니다. "나사렛 예수여 우리가 당신과 무슨 상관이 있나이까? 우리를 멸하려 왔나이까? 나는 당신이 누구인지 아노니 하나님의 거룩하신 자니이다." 얼마나 놀랍습니까? 마귀는 예수님이 누구신지 알았습니다. 하나님의 거룩하신 자, 하나님의 아들이심을 알았습니다. 그런데 귀신도 아는데 세상은 모릅니다. 왜 모를까요? 귀신이 모르게 만든 것입니다. 죄 때문이에요. 애매모호하게 우상의 씨를 뿌리고 하나님이 없다 하고 그런 세계관으로 세상을 만든 것입니다. 마귀 자신은 압니다. 정확하게 압니다. 그래서 그 지략과 능력이 놀라운 것입니다.

그러면서 말합니다. "우리를 멸하려 하시나이까?" 예수님께서 이 땅에 오심이 사탄을 멸하러 오심인 것까지도 알아요. 성경 말씀을 정확하게 알아요. 그러나 그 말씀을 자꾸 잊어버리고, 잘못 이해하도록 만드는 것이 사탄의 역사입니다. 그리고 간청합니다. "우리와 무슨 상관이 있습니까?" 한마디로 '모른척 해주세요. 우리를 살려주세요. 불쌍히 여겨주세요. 멸하지 마소서.' 이렇게 비는 것입니다.

그런데 예수님께서는 단호하게 응답하십니다. 거절하십니다. 한번 생각해보시기 바랍니다. 예수님이 하나님의 아들이라고 고백하고 그것을 큰 소리로 지금 회당 안에서 말했습니다. 그러면서 제발 살려달라는데 전혀 긍휼을 베풀지 않으십니다. 이유가 뭡니까? 동기 때문입니다.

이 점이 가장 중요합니다. 이렇게 고백하고 간청하는 그 이유의 중심이 회개하고자 하는 게 아닙니다. 그렇게 보일 뿐입니다. 더욱이 하나님께 영광 돌리겠다는 것도 아닙니다. 단지 하나님의 진노가 무서워서 피하고 싶었습니다. 자신이 소멸될 운명에서 벗어나고 싶었습니다. 비슷한 것 같지만 이건 천지차이의 신앙고백입니다. 그래서 야고보 사도는 이렇게 말씀합니다. "네가 하나님은 한 분이신 줄을 믿느냐 잘하는 도다. 귀신들도 믿고 떠느니라."(약2:19)

세상의 권위에 순종하는 그리스도인

오늘날 '하나님은 한 분이시고, 하나님께 영광 돌린다'고 하지만 그 중심이 잘못돼 있으면, 그 신앙고백의 동기가 잘못됐으면 아무것도 아닙니다. 귀신도 그렇게 하기 때문입니다. 그래서 마태복음 7장 21절에 말씀합니다. "나더러 주여 주여 하는 자마다 다 천국에 다 들어갈 것이 아니요." 선지자노릇하고, 귀신을 축출하고, 많은 권능을 행해도 천국에 못 들어갑니다. 왜냐하면, 그 마음중심이 그 영적동기가 하나님의 뜻에 일치하지 못하기 때문입니다.

여러분, 이 세상에서 아무리 유명하고, 인기가 있고, 업적이 있고 아니, 노벨상을 받아도 천국에 들어가지 못합니다. 그 마음의 중심이 하나님의 마음에 합해야 됩니다. 내 신앙고백의 그 중심이 온전히 하나님의 은혜와 진리의 충만함 속에 있어야 합니다. 그럴 때 하나님께서 긍휼을 베풀어 주십니다. 이제 예수님께서 단호하게 명령하십니다. 25절의 말씀입니다. "예수께서 꾸짖어 이르시되 잠잠하고 그 사람에게서 나오라." 전혀 타협이 없으십니다. 불쌍히 여기시지도 않습니다. 여러분, 그리스도인은 이 점에서 예수 그리스도를 본받아야 합니다. 하나님의 일을 가로막는 일에는 불쌍히 여기지도 말고, 함께하지도 말고, 타협하지도 말아야 합니다.

우리 주변을 보시기 바랍니다. 전 세계적인 일이지만 특히 한국에 샤머니즘이 많습니다. 그래서 점집도 많고 우상도 많고 종교도 굉장히 많습니다. 이게 뭐하는 겁니까? 결국은 귀신과 타협하고 있는 겁니다. 잘 보여서 복 받겠다는 겁니다. 실제로 주변에 이런 일이 많지 않습니까? 그리스도인임에도 불구하고 점집에 가는 사람이 많이 있습니다. 결혼, 취업, 사업 등 신앙이고 뭐고 없습니다.

하나님께서는 오직 한마음으로 하나님을 신뢰하고, 한마음으로 하나님만을 사랑하며 경외하라 말씀하십니다. 그의 길을 하나님께서 긍휼히 여기시고 복을 주십니다. 오늘날 보면 그리스도인임에도 불구하고 큰일을 시작할 때에 돼지머리 앞에서 고사 지내고 절하는 사람도 있습니다. 그러면서 꼭 이런 말을 합니다. 문화적 행사라고요. 문화는 문화지만 사탄의 문화입니다. 우리는 이것을 분명히 알아야 합니다.

사탄을 인식하지 못하는 현대인

귀신들린 사람이 본문에 나오고 있습니다. 귀신들린 사람 한번 옆에서 보신 적 있습니까? 40년 이전만 해도 제 기억에 귀신들린 사람들이 많았습니다. 또 책을 통해 봐도 굉장히 많았습니다. 그러나 분명히 오늘날 현대 시대엔 이런 귀신들린 사람을 보기가 힘듭니다. 없다는 게 아니라 적어졌다는 것입니다. 아직도 아시아나 동남아시아, 아프리카나 중미에 가면 많이 있어요. 그런데 분명 현대사회에선 급속히 줄어들었습니다. 그 이유가 뭡니까? 많은 신학적 이유가 있지만 두 가지는 분명히 기억해야 합니다.

첫째는 예수 그리스도 덕분입니다. 예수 그리스도께서 오시기 전의 세계관은 완전히 신화적 세계관이요, 어두움의 세계관이었습니다. 얼마나 깜깜한 암흑이냐면 예수님을 잡아 죽일 만큼 밤이었습니다. 그런데 빛이신 예수 그리스도께서 오시면서 그만큼 밝아져서 사탄의 활동 영역이 줄어듭니다. 영역이 줄어든 것이지 없어진 게 아닙니다.

두 번째는 사탄이 전략을 바꿔서 그래요. 아주 고차원적인 강력한 방법으로 전략을 바꿨습니다. 그래서 오늘 현대인의 삶을 보면, 사탄은 물질 중심의 삶을 살도록 합니다. 소유 중심의 삶을 살도록 합니다. 성공 중심의 삶, 인기 중심의 삶, 이것이 잘하는 거라고 생각합니다. 아무 생각 없이, 한마디로 세상 중심의 삶을 살도록 만듭니다. 고대 생활은 그래도 항상 내세가 있다는 걸 믿었습니다. 하지만 지금은 아예 믿지도 않습니다. 그만큼 천당과 지옥에 별로 관심도 없고 더욱이 하나님 나라에는 더욱 관심이 없습니다. 오직 현실, 이 세상 중심의 삶으로 자꾸 가치관이 변합니다. 자기도 모르는 사이에 현실에 빠져 들어가게 됩니다. 이것이 사탄의 역사입니다.

죄송합니다만, 아주 냉정하게 세상의 지식 다 버리고 하나님 앞에서 한번 생각해봅시다. 월드컵을 한번 생각해보겠습니다. 이 월드컵은 한마디로 축구경기입니다. 한낱 건강을 위한 스포츠입니다. 그런데 갑자기 20세기에 들어오면서 엄청난 이벤트가 됐습니다. 이건 한마디로 돈 잔치 하는 겁니다. 하나님께 영광 돌리는 것과는 아무 상관 없습니다.

잘 아시듯이 새벽에 하면 새벽으로 밤늦게 하면 밤늦게, 시청 광장은 5시간 전에 모입니다. 아니, 예배시간에 10분 전에 오는 것도 망설이면서 축구경기 보러 5시간 전부터 서두릅니다. 그 관심과 열정을 한 번만이라도 하나님께 쏟아보세요. 인생이 변합니다. 그런데 생각해보면 이 월드컵은 경제, 교육, 사회, 정치, 아무 관계가 없습니다. 그런데 그렇게 열광하고 완전히 빠지는 것입니다.

주일날 설교 때문에 아무리 늦어도 11시 전에 자야 되는데 토요일 저녁 늦게 경기를 하는 경우에는 마음에서 갈등이 생길 때가 있습니다. '보고 잘 것인가 말 것인가.' 그걸 물리치고 자는데 몇 번을 깼는지 모릅니다. 갑자기 사람들이 '와!' 하는 바람에 벌떡 깨서 이게 뭔가 싶어 시계를 보니까 12시가 훌쩍 넘었더라고요. 아마 그 시간이 골 넣은 시간인 것 같아요. 그래서 생각하기 시작했습니다. '이게 1대 0인가? 1대 1인가?' 결국 한 시가 훌쩍 넘어서야 잠이 들었고, 다음 날 무척 피곤했던 기억이 납니다.

아니, 이처럼 열광하고 집중하는데 무엇을 위해서 하는 겁니까? 이게 하나님의 일입니까, 아닙니까? 분명 사탄은 아주 자연스럽고 교묘하게 하나님의 일을 잊어버리고 세상일에 집중하고 여기서 즐기고 기뻐하도록 자꾸 끌어갑니다. 이게 사탄의 고차원적 전략입니다.

사탄의 교묘한 전략: 교만

그 중에서 가장 큰 위험성 인간을 교만하게 만드는 것입니다. 그래서 하나님께서 이 일을 누누이 경고하십니다. '교만하지 마라. 교만하면 망한다. 멸망의 선봉이니라.' 대표적인 사건이 가룟 유다입니다. 교만한 사람은 자기가 교만한지도 모릅니다. 그래서 더 위험합니다. 자기가 지금 무슨 일을 하는지도 모르게 합니다. 예수님을 3년 동안 좇아다니 다가도 자기가 무슨 일을 하는지 몰랐던 유다처럼 말입니다. 그러나 성경은 요한복음 13장에 분명히 기록합니다. "마귀가 벌써 시몬의 아들 가룟 유다의 마음에 예수를 팔려는 생각을 넣었더라(2절)." 벌써 나쁜 생각을 하는 순간 마귀에게 사로잡히기 시작합니다.

그러나 아직도 기회는 있습니다. 실행하지 않았으니까요. 그런데 요한복음 13장에 다시 말씀합니다. '사탄이 그 일을 행하게 만들더라.' 성경이 계시하는 것입니다. 사탄과 마귀. 오늘도 이렇게 역사합니다. 그래서 자기 뜻을 세웁니다. 민족과 나라를 위한다는 명목 하에 예수님을 시험하고 팔아넘깁니다. 결국 교만해서 망하는 겁니다.

오늘 우리가 살아가는 이 세상에서 교만한 자가 망하는 모습을 보게 됩니다. 교회도 이 교만한 자들 때문에, 사탄의 역사 때문에 풍비박

산 나는 데가 많습니다. 사탄은 강력하게 오늘도 세상의 주인으로 역사합니다. 그래서 하나님이 없다고 하고, 하나님의 지식을 망각하게 하고, 하나님의 뜻을 가로막고, 천국과 지옥이 있는지 없는지 애매모호하게 만들고, 진리를 타협하게 하고, 인간을 교만하게 합니다. 이 모든 것이 사탄의 유혹이요 역사임을 기억해야 합니다.

하나님의 사람 사도 바울, 그는 로마서 7장 19절에서 이렇게 고백합니다. "내가 원하는 바 선은 행하지 아니하고 도리어 원하지 않는바 악은 행하는도다." 우리도 이런 경험을 매일 하지 않습니까? 이 모든 것이 누구 때문입니까? 분명한 것은 사탄이 이렇게 한다는 겁니다. 특별히 그리스도인일수록 더 그렇습니다. 분명 하나님의 뜻대로 하길 원하는데, 점점 시간이 갈수록 이 결심이 하루를 못 갑니다. 자꾸 잊어버리다 마침내 습관화됩니다.

그 원인을 생각할 때, 성령께서 사도 바울과 같은 신앙적 절규의 기도를 하게 만드십니다. 22절부터 24절까지의 말씀합니다. "내 속사람으로는 하나님의 법을 즐거워하되 내 지체 속에서 한 다른 법이 내 마음의 법과 싸워 내 지체 속에 있는 죄의 법 아래로 나를 사로잡아오는 것을 보는도다. 오호라 나는 곤고한 사람이로다. 이 사망의 몸에서 누가 나를 건져내랴" 위대한 사도의 증언입니다.

사탄을 이기는 힘: 오직 예수 그리스도

성령 충만한 사람, 참으로 중생한 사람은 영적 세계를 봅니다. 그런데 마음으로는 하나님의 법을 즐거워하고, 하나님의 은혜대로 살고,

하나님께 영광 돌리기를 결단하지만 실제 삶에선 그렇지 못한 것을 느낍니다. 자기 힘과 결심으로는 안됩니다. 사탄을 이길 힘은 오직 예수 그리스도밖에 없습니다. 예수 그리스도와 연합하는 자에게 주시는 하나님의 은총입니다.

오늘 본문을 보면 마귀가 예수님의 권위와 그 말씀의 권위에 깜짝 놀라 무너집니다. 철저하게 순종합니다. 이것은 하나님의 승리이자 그리스도인의 승리요, 믿음의 승리입니다. 죄송합니다만, 하루에 몇 번씩 사탄을 인식하십니까? 정말 죄송합니다만, 저는 수십 번씩 '성부와 성자와 성령의 이름으로 명하노니 사탄아 물러가라' 외치는데, 질 때가 많습니다. 특별히 하나님의 일을 할 때 더욱더 조심해야 합니다. 특별히 성경을 볼 때 말씀에 집중하지 못하도록 자꾸 바쁘게 만듭니다. 더욱 더 하나님 일에 집중할 때 사탄을 물리쳐야 합니다. 그런 때 더 강력하게 역사하기 때문입니다.

삼위일체 하나님의 구원, 그 말씀의 권위는 인정하는데 순종하지 않는 것은 불신앙 중의 불신앙입니다. 부모를 공경한다 하면서 전혀 순종하지 않는다면 그는 나쁜 불효자입니다. 성령은 끊임없이 우리를 하나님의 권위에, 그 말씀의 권위에 순종하며 하나님과 동행하며 하나님의 뜻을 이루는 삶을 살도록 인도하십니다.

이런 얘기가 있습니다. 방 10개를 가진 어떤 부자가 있었는데 하루는 그 집에 예수님께서 오셨습니다. 너무도 기뻐서 예수님께 가장 좋은 방을 드리면서 '예수님 가지세요' 하고 드렸습니다. 그날 밤, 이 집에 마귀가 찾아왔습니다. 그런데 열심히 나가서 마귀랑 싸우는데 예수님께서 자기를 도와주시지 않더랍니다. 가까스로 마귀를 물리친 다음, 예수님께 따졌답니다. "왜 저를 돕지 않으십니까?" 그랬더니 예수님께서 이렇게 말씀하셨답니다. "무슨 소리냐? 네가 내게 준 가장 좋은 방을 내가 철통같이 지키고 있었다." 그래서 뭐가 좀 섭섭하셨나 싶어 방을 5개, 자기 재산의 반을 드렸답니다. 이쯤이면 됐겠지 생각하면서 말이지요.

그런데 다음날 또 마귀가 찾아왔습니다. 그래 가서 열심히 마귀랑 싸우는데, 예수님께서 또 자길 돕지 않으시더랍니다. 너무 힘겹게 마귀를 물리치고 예수님께 찾아가서 또 따졌습니다. "왜 저를 돕지 않으십니까?" 예수님께서 또 말씀하십니다. "무슨 소리냐? 네가 나에게 준 방 5개 내가 철통같이 지키고 있었느니라. 마귀가 틈타지 못했느니라." 이 말에 큰 깨달음을 받은 부자가 말합니다. "이 집 다 가지세요. 예수님이 이제부터 이 집주인입니다."

그러고 나서 그 다음날 마귀가 또 왔습니다. 그런데 마귀를 맞이한 사람은 집주인이 아니라 예수님이셨습니다. 마귀가 깜짝 놀라서 꾸뻑 절하고 이렇게 말하더랍니다. "집 잘못 찾아왔습니다."

사탄도 순종하는 권위

99퍼센트의 믿음, 99퍼센트의 헌신을 마귀가 제일 좋아합니다. 하나님께서는 100퍼센트의 믿음을 원하십니다. 하나님의 약속에 대한 믿음, 살아계신 하나님의 역사에 대한 믿음, 그 믿음으로 사탄의 권세를 물리치고 승리하길 기대하십니다. 하나님의 권위, 그 말씀의 권위

앞에 철저하게 순종하는 자에게 진정한 자유인의 삶을 허락하시고, 복된 삶을 허락하시고, 권세 있는 자의 삶을 허락하십니다. 그 길만이 하나님께 영광 돌리는 길입니다. 오직 예수 그리스도의 이름으로, 그의 지혜와 능력으로 살아가야 합니다.

우리의 모든 것의 주인이 예수 그리스도십니다. 우리는 예수님을 주님이요 구세주라고 고백합니다. 그야말로 모든 것입니다. 내 운명도 지혜도 삶도 건강도 지식도, 삶의 태도도 방식도 재산도, 모든 것이 주님의 것이라고 그리스도인은 고백합니다. 그 믿음, 그 중심으로 하나님의 일을 생각하며 집중하며 살아가는 자가 하나님과 동행하는 자입니다. 하나님께서 그와 함께 역사하십니다. 그곳에 믿음의 승리, 하나님의 승리가 약속되어 있습니다.

PRAYER

사랑과 긍휼이 풍성하신 은혜의 하나님, 하나님을 부인하고 하나님을 조롱하고 하나님을 없다 하는 이 세상 안에 살아가는 저희지만, 하나님의 은혜로 오직 믿음으로 하나님을 믿고, 하나님의 사랑과 은혜와 진리에 붙들려 신령한 세계를 바라보며 이 시대에 권세 있는 자의 삶을 살도록 허락해주심을 진심으로 감사드립니다. 악한 영의 세계를 오직 믿음으로, 예수 그리스도를 믿음으로 그 권위로 물리치며 하나님과 그 말씀의 권위에 순종함으로 하나님의 뜻을 이루며 하나님께 영광 돌리는 복되고 귀한 삶을 살도록 우리를 항상 지켜주시고 항상 주의 길로 인도하여주옵소서. 주 예수 그리스도의 이름으로 간절히 기도드립니다. 아멘.

05_능력과 죄를 사하는 권세

하나님의 말씀_마가복음 2 : 1 – 12

수일 후에 예수께서 다시 가버나움에 들어가시니 집에 계신 소문이 들린지라 많은 사람이 모여서 문 앞에라도 용신할 수 없게 되었는데 예수께서 저희에게 도를 말씀하시더니 사람들이 한 중풍병자를 네 사람에게 메워가지고 예수께로 올새 무리를 인하여 예수께 데려갈 수 없으므로 그 계신 곳의 지붕을 뜯어 구멍을 내고 중풍병자의 누운 상을 달아내리니 예수께서 저희의 믿음을 보시고 중풍병자에게 이르시되 소자야 네 죄사함을 받았느니라 하시니 어떤 서기관들이 거기 앉아서 마음에 의논하기를 이 사람이 어찌 이렇게 말하는가 참람하도다 오직 하나님 한분 외에는 누가 능히 죄를 사하겠느냐 저희가 속으로 이렇게 의논하는 줄을 예수께서 곧 중심에 아시고 이르시되 어찌하여 이것을 마음에 의논하느냐 중풍병자에게 네 죄사함을 받았느니라 하는 말과 일어나 네 상을 가지고 걸어가라 하는 말이 어느 것이 쉽겠느냐 그러나 인자가 땅에서 죄를 사하는 권세가 있는 줄을 너희로 알게 하려 하노라 하시고 중풍병자에게 말씀하시되 내가 네게 이르노니 일어나 네 상을 가지고 집으로 가라 하시니 그가 일어나 곧 상을 가지고 모든 사람 앞에서 나가거늘 저희가 다 놀라 하나님께 영광을 돌리며 가로되 우리가 이런 일을 도무지 보지 못하였다 하더라

저명한 베스트셀러 작가인 존 맥스웰(John Maxwell) 목사님의 저서에 「태도」(The Difference Maker)라는 책이 있습니다. 그 내용 하나를 소개

합니다. 저자는 젊은 시절 매우 힘든 역경을 경험하게 되었는데, 그때 많은 지혜를 얻었습니다. 그래서 올바른 관점으로 그런 어려운 문제와 역경을 바라보기 위해서 그것들을 종이에 써놨습니다. 나중에 그 기록이 발전되어 자신이 처한 문제에 대한 새로운 정의로 만들어지고 다듬어졌습니다. 'PROBLEMS(문제)'라는 영어단어의 알파벳 스펠링 여덟 개를 머리글자로 한 여덟 개의 정의입니다.

먼저 'P'에서 시작합니다. 'Predictors', 문제란 새로운 미래를 알리는 예고자입니다. 'R', 'Reminders', 문제는 나 홀로 성공할 수 없다는 사실을 상기합니다. 'O', 'Opportunities', 문제는 고정된 틀을 벗어나 창의적으로 생각할 수 있는 기회들입니다. 'B', 'Blessings', 문제는 그것 없이는 들어갈 수 없는 문으로 들어가는 축복들입니다. 'L', 'Lessons', 문제는 언제나 새로운 도전으로 소중한 가르침을 줍니다. 'E', 'Everywhere', 문제는 누구한테나 어려움이 있다는 사실을 말해줍니다. 'M', 'Messages', 문제는 위험이 닥쳤으니 예비하라는 신호입니다. 'S', 'Solvable', 문제는 언제나 해결책이 있음을 알려줍니다. 참으로 지혜로운 문제에 대한 해석이라고 생각합니다.

누구나 심각한 문제를 만나고 또 많은 문제들을 안고 살아가게 마련입니다. 중요한 것은 그 문제를 어떻게 극복하고 그에 대처하느냐입니다. 여러분은 문제를 해결하는 데 절대 우선순위가 무엇이라고 생각합니까? 항상 기억해야 합니다. 그것은 문제의 원인을 알아야 됩니다. 원인을 모르는 채 문제를 해결하려 들면 일만 더 복잡해집니다. 잠시의 미봉책일 뿐입니다. 근본적인 해결은 이루어지지 않습니다. 또다시 반복될 것입니다. 예를 들어 불치병이라는 것을 생각해보십시오. 원인을 몰라서 불치병입니다. 그 원인을 바로 알면 가까운 시일 안에 고칠 수 있습니다.

모든 문제의 근본원인: 죄

여러분은 내가 겪는 모든 문제의 근본원인이 무엇이라고 생각합니까? 더 나아가 이 세상에서 모든 인류가 겪는 문제의 본질적인 원인이 무엇이라고 생각합니까? 분명히 알아야 합니다. 성경은 그 답을 줍니다. 하나님께서 선포하십니다. 그 답은 죄입니다. 본질적인 원인이 죄라는 말씀입니다.

어떤 여자한테 종이를 자꾸 계속해서 찢는 버릇이 있었는데, 나중에는 이것이 너무나 심각해졌습니다. 멈추고 싶은데도 그럴 수 없습니다. 자꾸 반복합니다. 그래서 정신과 의사를 찾아갔습니다. 의사는 먼저 그 여자가 어렸을 때 가정상황이 어땠고, 젊은 시절에 어떤 상처를 받았는지를 물었습니다. 그 이야기를 다 들은 다음 진단을 내려 정신치료요법을 시행해주고, 약 처방도 내려주었습니다.

그런데도 전혀 차도가 없었습니다. 여자는 이 병원 저 병원 다녔습니다. 어디를 가든 처방은 동일했습니다. 버릇은 고쳐지지 않았습니다. 그래서 거의 포기할 즈음 어느 병원을 갔는데, 이 의사는 별 진단을 안 합니다. 처방도 간단합니다. 한데 그 처방대로 하니까 문제의 버릇이 깨끗하게 없어진 것입니다. 놀랍게도 의사의 처방은 이 한 마디였습니다. "지금부터 종이를 찢지 마세요." 얼마나 간단합니까?

하나님께서 보시고 판단하십니다. 모든 문제의 원인이 죄라고 말씀하십니다. 그런데도 죄 말고 다른 원인을 찾아다니니 세상이 복잡해지고, 우리 삶이 복잡해집니다. 해결이 안 됩니다. 정치, 사회, 교육, 문화, 더 나아가 무슨 심리적인 문제가 있나 싶어 찾아보지만 그런 데 궁극적인 답이 있는 것이 아닙니다. 오늘의 문제를 생각해보십시오. 제도에서 문제의 원인을 찾아보지만, 그것은 아닙니다. 여기서부터 벌써 빗나가기 시작합니다. 시도는 그럴듯하지요. 불평등과 불공정을 이야기하고, 그것을 시정한다고 하지만, 천만의 말씀입니다. 문제만 자꾸 더 복잡해집니다.

항상 우리는 이런 시행착오들을 경험해왔습니다. 우리 삶이 점점 어려워지는 이유가 교육문제 때문일까요? 아닙니다. 아무리 교육을 개선하고, 바른 교육을 시행해보려 노력해보아도 문제는 더 복잡해지기만 합니다. 그렇다면 사람이 없어서일까요? 지도자가 없어서일까요? 아닙니다. 그래봤자 더 복잡해질 뿐입니다. 간단합니다. 하나님의 판단이기 때문입니다. 죄의 문제입니다.

하나님께서 예수 그리스도를 이 땅에 보내셨습니다. 그 목적과 동기가 무엇입니까? 이 세상의 문제를 해결하시기 위해서입니다. 이 세상을 구원하시기 위해서 보내셨습니다. 바로 죄의 문제를 해결하시기 위함입니다. 그것이 십자가입니다. 만일 하나님께서 죄가 아닌 다른 것을 더 근본적인 문제로 생각하셨다면 아마 다른 방법을 쓰셨을 것입니다. 그러나 죄의 문제이기 때문에 하나님이신 예수 그리스도께서 십자가에 못 박혀 죽으셨습니다. 이것이 성경 전체의 메시지입니다. 오직 거듭난 그리스도인은 이 사실을 압니다. 항상 죄의 문제로부터 모든 문제를 해결하고, 죄로부터 자유인이 되어 하나님의 지혜와 능력으로 살아가게 됩니다.

오늘날 가장 큰 죄가 무엇입니까? 거듭난 그리스도인은 분명히 압니다. 바로 하나님을 모르는 죄입니다. 하나님이 없다고 하는 죄입니다. 이 세상에서 아무리 유명해도, 아무리 많은 선행을 베풀어도 하나님을 모르고, 하나님의 말씀을 깨닫지 못하고, 불순종하고, 하나님께 영광 돌리지 못한다면 그것이야말로 가장 큰 죄입니다.

누가 능히 죄를 사하겠느냐?

오늘 본문에는 한 중풍병자가 치유를 받는 이적의 사건이 기록되어 있습니다. 항상 말씀드립니다만, 이적은 계시입니다. 믿지 않는 사람들은 오직 이적의 능력만을 구하지만, 거듭난 그리스도인에게 이적은 중요하지 않습니다. 중요한 것은 이적의 메시지입니다. 오늘 본문을 보면 네 명의 친구가 한 중풍병자를 예수님께로 데려옵니다. 그때 예수님께서는 이렇게 말씀하십니다. "예수께서 저희의 믿음을 보시고 중풍병자에게 이르시되 소자야 네 죄 사함을 받았느니라 하시니(5절)."

참으로 독특한 상황입니다. 성경을 보면 예수님께서는 병자를 고쳐주실 때 그냥 불쌍히 여기서서 고쳐주십니다. 대부분의 경우 그렇습니다. 또 다른 경우는 고쳐주신 다음에 '다시는 그와 같이 죄를 범하지 말라'고 권면해주십니다. 경고를 주십니다. 그런데 오늘 본문에서 예수님께서는 병자를 고쳐주지도 않으셨습니다. 오늘 본문만이 주는 특별히 귀중한 메시지입니다. '죄가 많구나. 네 죄 사함을 먼저 받아야겠다.' 여기서 큰 논란이 벌어집니다. 오늘 본문 6절과 7절은 말씀합니다. "어떤 서기관들이 거기 앉아서 마음에 의논하기를 이 사람이 어찌 이렇게 말하는가 참람하도다 오직 하나님 한분 외에는 누가 능히 죄를 사하겠느냐." 신성모독입니다. 오늘도 하나님만이 죄를 사하실 수 있습니다. 그래서 모든 종교에 능력이 있고, 이적이 나타납니다.

한 십여 년 전에 보니까 아프리카의 무슬림인 네 살짜리 아이가 10개 국어를 하고, 이적을 나타내더라고요. 무신론자들이나 무속인들 한테도 이런 능력이 있는 경우가 좀 있습니다. 분명한 것은 이것으로 죄사함을 받지는 못합니다. 감히 그런 말을 할 수가 없습니다. 그래서 타종교에서 볼 때는 기독교가 순 엉터리입니다. 그래 그들은 '오직 믿음으로 죄사함을 받다니, 이렇게 쉬운 게 어디 있어? 인생에 그런 것이 어디 있어?'라고 말합니다. 하지만 기독교는 그것이 진리이고, 그것을 은혜라고 합니다. Free Gift, 선물입니다. 안 믿겠다고 하는데 무슨 재주가 통하겠습니까?

오늘 본문에서 예수님께서는 그들 속을 아시고 이렇게 물으십니다. "중풍병자에게 네 죄 사함을 받았느니라 하는 말과 일어나 네 상을 가지고 걸어가라 하는 말이 어느 것이 쉽겠느냐(9절)." 스스로 답을 내려보시기 바랍니다. 능력과 이적을 행하여 그를 일어나게 하는 것과 그 죄를 사해주시는 것 중에 어느 것이 쉽겠습니까? 오늘 성경적 답은 죄사함은 오직 한 분이신 하나님께서 하시는 일이라는 것입니다.

그런고로 이는 비교할 수 없습니다. 능력, 이적, 눈에 보이는 기적을 일으키는 것이 훨씬 쉽습니다. 이 세상에서 능력은 곧 성공이요, 인기요, 명예요, 권력입니다. 분명한 것은 아무리 능력이 많아도 천국에 못 들어갑니다. 천국 가는 길은 오직 하나입니다. 죄 사함을 받아야 합니다. 하나님께 의롭다 칭함을 받아야 됩니다. 하나님께서 나를 새사람으로 만들어주셔야 되고, 나를 하나님의 자녀로 인정해주셔야 됩니다. 내가 아무리 스스로 거듭났다고 해도 소용없습니다. 스스로 하나님의 자녀라고 해도 소용없습니다. 정확하게 하나님의 방법으로 하나님께서 인정해주셔야 됩니다. 눈에 보이는 이적이나 능력과 죄 사함의 권세는 결코 서로 견줄 수가 없습니다. 그 가치가 비교되지 않습니다.

능력과 권세를 추구하는 세상

미국의 유명한 프랭클린 루스벨트 대통령 재임 시에 이런 일이 있었다고 합니다. 루스벨트 대통령이 어느 파티에 참석했습니다. 사람들이 대통령인 그를 얼마나 환대하겠습니까? 환한 웃음으로 서로 마주보며 의례적인 인사를 나누는 분위기인데, 루스벨트 대통령은 이것이 너무 재미없었습니다. 좀 장난기가 발동한 루즈벨트는 어차피 사람들이 자신의 말에 귀 기울이지 않을거라 생각하고 이렇게 말했습니다. "저는 오늘 아침에 할머니를 죽였습니다." 그랬더니 사람들이 이러는 것입니다. "잘하셨습니다. 아, 훌륭하십니다. 앞으로도 계속 그렇게 하세요." 기가 막힌 일이 아닐 수 없습니다. 그런데 한 외교관이 옆에 있다가 그 말을 들었습니다. 그리고는 자기 생각에는 잘못을 바로잡아준다고 대통령 귀에 대고 이렇게 속삭이더랍니다. "할머니께서 죽을 짓을 하셨겠지요."

우스운 이야기지만, 이것이 권세입니다. 세상 능력입니다. 나한테 능력이 있고 권력이 있으면 사람들이 내 앞에서 꼼짝 못합니다. 그 능력과 권세가 나를 잘되게 해주는지는 모르겠지만, 분명한 것 하나는 있습니다. 안되게는 할 수 있습니다. 막 조사하고 털어내면 안 걸릴 사람이 어디 있습니까? 그러니 꼼짝을 못합니다. 그러나 그 능력과 권세의 자리에서 내려오면 무시해버립니다.

세상에는 분명 능력이 중요합니다. 능력, 능력 하는데 죄 사함보다 능력을 더 구하고 사모하는 것은 어째서입니까? 성경적 답은 단순합니다. 거듭나지 못해서 그렇습니다. 인생문제의 원인을 알지 못해서 그렇습니다. 십자가의 피의 공로가 그렇게 절실하게 필요하지 않아서 그렇습니다. 다시 말해서 자기는 구원받을 만한, 다시 말해서 하나님의 진노 아래 심판받을 만한 죄인이 아니라는 것입니다. '모든 사람이 죄를 지었다. 그런데 내가 그렇다. 내가 지옥 갈 사람이다.' 이것을 인정할 수가 없습니다. 그래서 아직도 능력만을 구합니다.

제가 외국에 있다가 한국에 들어와 옛날 친구 몇 명을 만났을 때의 일입니다. 그들이 꼭 예수 믿고 구원받도록 하기 위해서 제가 그것을 쭉 설명해나갔습니다. "너는 죄 사함을 받아야 된다. 모두가 죄인이다. 우리가 하나님의 진노 아래 있다. 하나님께서 성경에서 누누이 말씀하신다. 실제 우리 그렇지 않느냐? 우리가 얼마나 큰 죄인이냐? 또 우리가 젊었을 때 얼마나 잘못했느냐?" 이러면서 꼭 예수 믿으라고 권했는데, 한 친구가 그러더라고요. "이봐, 곽 목사. 너무 자책하지 마. 왜 이렇게 자책해? 내가 보니까 괜찮구먼. 당신 그렇게 과거에 나쁘지 않았어. 그러니까 자책하지 마." 왜 그럴까요? 자기는 그런 죄인이 아니거든요. 거듭나지 못했습니다. 그래서 능력만을 구합니다. 그러나 거듭난 그리스도인은 차원이 다릅니다. 구하는 바가 다릅니다.

어느 아버지가 5살 난 아들에게 커서 뭐가 될 거냐고 물었습니다. 그랬더니 아들이 당당하게 말합니다. "대통령이 될 거예요." 꿈이 너무 커서 탈이지만 기특했습니다. 그래서 아버지가 한 가지를 더 물었습니다. "너 대통령 되면 아빠 뭐 시켜줄 거냐?" 그랬더니 아들이 거침없이 말합니다. "피자 시켜드릴게요."

애나 어른이나 능력을 왜 필요로 합니까? 자기 소원을 이루고자 하기 때문입니다. 그것뿐입니다. 그것이 본심입니다. 정말 하나님의 뜻을 이루고자 하면 능력이 필요하지 않습니다. 하나님의 뜻, 하나님의 지혜, 하나님의 마음을 구해야합니다. 그리고 하나님의 방법을 구해야 합니다. 나머지는 하나님이 주십니다. 그런데 자기 소원, 자기 뜻을 이루고자 하니까 온통 능력 타령만 하게 됩니다. 바로 이런 일들이 불행이요 비극이라고 성경은 말씀합니다. 그래서 예수님께서는 이렇게 말씀하십니다. "그러나 인자가 땅에서 죄를 사하는 권세가 있는 줄을 너희로 알게 하려 하노라(10절)."

죄를 사하는 권세: 오직 예수 그리스도

성경의 모든 능력과 이적, 특별히 예수님께서 행하신 모든 능력과 이적이 가르쳐주는 것도 오직 예수님께 죄 사함의 권세가 있다는 것입니다. 그분이 하나님이시라는 사실입니다. 예수 그리스도, 하나님이신 그분이 왜 이 땅에 오셨습니까? 오직 한 가지 이유 때문입니다. 우리 죄를 사해주시기 위해서입니다. 이 세상의 문제를 해결해주시기 위해서, 우리에게 복을 주시기 위해서 오셨습니다. 이 세상에 번영과 통일과 안정과 성공을 주시기 위해서 오신 것도 아닙니다. 근본적인 문제가 해결되면 그런 것들은 그냥 따라옵니다.

그런고로 거듭난 그리스도인의 행복과 만족과 기쁨은 어디에 있습니까? 오직 죄 사함의 은총에 있습니다. 십자가에 있습니다. 그 십자가의 피 흘림에 있습니다. 우리가 원수 되었을 때 하나님께서 십자가에 피 흘리고 죽으셨습니다. 그 구원의 방법으로, 그 하나님의 방식으로, 그것을 믿음으로 죄 사함을 받습니다. 그 사건을 믿음으로 말입니다. 그 밖에 다른 소원은 없습니다. 이것이 거듭난 그리스도인의 시금석입니다.

빌립보서에서 사도 바울은 감옥에 있었습니다. 그는 언제 죽을지 모르는 상황 가운데 놓았습니다. 그러나 그는 권면합니다. 아니, 선포합니다. "기뻐하라. 내가 기뻐하니 기뻐하라. 항상 기뻐하라. 나와 같이 기뻐하라." 언제 죽을지 모르는데, 고통 중에 있는데 뭐가 그렇게 기쁘겠습니까? 그런데 그는 기쁩니다. 그 기쁨의 원천이 무엇입니까? 바로 사죄의 은총입니다. 죄 사함을 받았고 하나님의 자녀가 되었습니다. 이제 하나님을 아버지라고 부르는 관계입니다. 당당하고 권세가 있습니다.

미국의 행크 헤네그레프(Hank Hanegraaff) 박사의 저서 중 「바벨탑에 갇힌 복음」(Christianity in Crisis)이라는 책이 있습니다. 저는 이 책을 1년째 계속 신학생들에게 반드시 읽어야 되는 책으로 권하고 있습니다. 목사님들을 만날 때마다 직접 사서 드리기도 하고, 꼭 읽어보라고 권해드리기도 합니다. 그 책 전체의 메시지에 백번 동의하기 때문입니다. 한국에도 이런 책이 나와야 되는데, 나오면 아예 사장당하니까 못 나오는 것 같습니다.

내용은 이렇습니다. 지금 미국에서 가장 널리 알려진 대형교회와 유명한 부흥사들, 신학자들을 거론하면서, 한마디로 그들은 진리를 떠난 사람들이라는 것입니다. 일종의 교회 내 이단이라고까지 합니다. 용기 있는 발언입니다. 조목조목 사실에 근거하여 얘기합니다. 우리가 잘 아는 사람 가운데는 조엘 오스틴도 있고, 베니 힌이라는 사람도 있습니다. 한국과 유럽도 마찬가지입니다. 이와 같은 메시지를 전하는 사람들은 가짜입니다. 유명하건 대형교회건 가짜는 가짜입니다. 그리고 그들과 어울리는 사람들도 가짜입니다.

이 책의 메시지는 이것입니다. '건강과 부와 번영의 신학, 그 메시지는 사이비 복음이다.' 이단이라는 것입니다. 그리고 이 책은 특별히 '믿음운동'이라는 것을 중점적으로 다룹니다. 이것은 기독교의 믿음이 아니고 단지 자기 소원을 놓고 계속 반복하는 것일 뿐이라는 것입니다. 계속 긍정적으로 생각하면 그 소원이 이루어진다고 합니다. 하나님께서 그것을 이루게 해주신다는 것입니다.

하지만 이것은 잘못된 교리요, 잘못된 메시지입니다. 여기에는 하나님의 뜻이 없습니다. 십자가는 보이지도 않습니다. 이것은 기독교가 아닙니다. 전능하신 하나님은 세상의 번영과 안녕, 세계평화, 소원 성취 등을 약속하신 적이 없습니다. 잘못된 이단의 메시지를 잘 구별해야 합니다. 십자가는 없고, 능력만 말하면 금방 티가 나겠는데, 항상 능력과 십자가와 죄 사함을 같이 전합니다. 비슷합니다. 그러나 정반대의 관점이 하나 더 있습니다. 영적 질서가 다릅니다. 목적이 다르고, 동기가 다릅니다. 그래서 이들은 항상 십자가를 먼저 전합니다. 그렇게 해서 우선 동의를 얻습니다. 여기까지는 잘 설명합니다. 그러나 그러고 나서 나머지 반은 세상의 번영, 개인의 소원을 말합니다.

논지는 이것입니다. 영혼구원을 받았고 죄 사함을 받았으니 그들에게는 보장된 것이 있다고 합니다. 그것은 건강과 부와 명예와 번영과 성공입니다. 하나님의 능력으로 보장된다는 것입니다. 말이 되는 것 같지만, 그런 말씀은 성경에 전혀 없습니다. 이것은 영적 사기입니다. 거듭난 자는 금방 압니다. 잘 분별해야 합니다.

죄 사함을 받는 비밀: 십자가

신약성경 전체를 생각해보십시오. 능력을 따라다니는 사람들은 무리들이요, 큰 군중들이요, 다 예수님을 떠나고 예수님께 돌을 던진 사람들입니다. 전혀 그리스도인들이 아닙니다. 끝내 하나님의 자녀가 못 됩니다. 그러나 사도들을 보십시오. 거듭났습니다. 아니, 그들이 그 당시에 무슨 번영을 이루었고, 무슨 해방을 선포했고, 무슨 명예를 얻었고, 무슨 권력을 얻었고, 무슨 성공을 했습니까? 다 죽지 않았습니까? 그들은 전부 다 순교했습니다. 거듭난 자들도 마찬가지였습니다.

그러나 다른 것이 하나 있습니다. 그들에게는 권세가 있었습니다. 그들은 진리에 붙들려 살았습니다. 오직 하나님 나라와 복음을 전했을 뿐입니다. 모든 문제가 죄에 있음을 전했습니다. 진실로 회개해야만 살아날 수 있음을 증거 했습니다. 이것이 하나님의 뜻임을 선포했습니다. 그래서 사도행전은 그들을 가리켜 '세상을 어지럽히는 자들'이라고 말씀했습니다. 세상을 뒤흔들었습니다. 극소수지만 그들을 통해 세상이 변화되었습니다. 아무리 생각해도 권세가 있고, 능력이 있습니다. 깜짝 깜짝 놀라게 합니다.

십자가의 지혜, 그 메시지가 무엇입니까? 단순하게 생각하면, 십자가는 수치요, 무능력이요, 죽음입니다. 도무지 십자가에 하나님의 전능(全能)이 나타나지 않습니다. 전지(全知)만 나타납니다. 전능하신 하나님께서 능력을 안 쓰십니다. 그냥 무능력하게 악인들의 손에 끌려가 죽으셨습니다. 도살장에 끌려가는 양처럼 끌려가 죽으셨습니다. 성경은 바로 이것을 기록하고 있습니다.

하나님께는 이스라엘을 해방시키실 능력이 있습니다. 로마제국을 멸하실 능력도 있습니다. 그러나 그 능력을 안 쓰십니다. 왜 안 쓰신 것입니까? 그 길만이 죄의 문제를 해결할 수 있기 때문입니다. 그것이 십자가입니다. 여기에 하나님의 깊은 창조적 경륜이 나타나 있습니다. 거듭난 하나님의 자녀의 관심과 초점과 기대는 오직 십자가입니다. 왜 그렇습니까? 그 까닭은 내가 죄인 됨을 알기 때문입니다. 비록 구원받았으나, 현재와 미래에 계속 죄의 본성이 있고, 죄 안에 살아갑니다. 그 죄를 사하지 못하면, 용서받지 못하면 하나님과 교제할 수 없습니다.

하나님을 마주 볼 수 없습니다. 그래서 오직 십자가의 피, 그 하나님께서 하신 일에 집중하고, 그 메시지에 전념하고, 그 안에서 하나님의 뜻을 발견하면서 자유해집니다. 행복합니다. 만족한 것입니다. 문제의 원인이 죄에 있음을 알기 때문입니다.

잘못된 기대와 소원은 잘못된 신앙생활을 하게 만듭니다. 항상 기억하시기 바랍니다. 사도행전 3장에는 나면서부터 앉은뱅이 된 사람이 나옵니다. 베드로와 요한이 가면서 이적을 나타내어 미문에 있던 그의 병을 고쳐주는 사건입니다. 3절에서 6절까지입니다. "그가 베드로와 요한이 성전에 들어가려 함을 보고 구걸하거늘 베드로가 요한으로 더불어 주목하여 가로되 우리를 보라 하니 그가 저희에게 무엇을 얻을까 하며 바라보거늘 베드로가 가로되 은과 금은 내게 없거니와 내게 있는 것으로 네게 주노니 곧 나사렛 예수 그리스도의 이름으로 일어나 걸으라 하고."

자기가 앉은뱅이인 사람인데, 이것을 고쳐달라고 말할 그런 꿈도 없었습니다. 나면서부터 수십 년을 앉은뱅이로 항상 구걸하며 살았습니다. 그래 그 세상의 굴레 안에 빠져서 오직 구걸만을 하려고 바라봅니다. 주목해서 바라봅니다. 이에 사도가 성령 충만해서 뭐라고 이릅니까? "은과 금은 없다." 바로 이것이 메시지입니다.

아니, 예수님께서, 사도들이 언제 은과 금을 약속하고 번영을 약속했습니까? 그런 일 없습니다. 그러나 예수 그리스도 안에서 하나님의 말씀을 선포할 수 있습니다. 성령께서 주신 말씀을 선포할 수 있습니다. 그 안에 능력이 나타납니다. 하나님의 방법입니다. 하나님께서는 하나님의 자녀에게, 오직 한마음으로 하나님을 신뢰하는 거듭난 자녀에게, 그들이 구하지 아니하여도, 지혜와 능력을 더해주십니다. 하나님께서는, 오직 십자가의 사유의 은총에 만족하고 감사하고 행복해하고 기뻐하는 그들에게 능력을 주십니다. 그들로 하나님의 뜻을 이루게 하기 위하여, 하나님 나라와 그 의를 증거 하게 하기 위해서 능력을 주십니다.

성경 어디에도 능력을 구해서 받은 사람 없습니다. 그것은 망하는 것입니다. 그 중심이 십자가의 도에 집중되어야 합니다. 그 은혜의 비밀을 알고 하나님께서 하신 일에 만족할 때 하나님께서 함께 해주십니다.

우리가 구할 것은 능력이 아니라 십자가

우리는 예수님을 구세주라고 부릅니다. 왜요? 우리의 죄를 사해주셨기 때문에, 그분만이 사해주실 사유의 은총을 갖고 계시기 때문입니다. 동시에 우리는 하나님을 예수 그리스도로 고백합니다. 구주로 고백합니다. 그 구주라는 고백이 무엇입니까? 주님이라는 말입니다. 내 생명과 몸과 건강과 물질과 시간과 모든 것이 예수님의 것입니다. 이것이 신앙고백입니다. 그런데 어떻게 되다보니 내 것은 내 것이고, 하나님의 것도 내 것입니다. 이 따위로 변했습니다.

그러나 그런 약속은 없습니다. 진심으로 예수를 구세주요 구주로 고백하는 그들이 거듭난 자입니다. 예수 그리스도의 십자가 안에 그 사유의 은총이 너무너무 감사하고, 정말 만족합니다. 더는 필요하지 않습니다. 그 사람을 하나님께서 쓰십니다. 오직 하나님의 은혜를 나타내시기 위해서입니다. 그래서 하나님의 사람 존 뉴턴은 말합니다. "나는 항상 두 가지를 기억하며 살아간다. 하나는 내가 얼마나 큰 죄인인가를 인식하는 것이고, 또 하나는 오직 예수 그리스도만이 구세주임을 기억하는 것이다."

여러분은 얼마나 십자가의 사유의 은총에 만족하고 감사하고 기뻐하며 하루하루를 살아갑니까? 하나님께서는 거듭난 그리스도인, 그 십자가의 사유의 은총에 기뻐하고 만족해하고 행복해하는 그와 함께 하십니다. 이것이 복음이요, 약속의 메시지입니다. 그들을 통해서 영광을 받으시고, 그들을 하나님의 뜻을 이루시기 위해서 쓰십니다.

PRAYER

전지전능하신 은혜의 하나님, 오직 하나님의 경륜 안에서 십자가의 은혜로, 사랑으로 하나님의 자녀가 되었건만, 그 십자가의 도에 전념하지 아니하고, 십자가의 지혜에 만족함도 없고, 기뻐함이 없고, 행복하지 못하여 또다시 원망과 불평 중에 능력만을 간구하며 자기의 소원이 이루어지기를 하나님께 소원하는 미련한 불신앙의 삶을 용서하여주시옵소서. 오직 십자가의 도에 전념하며, 그 지혜를 알기를 사모하여, 예수 그리스도 안에 연합된 자로 하나님의 지혜와 능력에 만족하고 감사하여 하나님께 쓰임 받는 자 되게 하시고, 날마다 그 심령이 말씀과 성령의 역사 안에 새로워져 십자가의 지혜로 승리하는 모든 주의 권속이 되게 우리를 붙들어주시옵소서. 우리 주 예수 그리스도의 이름으로 간절히 기도드립니다. 아멘.

06_네가 낫고자 하느냐

하나님의 말씀_요한복음 5 : 1 - 9a
그 후에 유대인의 명절이 있어 예수께서 예루살렘에 올라가시니라 예
루살렘에 있는 양문 곁에 히브리말로 베데스다라 하는 못이 있는데 거
기 행각 다섯이 있고 그 안에 많은 병자, 소경, 절뚝발이 혈기 마른 자들
이 누워 [물의 동함을 기다리니 이는 천사가 가끔 못에 내려와 물을 동하
게 하는데 동한 후에 먼저 들어가는 자는 어떤 병에 걸렸든지 낫게 됨이
러라] 거기 삼십 팔 년 된 병자가 있더라 예수께서 그 누운 것을 보시고
병이 벌써 오랜줄 아시고 이르시되 네가 낫고자 하느냐 병자가 대답하되
주여 물이 동할 때에 나를 못에 넣어 줄 사람이 없어 내가 가는 동안에 다
른 사람이 먼저 내려가나이다 예수께서 가라사대 일어나 네 자리를 들고
걸어가라 하시니 그 사람이 곧 나아서 자리를 들고 걸어가니라

경영의 살아있는 전설이라 불리는 유명한 사람이 있습니다. 바로 미국
의 제너럴 일렉트릭(GE)의 회장이었던 잭 웰치(Jack Welch)입니다. 그는
1981년에 45살의 젊은 나이로 CEO가 되어 GE를 명실상부 세계최고의
기업으로 만든 인물입니다. 그래서 수많은 사람들이 그에게 묻습니다.
"어떻게 그런 대단한 성공을 거둘 수 있었습니까?" 그때마다 잭 웰치는
항상 준비된 답을 아주 짧게 말합니다. "끊임없이 변화하는 것뿐입니

다." 성공의 비결이 변화임을 강조합니다.

변화하기 위해서 가장 먼저 해야 될 일은 무엇입니까? 모든 사람이 변화를 원하지만, 그것은 어디까지나 결과입니다. 그 변화를 위하여 내가 가장 먼저 해야 될 일이 무엇입니까? 그것은 변화하기를 갈망하는 마음입니다. 간절히 변화되기를 원하는 그 마음이 먼저 있어야 합니다. 그렇지 않으면 변화는 항상 내게 없습니다.

커티스 칼슨(Curtis R. Carlson) 박사와 윌리엄 윌못(William Wilmot) 박사가 함께 지은 「혁신이란 무엇인가」(Innovation)라는 책이 있습니다. 이 책에서 그들은 진정한 개인과 팀의 변화는 다음과 같은 세 가지 핵심요소로만 이루어진다고 강조합니다. 그들은 이를 인체의 기본요소인 DNA의 첫 글자들을 이용하여 풀어서 설명합니다. D는 'Desire', 곧 '욕구'입니다. 변화에 대한 갈망이 있어야 됩니다. 이것이 시작입니다. N은 'New Vision', 곧 '새로운 비전'입니다. 구체적인 목표가 정해져야 됩니다. A는 'Action Plan', 곧 '실행 계획'입니다. 새로운 비전을 이루어 가는 구체적인 단계적 방법이 있어야 합니다. 이 세 가지 요소가 변화의 근본토대임을 그들은 주장합니다. 전적으로 동의합니다.

또 저자는 이렇게 말합니다. "아무리 나쁜 상황이라 해도 개인이나 조직이 벗어나고자 하는 의지를 가지지 않는다면 아무런 변화도 일어나지 않는다. 또한 변화의 욕구는 있지만 분명한 지향점이 없다면 변화는 불가능하다. 마찬가지로 강한 변화의 의지와 설득력 있는 비전을 갖추어도 새로운 비전으로 가는 계획이 없으면 변화는 이루어지지 않는다."

우리 주변을 보면 운전하기를 간절히 바라면서도 차일피일 미루다가 결국 못하는 사람들이 적잖이 있습니다. 어떻게 해야 그런 사람들이 능숙한 운전자로 변화될 수 있을까요? 무엇보다도 운전을 하고자 하는 강한 욕구가 있어야 됩니다. 꼭 이것을 해내겠다는 마음으로 꽉 차 있어야 됩니다. 갈망이 있어야 됩니다. 지금 없어도 언젠가 되겠지 하다간 끝내 못하고 맙니다.

다음으로는 강한 욕구와 목표가 있어야 됩니다. 그래야 구체화할 능력이 생깁니다. 그 다음에는 그 목표를 향해서 구체적인 계획을 세워야 됩니다. 운전학원에 등록을 해야 합니다. 그리고 운전실습도 해야지요. 주행연습도 해야 합니다. 그런 과정을 통하여 비로소 능숙한 운전자로 변화될 수 있습니다.

신앙생활도 마찬가지 입니다. 이 원리는 항상 변화의 기본 틀입니다. 중생했습니까? 거듭났습니까? 그렇다면 이것은 새로운 신분과 운명으로 확정되었음을 뜻합니다. 이것은 기독교 진리에서 가장 중요한 근본요소입니다. 왜냐하면 구원받은 하나님의 자녀는 'Born Again', 즉 '거듭난' 자들이기 때문입니다. 교인도 아니요, 목회자도 아니요, 선지자도 아니요, 선교사도 아닙니다. 거듭나는 자, 오직 그들뿐입니다. 이것이 본질입니다.

거듭남에 대한 참된 갈망

새로운 신분에 대한, 운명에 대한, 거듭남에 대한 확신이 아직 나한테 없다면 갈망해야 됩니다. 하나님의 자녀 되기 위한, 거듭나기 위한 갈망으로 마음이 꽉 차 있어야 됩니다. 거기에서부터 시작하는 것입니다. 이 마음은 다음의 두 가지로 표현됩니다.

첫째는 회개입니다. '내 죄가 너무 커. 도저히 내 죄로는 하나님을 만나지 못해. 천당에 갈 수가 없어.' 내가 하나님의 심판의 대상입니다. 거룩하신 하나님의 진노의 대상입니다. 죄 사함을 받아야 되는데, 그러자면 죄 사함을 구하는 갈망이 가득해야 합니다. 또한 이 회개는 방향전환의 삶입니다. 새로운 신분으로의 전환, 새로운 삶으로의 전환입니다. 나 중심, 세상 중심의 삶으로부터 하나님 나라 중심, 하나님 중심으로 완전히 변화되는 방향전환의 삶입니다. 갈망이 있어야 됩니다.

또한 이 갈망은 믿음으로 나타납니다. 오직 하나님께서만 하실 수 있습니다. 오직 하나님의 지혜와 능력으로만 할 수 있습니다. 그것이 필요합니다. 하나님께서 나를 자녀삼아 주시고, 거듭나게 하시고, 하나님의 사람으로 변화시켜주시는 그 은혜가 필요합니다. 이 갈망하는 마음이 없으면 아무것도 일어나지 않습니다. 아무리 날마다 기도하고 소원해봐야 아무 소용이 없습니다. 항상 그 마음이 거듭나고자 하는 갈망으로 가득 차 있어야 합니다.

둘째는 인격의 변화, 삶의 변화입니다. 신분과 운명은 변했지만, 인격의 변화가 아직 이루어지지 않았습니까? 단 한 번에 이루어지는 것이 아닙니다. 반면 신분의 변화와 거듭남은 단 한 번에 이루어집니다. 하나님의 역사를 믿음으로, 갈망함으로, 진리를 확신함으로 이루어집니다. 그러나 인격의 변화, 삶의 변화는 죽을 때까지입니다. 하나님께서 부르시는 그날까지 계속적인 변화, 지속적인 변화가 이루어집니다.

지금 여러분의 삶에 그 갈망, 전적으로 인격의 변화에 대한 갈망이 없습니까? 그러면 아무것도 이루어지지 않습니다.

우리는 항상 변명합니다. 대표적인 변명이 '마음은 원이로되 육신이 약하여'입니다. 천만의 말씀입니다. 마음이 원하지 않았습니다. 마음이 정말 갈망하지 않았습니다. 그것이 문제입니다. 그래서 예수님께서 구약성경을 단 두 가지로 요약해주십니다. "전심으로 하나님을 사랑하라. 네 이웃을 네 몸과 같이 사랑하라. 이것이 하나님의 뜻이니라." 이 하나님의 뜻이 그대로 내 삶을 통해서 이루어지기를 갈망하는 마음을 날마다, 순간마다 가짐으로써 자신도 모르게 변화됩니다.

그런데 주일에 딱 한 번만 기도합니다. 아침에 딱 한 번만 기도합니다. 그리고 딴생각하고 지냅니다. 무엇이 이루어지리라고 기대합니까? 아무 변화가 없습니다. 진정한 신분의 변화, 인격의 변화를 갈망함을 통해서 주의 은혜와 진리가 내 삶에 적용되며, 능력으로 나타나게 됩니다. 만일 이런 신분의 변화, 인격의 변화를 갈망하지 않는다면 즉시 하나님께 기도해야 합니다. 내가 갈망한다고 되는 것이 아닙니다. 금방 금방 없어집니다. 성령께서 우리의 마음을 새롭게 하시고, 생각을 새롭게 하시고, 소원을 새롭게 하셔야 됩니다. 갈망하는 마음을 주셔야 됩니다. 그래서 생각이 전환되고, 회개하게 되며, 믿음으로 하나님의 뜻이 이루어지기를 갈망하며 이 시대를 살아가야 합니다. 여기에 하나님의 지혜와 능력이 나타납니다.

오직 이 한 사람을 찾아오신 예수님

오늘 본문에는 38년 된 병자가 치유되는 이적이 나타납니다. 항상 말씀드립니다마는, 이적은 곧 계시입니다. 강력한 하나님의 말씀이 나타납니다. 그래서 항상 이적을 통해서, 큰 사건을 통해서 하나님의 뜻을 분별해야 합니다. 38년 된 환자, 누워서 움직이지 못하는 환자입니다. 이런 말이 있습니다. "오랜 병에 장사 없다. 오랜 병에 효자 없다." 38년간 움직이지 못하는 환자가 내 옆에 있다고 생각해보십시오. 이 사람한테는 친구도 없고, 가족도 없습니다. 오늘 본문 말씀대로 "저 연못에 나를 넣어줄 사람"이 아무도 없습니다.

그야말로 38년간 살아있다는 자체가 기적입니다. 참으로 불쌍한 사람입니다. 고독한 사람입니다. 그런데 어느 날 예수님께서 그에게 찾아오십니다. 그 많고 많은 사람 가운데 한 사람을 찾아오십니다. 마치 약속이나 하신 것처럼 갑자기 예수님께서 이 고독하고 불쌍한 병자를 찾아오십니다. 그리고 만나주십니다. 이것이 바로 하나님의 마음입니다.

우리는 예수님을 통해서만 하나님을 알 수 있습니다. 그래서 성경 전체에서 하나님의 이미지를 뜻하는 말에 'Seeking God'이라는 것이 있습니다. '찾으시는 하나님'입니다. 처음부터 끝까지 아담과 하와를 찾으시고, 죄인을 찾으시고, 불쌍한 자를 찾으시고, 소외된 자를 찾으십니다. 계속해서 찾아오십니다. 죄인을 찾으십니다. 그 찾아오시는 하나님이 없다면 나는 구원받지 못합니다. 하나님의 자녀가 될 수 없습니다. 변화가 있을 수 없습니다. 항상 하나님께서는 찾아오십니다. 그런데 내가 거부합니다. 죄인은 하나님을 만날 수 없습니다. 그 음성을 들을 수 없습니다. 믿음이 없는 자는 하나님을 볼 수 없습니다. 느끼지 못합니다. 항상 인류는, 죄악 많은 세상은 하나님을 거부합니다. 그럼에도 불구하고 하나님께서는 찾아오십니다.

오늘 본문은 "병자들이 많았다(3절)"고 말씀합니다. 베데스다라는 못에 많은 병자들이 있었습니다. 그런데 한 사람만 만나주십니다. 더욱이 명절입니다. 그 당시 역사적 기록을 보면 적어도 10만이나 되는 수많은 사람들이 예루살렘 성전 안에 있었습니다. 유명한 사람, 성공한 사람, 인기 있는 사람 등 그렇듯 수많은 사람들이 있는데, 딱 한 사람, 38년 된 가장 불쌍하고 고독하고 소외된 자를 찾아오십니다. 이 사건의 메시지가 무엇입니까? 최소한 두 가지 계시가 우리에게 나타납니다.

첫째는 하나님의 주권입니다. 주권적 선택입니다. 구약에 보면 믿음의 조상은 아브라함입니다. 아브라함이 잘나서가 아닙니다. 하나님께서 찾아오셨기 때문입니다. 아브라함이 그것을 믿고 믿음의 조상이 되었습니다. 이처럼 하나님께서 역사하십니다. 그 많은 사람들 가운데서 아브라함, 이삭, 야곱의 자녀입니다. 오늘도 하나님께서는 이렇게 역사하십니다. 내가 어떻게 하나님의 자녀가 되었습니까? 내가 어떻게 이 시간 예배드리고 있습니까? 하나님께서 찾아와주십니다. 그 일이 없다면 나는 그런 존재가 못 됩니다. 그래서 하나님을 만나고, 하나님의 자녀가 된 사람은 하나님을 찬양합니다. 감사하며 하나님께 헌신합니다. 복을 받기 위해서 하는 것이 아닙니다. 그것은 기복신앙입니다. 종교생활입니다. 받은바 사랑과 은혜가 너무도 커서, 나 같은 죄인을 만나주시고 찾아주시고 하나님의 자녀가 되게 하신 그 은혜가 너무나 커서 감사할 수밖에 없습니다. 하나님께서 명령하셔서가 아닙니다. 감사하는 존재로 변화됩니다.

또한 그 많은 불쌍한 사람들 가운데 왜 이 사람만 병을 고쳐주십니까? 예수님께서는 능력이 있으신데, 말로만 하셔도 되는데, 그 옷자락만 만져도 되는데, 왜 한 사람만 고쳐주셨을까요? 그런데 이 사람 하나입니다. 여기에는 메시지가 있습니다. 성육신의 목적이 바로 이것입니다.

예수님께서 이 땅에 오신 것은 병든 자를 고쳐주시고, 우리들이 잘 먹고 잘살게 해주시고, 세상에서 번영하고 성공하게 하시는 것이 목적이 아닙니다. 예수님께서 이 땅에 오신 목적은 영혼을 구원하시기 위해서입니다. 죄를 사하여주시고, 하나님의 자녀가 되게 하시기 위해서, 하나님과의 화해, 절대자와의 화해를 위해서, 그 길을 제시해주시기 위해서 이 땅에 오셨습니다. 가장 큰 이적입니다. 지옥 갈 사람이 천당 갑니다. 오직 믿음으로 갑니다. 이보다 더 큰 이적은 없었습니다.

참된 갈망이 일어나도록 말씀하시는 예수님

이제 예수님께서 그를 향하여 말씀하십니다. "네가 낫고자 하느냐(6절)." 성경 기록은 이것뿐입니다. 첫마디가 "네가 낫고자 하느냐?"라면 이거 말이 됩니까? 지금 아파 죽겠는데, 그것도 38년 동안이나 앓고 있는데 이게 무슨 말입니까? 성경의 다른 기록들을 살펴보면 '믿느냐?'

물으시거나, '나을지어다. 벌떡 일어나라' 하시면 죽은 자도 그 자리에서 벌떡 일어나고 그리고 그 옷자락만 만져도 바로 병이 낫지 않습니까? 또는 '가서 제사장에게 보이라'고 할 때는 다 메시지가 있었습니다.

그런데 오늘은 전혀 차원이 다릅니다. "네가 낫고자 하느냐?" 잘못 생각하면 참 비상식적이고 이상한 질문입니다. 그런데 이 질문 안에 메시지가 있습니다. 핵심적인 질문이요, 본질적인 질문입니다. 예수님께서 물으십니다. "네가 낫고자 하느냐? 변화되기를 바라느냐?" 낫고자 하는 사람은 먼저 낫고자 하는 마음으로 가득 차 있어야 합니다. 그 소원뿐이어야 합니다. 변화하고자 하는 사람은 그 변화를 향한 갈망이 넘쳐야 합니다. "네가 낫고자 하느냐?" 주께서 그 마음을 만지셨습니다. 하나님의 자녀 되기를 바랍니까? 자녀 되고자 하는 갈망으로 가득 차 있어야 됩니다. 그런데 갈망함이 없습니다. 이것도 좋고, 저것도 좋고, 그 가운데 하나면 된다고 합니다. 주께서 물으십니다. "네가 정말 변화되고자 하느냐? 낫고자 하느냐?"

38년 된 이 환자, 비록 연못가에 있지만 습관적으로 왔다 갔다 합니다. 처음에는 정말 강렬한 욕망이 있었겠지만, 간절한 소원이 있었겠지만 지금은 아닙니다. 38년 동안 아무도 자기를 도와주지 않았습니다. 이 움직이지도 못하는 사람, 거의 습관적으로 왔다 갔다 할 뿐입니다. 요즘 '발바닥 교인'이라는 말이 있다고 합니다. 교회를 다니기는 하는데, 그저 발바닥만 왔다 갔다 하는 사람을 가리킵니다. 그래서 예수님께서 말씀하십니다. "처음 된 자가 나중 되고 나중 된 자가 처음 되느니라." 강한 갈망이 없습니다.

또한 이 사람은 지금 잘못된 신앙생활을 하고 있습니다. 하나님의 백성이 유대인임에도 불구하고 미신적 신앙생활을 하고 있습니다. 아니, 무슨 천사가 왔다 갔다 한다고요? 연못에 들어가면 낫는다고요? 전설입니다. 그러나 너무도 병약한 이 고독하고 불쌍한 사람들은 그거라도 붙잡고 싶은 것입니다. 이것이 샤머니즘적 신앙생활입니다. 기복신앙입니다. 오늘날 교회에 이런 모습이 너무도 많습니다.

오래전에 남미의 파라과이로 교회성장에 관한 내용으로 강의를 하러 간 적이 있었습니다. 거기서 선교사님과 함께 아주 유명한 이적이 나타난다는 성당을 가보았습니다. '까꾸페'라는 곳에 있는 자그마한 성당입니다. 그 성당에 있는 백 몇 십 년 된 마리아상이 눈물을 흘리는데 그것을 보고 만진 자들은 병이 낫는 이적이 일어난다는 것입니다. 이 것이 전설처럼 되었습니다. 그 기간 동안, 한 보름간은 인구의 절반이 움직입니다. 그 조그만 동네에 대통령이 항상 옵니다. 정치인들도 다 옵니다. 그 나라 인구의 90%가 가톨릭입니다. 이것은 기독교가 아닙니다. 절대 아닙니다. 바로 이런 상황에 있는 사람에게 새롭고 단순하고 강렬한 변화에 대한 갈망을 주십니다. "네가 낫고자 하느냐?" 그것 뿐입니다.

어떤 제자가 스승에게 날마다 질문을 했습니다. "어떻게 하면 하나님을 찾을 수 있을까요? 어떻게 하면 하나님을 만날 수 있을까요?" 그런데 이 스승은 그때마다 똑같이 대답했습니다. "갈망함으로써, 갈망함으로써." 그래서 제자가 또 묻습니다. "저는 날마다 갈망하는데요. 하나님 정말 찾는데요. 그런데 왜 저는 못 찾을까요?"

그러던 중에 스승이 제자를 데리고 강에 목욕을 하러 갔답니다. 거기서 스승은 갑자기 제자의 목을 콱 붙잡고 그대로 물속에다가 처박았습니다. 스승은 제자가 숨이 막혀서 필사적으로 살려달라고 막 발버둥칠 때까지 기다렸다가 탁 놔주었습니다. 그때 스승이 물었습니다. "물속에 있을 때 왜 그렇게 발버둥 쳤느냐?" 그랬더니 제자가 말했습니다. "저 죽음의 문턱까지 갔다 왔습니다. 정말 죽는 줄 알았습니다." 그러자 스승이 말했습니다. "바로 그거야. 그렇게 하나님을 숨 막히도록 간절하게 찾는다면 반드시 하나님을 만나게 될 거다."

두 마음을 가지고는 절대 하나님을 만나지 못합니다. 말씀을 들을 수도 없습니다. 항상 옆에 계셔도 느끼지 못합니다. 믿음의 확신이 없습니다. 한마음이어야 됩니다. 오직 한마음으로 간절히 하나님의 얼굴을 구해야 합니다. 그렇듯 믿음으로 하나님의 임재의 확신을 깨닫게 됩니다.

변화를 위한 행동을 명하시는 예수님

이제 예수님께서 간절히 갈망하는 마음을 주시고 말씀하십니다. "일어나 네 자리를 들고 걸어가라(8절)." 그 상황을 생각해보십시오. 이것은 불가능한 일입니다. 38년 동안이나 누워 있었습니다. 마지막 믿음의 테스트입니다. 아무리 갈망해도 움직이지 않으면 아무 소용이 없습니다. 따라서 우리는 날마다 실천해야 됩니다. 영적 습관을 가져야 됩니다. 삶의 변화는 실천이 있어야 됩니다. 변화를 갈망하는데 아무 실천이 없습니다. 아니, 갈망하는 마음조차 없습니다. 그러면서도 항상 변화를 기대합니다. 미련한 자입니다. 성경은 그를 가리켜 불신앙자라 말씀합니다. 잘못된 신앙생활을 하는 사람입니다.

38년 된 환자는 예수님을 통하여 간절히 낫고자 하는 갈망을 품었습니다. 그리고 예수님의 말씀을 듣게 됩니다. "일어나라!" 그 권위에 이끌리고, 그 은혜에 감화되어 벌떡 일어납니다. 그 말씀에 순종합니다. 거기에 치유의 기적이 나타납니다. 변화가 나타납니다.

여러분은 얼마나 하나님의 말씀을, 그 은혜를 사모하고, 갈망하고, 삶의 진리를 적용하고, 은혜를 증거하며 살아갑니까? 거듭난 그리스도인은 항상 이와 같은 마음으로 살아가며 하나님의 뜻을 이루게 됩니다. 우리는 개혁을 말합니다. 변화를 말합니다. 내가 변화되고, 세상과 교회와 민족이 개혁되기를 바랍니다. 하나님의 나라에서 개혁과 변화는 오직 하나입니다. 하나님께로 돌아가는 것뿐입니다. 왜 세상이 이모양입니까? 왜 내가 이 모양입니까? 하나님께로부터 멀어졌기 때문입니다. 한마음으로 하나님의 얼굴을 구하지 않기 때문입니다. 진정한 변화와 개혁은 하나님께로 돌아가는 것입니다. 성경말씀으로 돌아가는 것입니다. 그밖에 다른 변화는 없습니다.

오늘도 하나님께서는 죄인을 향하여, 인류를 향하여 모든 자가 구원에 이르기를 원하십니다. 성경은 분명 그렇게 계시하고 있습니다. 누구나 하나님을 만날 수 있습니다. 그러나 하나님께서 물으십니다. "네가 낫고자 하느냐? 네가 변화하기를 바라느냐? 정말 하나님의 사람이 되기를 원하느냐? 정말 하나님께 영광 돌리며, 하나님의 지혜와 능력으로 살기를 바라느냐?" 그 갈망하는 마음, 영적 갈망이 먼저 있어야 됩니다. 만일 없다면 지금 즉시 기도해야 합니다. 항상 기도해야 합니다. 이것은 하나님께서 주시는 신적인 마음입니다.

그런데 우리는 날마다 해보지만 아무리 갈망해도 머지않아 그 갈망이 사라지는 경험을 하게 됩니다. 마음조차 없어집니다. 5분, 10분 지나면 없어집니다. 무슨 사건만 생기면 없어집니다. 마음이 새롭고, 생각이 새롭고, 소원이 새롭고, 갈망함이 새로워져야 됩니다. 성령의 선물입니다. 성령께서는 거듭난 자에게 이 갈망하는 마음을 항상 주십니다. 그래서 구원받은 거듭난 자는 항상 하나님의 뜻을 구합니다. "내 뜻대로 마옵시고 하나님의 뜻을 나타내주소서." 하나님 나라와 의를 먼저 구합니다. 하나님의 뜻이 내내 이루어지기를 바랍니다. 그런 갈망하는 마음속에 인격의 변화, 삶의 변화가 이루어집니다. 만일 그 마음이 없다면 거듭난 교인이 아닙니다. 종교인입니다. 구원받지 못한 자입니다.

거듭난 그리스도인의 갈망

사도행전 2장에 우리가 잘 아는 본문이 있습니다. 말씀과 성령의 역사로 3천 명이 하나님의 사람이 됩니다. 어느 날 갑자기 됩니다. 신분이 변화되었습니다. 거듭난 자 3천 명이 있었습니다. 그들의 삶을 42절에서 한 절로 기록합니다. "저희가 사도의 가르침을 받아 서로 교제하며 떡을 떼며 기도하기를 전혀 힘쓰니라." 새로운 번역에는 "오로지 기도하기를 힘쓰니라"로 되어 있습니다.

제가 이 말씀을 몇 가지로 재해석해보겠습니다. "거듭난 자들이 사도의 가르침, 성경말씀 배우기를 전혀 힘쓰니라." "거듭난 자들이 성도의 교제가 가장 귀함을 알고 함께 모이며 교제하기를 가장 힘쓰니라." "거듭난 자들이 성만찬을 베풀며 떡을 떼며 주의 십자가의 도와 사랑을 전하며 기도하기를 전혀 힘쓰니라." 거듭난 자의 갈망하는 마음입니다. 성령께서 주시는 은혜의 선물입니다.

하나님은 그들을 통하여 교회를 세우십니다. 그들을 통하여 하나님의 역사를 나타내십니다. 오늘도 그들을 통하여 하나님께서 하나님의 영광을 나타내십니다. 그들이 거듭난 그리스도인입니다. 항상 하나님의 뜻이 이루어지기를 갈망하며, 하나님 나라가 부흥하기를 갈망하며, 오늘도 하나님의 지혜와 능력을 신뢰하는 자로 하루하루를 살아가는 것입니다.

PRAYER

전지전능하신 은혜의 하나님, 오직 하나님의 초월적 지혜와 은혜 안에서 하나님의 찾아오심으로 하나님의 자녀가 되었지만, 아직도 두 마음을 가지고 하나님을 시험하며 전심으로 하나님을 사랑하지도 못하고, 전심으로 하나님의 뜻이 나타나기를, 하나님 나라가 부흥하기를 갈망하지 못하며 이 시대를 살아가는 어리석은 죄인을 용서하여주시옵소서. 하나님의 자녀로 변화되며, 하나님의 뜻을 이루며, 하나님의 위대한 동역자로 살기를 기대하지만, 변화에 대한 갈망이 없고, 변화에 대한 실천이 없는 미련하고 어리석은 자의 삶을 불쌍히 여겨주시옵소서. 주여, 우리에게 거듭난 자의 신분과 삶을 허락하시어 성령의 역사로 초대교회의 그 마음을 본받아 하나님의 말씀과 은혜를 사모하며, 성도의 교제를 가장 귀히 여기며, 십자가의 도를 증거하며, 오직 기도함에 전혀 힘쓰는 주의 사람으로 권세 있는 자의 삶을 살도록 우리를 지켜주시옵소서. 우리 주 예수 그리스도의 이름으로 간절히 기도드립니다. 아멘.

07_안식일의 주인 예수

하나님의 말씀_누가복음 6 : 1 - 11

안식일에 예수께서 밀밭 사이로 지나가실새 제자들이 이삭을 잘라 손으로 비비어 먹으니 어떤 바리새인들이 말하되 어찌하여 안식일에 하지 못할 일을 하느냐 예수께서 대답하여 이르시되 다윗이 자기 및 자기와 함께 한 자들이 시장할 때에 한 일을 읽지 못하였느냐 그가 하나님의 전에 들어가서 다만 제사장 외에는 먹어서는 안 되는 진설병을 먹고 함께 한 자들에게도 주지 아니하였느냐 또 이르시되 인자는 안식일의 주인이니라 하시더라 또 다른 안식일에 예수께서 회당에 들어가사 가르치실새 거기 오른손 마른 사람이 있는지라 서기관과 바리새인들이 예수를 고발할 증거를 찾으려 하여 안식일에 병을 고치시는가 엿보니 예수께서 그들의 생각을 아시고 손 마른 사람에게 이르시되 일어나 한가운데 서라 하시니 그가 일어나 서거늘 예수께서 그들에게 이르시되 내가 너희에게 묻노니 안식일에 선을 행하는 것과 악을 행하는 것, 어느 것이 옳으냐 하시며 무리를 둘러보시고 그 사람에게 이르시되 네 손을 내밀라 하시니 그가 그리 하매 그 손이 회복된지라 그들은 노기가 가득하여 예수를 어떻게 할까 하고 서로 의논하니라

한 미국인 사업가가 멕시코의 작은 해안마을에서 휴가를 보내고 있었습니다. 하루는 부둣가에 가봤더니 작은 배에 한 어부가 있는데, 그 배

안에 커다란 황다랑어 몇 마리가 있었습니다. 그래 그는 그 황다랑어를 가리켜 훌륭한 물고기라고 칭찬해준 다음, 그 어부한테 이렇게 물었습니다. "이 물고기를 잡는 데 얼마나 시간이 걸리셨습니까?" 어부가 대답합니다. "얼마 걸리지 않았습니다." 그러자 다시 묻습니다. "그것 좀 많이 잡으시죠?" 그랬더니 어부가 이렇게 대답합니다. "이 정도면 가족을 먹여 살리고, 친구들에게도 좀 나눠줄 만큼 충분합니다."

그가 또 묻습니다. "그러면 남은 시간에는 뭘 하십니까?" 어부가 대답합니다. "늦게까지 자거나, 고기를 잡은 다음에는 아이들과 놀기도 합니다. 그리고 아내와 함께 낮잠도 즐기고, 저녁에는 마을로 내려가서 친구들을 만나 와인도 몇 잔 마시고, 함께 노래를 부르며 즐거운 시간을 보냅니다." 이쯤 되면 그만하지, 그가 또 말합니다. "내가 당신을 부자로 만들어줄 수 있는데, 아침 일찍 나가서 잡을 수 있는 만큼 많이 잡으세요. 그리고 그것을 팔아서 돈을 만들고 또 그런 일을 계속하면 당신은 큰 부자가 될 겁니다."

그랬더니 어부가 반문합니다. "그렇게 되려면 얼마나 걸립니까?" "15년에서 20년, 길어야 25년 안에 당신은 큰 부자가 될 겁니다." 어부가 다시 질문합니다. "그 다음에는 어떻게 되나요?" 그 사업가는 말합니다. "그 다음에는 은퇴하고 나서 작은 어촌에 가서 늦잠도 자고, 물고기도 잡고, 아이들과 놀고, 아내와 낮잠도 자고, 저녁에는 마을에 내려가 친구들과 포도주도 마시고, 기타를 치고 노래하면서 즐겁게 지내는 거죠." 어부가 말합니다. "그럼 난 짧게는 15년, 길게는 25년을 헛고생하는 셈이 되는구려. 어차피 똑같아지니까요. 지금의 내가 바로 그렇게 살고 있지 않습니까?" 여러분은 어떤 목적을 지향하며 오늘을 살아갑니까?

하나님의 거룩한 습관: 안식

저명한 영성신학자 마르바 던(Marva J. Dawn)이 쓴 「안식」(Keeping the Sabbath Wholly)이라는 책이 있습니다. 제가 오래 전에 이 책을 정독하여 많은 통찰도 얻어서 저자에게 감사했습니다. 또 아마도 이 책을 여러 번 소개하고, 직접 사주기도 했습니다. 그는 이 책에서 안식을 이렇게 정의합니다. "안식이란 하나님의 리듬이다. 하나님의 거룩한 습관이다." 그러면서 창조사건을 보라고 합니다. 6일 동안 일하시고, 마지막 날 안식하십니다. 쉬십니다. 이는 하나님의 거룩한 삶의 리듬입니다. 그런고로 하나님의 자녀는 그 리듬을 배우고 익혀야 한다고 합니다. 그는 또 강조합니다. "안식이란 인생의 막간이나 잠깐 잠깐 쉬는 중간이 아니다. 이것은 최종목적이다. 마지막이 최후의 안식이다. 그 안식을 향하여 우리가 이 세상을 살아간다."

십계명 가운데 제4계명이 바로 '안식일을 기억하여 거룩히 지키라' 입니다. 무엇을 기억하라는 것입니까? 안식입니다. 하나님께서 안식하신 날을, 하나님께서 명하신 안식을 기억하여 하나님의 그 거룩한 습관을 배우고 순종하며 지키는 것이 그리스도인의, 하나님의 자녀의 삶임을 가르쳐줍니다. 안식은 쉬운 하나님의 명령입니다. 하나님의 자녀에게 주신 하나님의 말씀입니다. 이 거룩한 습관이 그 사람을 자유하게 만듭니다. 이 거룩한 습관이 그를 복되게 만듭니다. 이 거룩한 습관이 그를 세속적인 삶에서 벗어나 영적인 사람으로 만들어갑니다. 여기에 하나님의 지혜와 능력이 나타납니다. 그래서 하나님의 사람은 주일 중심의 삶을 살아갑니다. 세상 사람은 세상이 중심이고, 주일은 마지막입니다. 아니, '주일'이 아니지요. 그들에게는 '일요일' 또는 '휴일'입니다. 그러나 그리스도인은 단어를 잘 써야 합니다. 주일입니다. 일요일도 아니고, 휴일도 아닙니다. 주일입니다. 주일이 중심입니다.

이 주일을 통하여 하나님의 말씀을 듣고, 하나님의 지혜를 얻고, 하나님 앞에서 안식하며 세상으로 나아가 그것을 누리며 증거 할 특권과 책임이 있습니다. 진정한 주일중심의 삶을 살아가는 사람은 이렇게 고백합니다. 주일을 통해 하나님을 만나고, 하나님의 말씀을 듣고, 이제 세상으로 나아가 3일 동안 이것을 기뻐하고 감사하며 감격해 살고, 다시 3일 동안 그날이 옴을 기뻐하고 찬송하고 소망하며 사는 것입니다.

이런 우스운 이야기가 있습니다. 언제 휴가가 가장 필요하냐고 직장인들에게 물었습니다. 정리해보니까 세 가지 답이 나옵니다. 3위가 무척 더울 때입니다. 더울 때 휴가가 필요합니다. 2위가 업무로 지쳤을 때입니다. 역시 휴가가 꼭 필요한 때입니다. 그리고 마지막으로 1위는 휴가 다음날이라고 합니다. 맞습니다. 휴가 때보다 휴가 뒤가 더 힘듭니다. 참 안식은 하나님 안에만 있다는 것을 우리는 분명히 기억해야 됩니다.

안식일의 참된 의미

그리스도인은 안식 지향적 삶을 살아갑니다. 결국 안식하자는 것 아닙니까? 평안이라는 것이 무엇입니까? 행복이라는 것이 무엇입니까? 결국 안식입니다. 평안히 쉬는 것입니다. 거듭난 그리스도인은 안식이 하나님의 명령이요, 하나님의 거룩한 습관이라는 것을 알고 순종하여 지켜나갑니다. 그러나 세상 사람들은 아무리 지혜가 있어도 알지 못합니다. 그 삶이 불행입니다. 주일은 영원한 안식의 예표입니다. 이 주일마다, 주일을 통하여 영원한 안식일을 지향하는 삶을 배우며, 그 안식을 잠시 누리고, 그 은혜와 영광에 참여하고는, 이제 세상으로 나아가 안식 지향적인 삶을 살아가게 됩니다.

유대인은 역사상 가장 안식일을 엄격히 지킨 민족입니다. 이는 세상이 다 아는 사실입니다. 목숨 걸고 지켰습니다. 유명한 명제가 있습니다. "안식일이 유대인을 지켰느냐, 유대인이 안식일을 지켰느냐?" 결론은 이렇습니다. '안식일이 유대인을 지켰다.' 거룩한 습관이 그 민족과 나라를 흩어지지 않게 하나로 묶었습니다. 참 놀라운 일 아닙니까? 실제로 수많은 사건들이 있었습니다.

대표적인 것이 기원전 170년의 일입니다. 당시 헬라의 통치자 안티오쿠스 에피파네스라는 유명한 황제가 있었습니다. 이 사람이 통치수단으로 헬라의 문명과 문화를 강요합니다. 온 세계에 강요합니다. 지키지 않으면 전쟁을 일으켜 다 죽였습니다. 그래서 온 세상이 정말 헬라문화로 가득하게 되었습니다. 모두가 이 정책에 굴복하는데, 딱 한 민족만 끝까지 거역했습니다. 바로 유대인입니다. '우리는 특별한 선민이다. 그런 이방문화를 받아줄 수 없다. 하나님 나라의 문화, 성경문화, 이 안식일 문화를 우리는 지켜야 한다. 다 포기해도 이것만은 절대 포기할 수 없다.' 그러면서 끝까지 항거합니다.

결국 이 에피파네스 황제가 예루살렘을 침략합니다. 성을 포위했습니다. 그런데도 유대인은 항복하지 않았습니다. 이에 황제는 계략을 세웠습니다. 이대로 싸웠다가는 자기네도 큰 손실을 입을 것 같으니까 좀 지혜롭게 대처해야겠다 싶었습니다. 그래서 그들은 안식일에 쳐들어갑니다. 그랬더니 유대인들이 정말 아무것도 안합니다. 저항하지도 않습니다. 칼을 들지도 않습니다. 심지어 도망가지도 않습니다. 안식일을 지키느라고 그런 것입니다. 결국 다 죽었습니다. 그만큼 유대인은 안식일을 철저히 지켰습니다. 그들 나름대로 이것은 하나님께 영광을 돌리고, 하나님 말씀에 순종하는 길이었습니다.

「탈무드」나 「미쉬나」같은 유대교 경전을 보면 수백 개의 안식일 규례가 있습니다. 유대인은 이것을 지키는 것이 하나님께 영광 돌리는 길이라고 생각합니다. 그 모든 규례는 '하지 말라'입니다. 금칙입니다. 예를 들면, 촛불을 켜거나 꺼서도 안 됩니다. 안식일에는 그런 일마저 해서는 안 됩니다. 물건을 들어서 옮겨도 안 됩니다. 물건을 사고파는 일은 절대로 안 됩니다. 밖에 나가서 돈을 주고 밥 사먹는 것조차 안 되는 일입니다. 심지어 선행도 하면 안 됩니다.

그런데 처음에는 좋은 의도로 한 것 같지만, 이것은 본질이 아닙니다. 시간이 지나가면서 결국 어떻게 되었겠습니까? 규례와 전통의 노예가 되었습니다. 종이 되었습니다. 결국 안식일의 본질을 잊어버렸습니다. 안식일의 정신과 목적을 잃어버렸습니다. 온통 규례와 전통과 제도에 묶이게 됩니다. 그리고 그것을 잘 지키면 좋은 사람이고, 안 지키면 나쁜 사람입니다. 잘 지키면 하나님의 사람이고, 안 지키면 지옥 갈 사람입니다. 이렇게 됐더라는 말입니다.

　기독교 역사에 종교개혁이라는 위대한 사건이 있습니다. 이것도 마찬가지입니다. 하나님의 교회 가톨릭이 온통 제도와 규례와 전통에 꽉 매였습니다. 오늘까지 똑같습니다. 변하지 않았습니다. 기독교 정신, 곧 하나님의 뜻이 전통에 다 사로잡혔습니다. 그래서 종교개혁이 일어났습니다. 종교개혁은 '오직 성경으로'입니다. 전통, 규례 같은 것이 아닙니다. "오직 말씀으로, 오직 은혜로, 오직 믿음으로." 이것이 하나님의 뜻입니다. 그런데 개신교도 각 교단마다 또 전통을 만들고, 제도를 만듭니다. 그것이 아니면 교회도 아니라고 합니다. 아니, 잘 믿는 교인 가운데도 그런 사람이 많습니다. 그런 목회자도 적지 않습니다. 그리고 그것 때문에 싸우고 난리를 떱니다. 유대인과 다를 바가 없습니다. 이것을 분명히 기억해야 합니다.

주인도 의미도 잃어버린 안식일

　오늘 본문에서 예수님께서는 종교지도자들과 충돌하십니다. 싸움이 벌어졌습니다. 무엇 때문에요? 안식일 때문입니다. 오늘 본문 첫 말씀이 "안식일에(1절)"입니다. 이어서 "또 다른 안식일에(6절)", 안식일에만 벌어졌던 두 사건을 성경은 함께 기록하고 있습니다. 이 안식일 논쟁에서 큰 충돌이 벌어집니다. 그 결과가 11절입니다. "그들은 노기가 가득하여 예수를 어떻게 할까 하고 서로 의논하니라." 이것 때문에 죽으시는 것입니다. 똑같은 사건을 마태복음 12장은 이렇게 기록합니다.

"어떻게 하여 예수를 죽일꼬 의논하거늘(14절)."

아니, 양쪽 다 생각해보면 하나님께 영광 돌리자는 것 아닙니까? 하나님의 말씀을 지키자는 것 아닙니까? 그런데 한쪽이 죽이려고 듭니다. 그것도 하나님이신 예수님을요. 이것이 세상입니다. 이런 일은 계속 있습니다. 무엇 때문에 이런 일이 있습니까? 말씀의 본질을 잃었기 때문입니다. 한마디로 안식일의 본질을 잃었습니다. 그래서 이 두 사건을 통해서 오늘 본문은 계시합니다. 5절 말씀입니다. "인자는 안식일의 주인이니라." 안식일의 주인은 예수 그리스도이시라는 계시를 나타내는 성경말씀입니다.

이 두 가지 강력한 사건을 통해서 지금 그들이 잘못되었다는 것을 가르쳐주시고, 참된 안식의 의미를 깨우쳐주십니다. 먼저는 다윗의 사건을 통해서 3절과 4절에 기록된 것처럼 지금 말씀하고 계시고, 두 번째는 6절부터 10절까지의 기록처럼 이적의 사건을 통해서 강력하게 말씀하십니다.

이적은 계시입니다. 오늘도 큰 이적과 같은 사건은 다 계시입니다. 세상 사람들, 불신자들은 그저 하나의 사건일 뿐이지만, 하나님의 사람은 항상 거기서 메시지를 얻습니다. 계시를 얻어야 됩니다. 하나님의 뜻을 분별해야 됩니다. 예수님께서 강력하게 안식일에 의도적으로 기적을 행하시면서 그들과 꽝하고 부딪치십니다. 의도적입니다. 이미 다 아시면서도 이적을 통해서 메시지를 주십니다. 능력은 하나님께 있고, 그 능력의 하나님께서 말씀하시는데 안식일의 주인은 예수 그리스도임을 가르쳐주십니다.

메시지에 담긴 하나님의 마음

'메시지'라는 용어를 깊이 생각해야 합니다. 이 메시지라는 것은 하나님의 뜻과 마음과 의도와 정신을 말합니다. 한 부분, 부분이 아닙니다. 부분 부분마다 하나님의 의도와 정신이 있는데, 이것이 불신앙의 사람들은 성령의 역사가 없으니 계속 부분 부분만 쪼개서 봅니다. 그 부분 부분을 통해서 말씀하시는 일관된 하나님의 사랑과 은혜와 지혜를 보지 못합니다. 유대인들이 '하나님께 영광' 하지만, 시간이 지나면 자꾸 규례와 전통에 사로잡혀서 하나님의 영광을 가로막습니다. 자기가 그런 줄도 모릅니다. 결국은 예수님을 죽입니다. 오늘도 이와 같다는 말씀입니다.

메시지는 하나님의 뜻입니다. 보편적인 하나님의 마음입니다. 결국 성경도 문자에 매이면 안 됩니다. 문자 안에, 사건 안에, 그 깊은 곳에 있는 하나님의 음성을 들어야 됩니다. 그 메시지를 발견하고 영접해야 됩니다. 그것이 성령께서 역사하시는 증거입니다.

십계명을 우리에게, 하나님의 자녀에게 하나님께서 주셨습니다. 그 주신 목적이 무엇입니까? 우리가 쉽게 생각하면 그것을 다 어떻게 지킵니까? 그건 너무 힘들고 우리를 속박하는 것입니다. '안식일을 지켜라. 더 나아가 십일조를 내라. 왜 이런 일을 하는 거냐?' 이렇게 생각하면 너무 고통스럽습니다. 점점 불신앙으로 빠지게 됩니다.

그러나 하나님의 마음, 곧 그 메시지를 아는 사람들은 이것이 인간을 위해서 주신 것이라는 사실을 압니다. 죄를 깨닫게 하기 위해서, 하나님의 뜻을 분별하기 위해서, 그 뜻에 순종하는 자에게 복을 주시기 위해서 주신 것을 깨닫습니다. 하나님의 의도와 마음을 압니다. 그래서 십계명이나 수많은 말씀들은 그냥 부칙일 뿐입니다. 가장 중요한 일은 하나님의 마음과 뜻을 받아들이는 것입니다. 그 말씀 안에서 심령이 자유해집니다. 안식을 누립니다. 세속적인 삶으로부터 벗어나야 됩니다. 그 말씀을 통해서 평강도 누리고, 하나님의 의를 발견하고, 하나님의 은혜를 알고, 하나님의 존재를 알고, 너무너무 감사합니다. 그래서 그리스도인 아닙니까? 그리스도께 속한 자, 하나님의 자녀라고 부름을 받게 됩니다.

십계명에서 한 걸음 더 나아가서 하나님의 모든 율법을 요약해 '이 중계명'이라고 합니다. "하나님을 전심으로 사랑하라. 네 이웃을 네 몸과 같이 사랑하라." 이 말씀을 왜 주신 것입니까? 인간을 귀찮게 하려고 주신 것이 아닙니다. 우리를 사람 만드시려는 것입니다. 하나님의 사람으로 만드셔서 우리로 복된 삶을 살게 하시려는 것입니다. 쉽게 생각해봅시다. 대한민국에도 수많은 법이 있습니다. 미국에도 수많은 법이 있습니다. 각 나라마다 수많은 법이 있습니다. 어느 전문가도 다 외우지 못하고, 다 알지도 못합니다. 그때마다 뒤집니다. 거기다가 맞춥니다. 그런다고 세상이 좋아집니까? 점점 엉망이 되어가지 않습니까?

하지만 다 내려놓고 성경으로 돌아가면 하나님 사랑, 이웃 사랑만 하면 세상은 편해집니다. 아무리 복잡해도 온 인류가 하나님의 마음을 알고, 오직 하나님을 전심으로 사랑하며, 네 이웃을 네 몸과 같이 사랑하면 각자가 아무 문제없습니다. 그런데 하나님의 말씀은 온데간데없고, 다른 것들로 복잡하게 만들어서 점점 미궁으로 빠집니다. 이것이 사탄의 역사입니다.

사탄은 하나님의 말씀, 하나님의 의도, 하나님의 정신, 하나님의 사랑, 하나님의 은혜를 자꾸 왜곡시킵니다. 그래서 자꾸 부분에 매이게 합니다. 자꾸 부분을 붙들고, '하나님께 영광, 하나님께 영광' 하다가도 결국은 사탄이 주인이 되고 맙니다. 결국 은혜를 떠납니다. 사랑을 떠납니다. 자기가 무엇을 했는지 모릅니다. 이것이 오늘의 세상입니다.

안식일의 주인 예수 그리스도

오늘 본문은 말씀합니다. "인자는 안식일의 주인이니라(5절)." 이 메시지의 의미를 알아야 합니다. 두 가지를 볼 수 있습니다.

첫째, 안식은 오직 예수 그리스도 안에 있다는 것입니다. 모든 이 세상의 평강과 화평과 쉼, 참 안식은 예수 그리스도 안에만 있습니다. 예수 그리스도 밖에는 잠깐 잠깐의 쉼이 있는지 몰라도, 아무것도 아닙니다. 다 소멸됩니다. 우리가 항상 느끼는 것 아닙니까? 아무리 휴가를 가고, 좋은 음식을 먹고, 좋은 집에 거하고, 칭찬을 받아도 잠깐 일뿐 그 자체가 또 근심이 됩니다. 그러나 예수 그리스도 안에서 그와 연합하여, 그 생명으로, 그에 따라 그의 진리에 거하면 이제 죽어도 좋습니다. 충만해집니다. 그 사람이 그리스도인입니다. 예수 그리스도 안에 거하며 그 안식을 누리고 증거 하는 자가 하나님의 사람입니다.

그런데 예수 그리스도 밖에 있으면 어떻게 됩니까? 아무리 종교 지도자라 해도, 아무리 성경을 연구하는 바리새인이라도, 오늘날 아무리 높은 지위에 있건, 어떤 책임을 맡고 있는 목회자나 교인이라 해도 다 가짜가 되고 맙니다. 시기하고 분노하고 정죄하고, 하나님의 영광을 위해 싸우고 충돌하고 고소 고발합니다. 그래서 안식은 오직 예수 그리스도 안에만 있습니다.

둘째, 안식의 표본이 예수 그리스도시라는 것입니다. 예수님께서는 산에 가서 기도하시고, 말씀하십니다. 하지만 제자들은 다 안식하고 쉬고 있었습니다. 예수님께서 일하신 것도 안식입니다. 예수님께서 십자가를 지신 것도 안식입니다. 그 안에 하나님의 은혜와 평강이 충만 했습니다. 그리고 하나님의 영광이 나타나게 됩니다.

참된 안식의 표본은 예수 그리스도입니다. 십자가의 길이요, 부활의 영광입니다. 그것을 우리에게 깨우쳐주십니다. 거듭난 그리스도인은 오직 예수 그리스도 안에서 십자가와 부활, 말씀 안에서 참 안식의 메시지를 재해석하며 살아갑니다. 자유 합니다. 어떤 규례나 전통, 금령에도 매이지 않습니다. 예수 그리스도 안에 하나님의 영광과 마음과 의도와 뜻과 은혜와 사랑이 충만하게 나타나 있기 때문에 그 안에서 참 안식의 지혜를 배워나가게 됩니다.

주일의 안식일화

예수 소망교회 목회철학 가운데 한 가지가 '주일의 안식일화'입니다. 제가 쓴 책에 그 글이 있습니다. 왜냐하면 이 안식일이라는 것이 원래 토요일입니다. 이 문자를 꽉 붙들고 유대인이나 안식교인은 그렇게 살아갑니다. 그런데 그리스도인은 이 안식일이 주일입니다. 왜 그렇습니까? 오직 주 안에 안식이 있기 때문입니다. 예수 그리스도의 부활, 그날을 우리는 안식일로 생각합니다. 그것이 메시지이기 때문입니다. 안식일의 주인은 예수 그리스도이십니다. 그래서 그 주일을 통하여 예수 그리스도의 십자가와 부활의 메시지 안에서 참된 안식을 누리게 됩니다.

주일의 안식일화의 의미를 저는 두 가지로 생각합니다. 첫째가 비세속화입니다. 저도 예전에 사업을 해본 경험이 있지만, 이 세상에서 직장생활 하고, 가정생활 하면서 하나님의 자녀로 살기가 정말 힘듭니다. 여러분은 힘들지 않으십니까? 우리는 일상에서 벗어나 안식하는 시간을 마련해야 합니다. 그것이 주일입니다. 그래서 멈춰야 됩니다. 쉬어야 됩니다. 일상적, 생산적인 일로부터 다 쉬어야 됩니다. 멈추어야 됩니다. 역사를 크게 보고 인생을 크게 보십시오. 잠깐의 안식 때문에 절대 손해 보지 않습니다.

아이들 공부도 그렇습니다. 저는 주일에 공부한 적이 없습니다. 그래도 박사학위도 받고, 대학교수도 합니다. 다 하나님께서 책임져주십니다. 무엇이 먼저인지 알아야지, 세상에 끌려가면 다 망칩니다. 요즘 아이들은 정말 불쌍합니다. 얼마나 바쁜지 모릅니다. 요즘 사업가보다 더 바쁜 사람들이 아이들입니다. 이 세상이 거꾸로 가는 것입니다. 뭐하자고 그렇게 사는 것입니까? 이제 다시 성경으로 돌아가야 됩니다. 주일의 안식일화, 여기에 참 생명이 있고, 참 평안이 있고, 참 소망이 있습니다.

또 하나의 의미는 하나님의 주권을 회복하는 날이라는 것입니다.

이날만은 하나님의 말씀을 듣고, 하나님의 영광을 생각하고 깊이 묵상합니다. 하나님의 통치와 살아계신 하나님을 인정합니다. 그 안에서 자유롭습니다. 먼 안식, 최후의 안식을 잠깐 잠깐 맛보는 날입니다. 이날 그것을 맛보지 않으면, 확신하지 못하면 어디서도 참된 안식을 찾아갈 수 없습니다. 그래서 주일은 복의 날이요, 영광의 날입니다.

이 주일은 안식을 위한 날이 되어야 합니다. 그래서 가족끼리 대화도 해야 합니다. 평상시에는 잘 못하니까 함께 식사도 하고, 성도 간에 서로 초대도 하고, 선행도 하고, 좋은 생각도 하는 것입니다. 여기서 회복되어야 합니다. 그것을 이제 6일간에 펼쳐나가면서 살아나가야 됩니다.

신앙이 좋고, 선정을 많이 베풀었던 영국 빅토리아 여왕의 유명한 일화가 있습니다. 이분이 종종 궁궐 밖으로 나가서 서민들과 대화하고 교제를 합니다. 어느 날 신앙 좋은 과부의 집에 갔습니다. 함께 대화를 나누는데, 너무나 기쁩니다. 감격했습니다. 너무나 신앙이 좋았기 때문입니다. 그래서 이렇게 물었습니다. "부인을 찾는 손님 가운데 가장 고귀한 분은 누구십니까?" 여왕은 '예수 그리스도십니다'라는 답을 기대했습니다. 하지만 이 과부는 뜻밖의 대답을 합니다. "가장 귀한 손님은 두 말 할 나위 없이 여왕폐하입니다. 제 생애 최고의 손님입니다."

이 말을 듣고 여왕이 기분이 상했습니다. 아부하는 것도 아니고, 신앙 좋은 사람이 왜 이렇게 얘기하는가 싶었던 것입니다. 그래 한마디 했습니다. "아니, 그렇게 얘기하면 안 되지요. 예수님이 가장 큰 손님이라고 말해야 되는 것 아닙니까?" 그랬더니 과부가 웃으면서 이렇게 대답하더랍니다. "여왕폐하, 예수님께서는 결코 손님이 아니십니다. 폐하는 손님이시지만, 예수님께서는 제 주인이십니다. 예수님께서는 제 집에 처음부터 계신 분이시요, 저는 그분을 위해서 존재합니다."

예수 그리스도 안에 있는 참 안식

오직 예수 그리스도 안에 참 평강과 안식이 있다는 것을 우리는 믿고 확신하고 누리고 증거하며 살아가야 합니다. 하나님의 사람 아우구스티누스는 말합니다. "당신을 위해 우리를 지으셨기에 당신 안에서 쉬기 전까지 우리 마음은 쉼을 얻을 수 없습니다." 이것은 모든 그리스도인의 신앙고백이 되어야 합니다.

히브리서 4장 11절은 말씀합니다. "그러므로 우리가 저 안식에 들어가기를 힘쓸지니." 이것은 거저 되는 것이 아닙니다. 계시를 주셨습니다. 길을 보여주셨습니다. 예수 그리스도의 삶을 본받아 생각하고, 그가 사랑하면 사랑하는 것입니다. 용서하면 용서하는 것입니다. 그 안에 내 안식이 있고, 내 복이 있습니다. 내 운명이 결정됩니다.

하나님의 사람은 예수 그리스도 안에서 영원한 안식을 갈망하고 고대하며, 주일을 통해서 그 안식을 맛보고 소망하고 증거하며 살아가는 사람입니다. 참 안식은 오직 하나님 안에 있습니다. 하나님의 거룩한 습관을 배워 익히며, 참 안식의 사람으로 하나님의 말씀 안에서 날마다 변해가야 합니다. 성령께서 이 일을 하십니다. 본문은 말씀합니다. "안식의 주인은 예수 그리스도시니라."

PRAYER

전지전능하신 은혜의 하나님, 하나님의 지혜와 능력 가운데 우리를 자녀로 부르시고, 영원한 안식을 갈망하며 맛보게 하시며, 이 일의 증인으로 예수 그리스도 안에서 살게 하심을 진심으로 감사드립니다. 그러나 불신앙 가운데 예수 그리스도 밖에서 잘못된 소망과 잘못된 목적의 삶을 살아 원망과 불평과 다툼과 비난 속에 하나님의 영광을 가리는 이 미련한 죄인들을 용서하여주시옵소서. 이 말씀과 함께 참된 안식과 평강이 오직 예수 그리스도 안에 있음을 믿고 거룩한 습관에 순종하는 사람으로 하나님의 안식을 체험하고 기뻐하고 증거 하는 모든 주의 자녀 되게 함께하여주시옵소서. 우리 주 예수 그리스도의 이름으로 간절히 기도드립니다. 아멘.

08_예수께서 칭찬하신 믿음

하나님의 말씀_마태복음 8 : 5 - 13

예수께서 가버나움에 들어가시니 한 백부장이 나아와 간구하여 가로되 주여 내 하인이 중풍병으로 집에 누워 몹시 괴로와하나이다 가라사대 내가 가서 고쳐 주리라 백부장이 대답하여 가로되 주여 내 집에 들어오심을 나는 감당치 못하겠사오니 다만 말씀으로만 하옵소서 그러면 내 하인이 낫겠삽나이다 나도 남의 수하에 있는 사람이요 내 아래도 군사가 있으니 이더러 가라 하면 가고 저더러 오라 하면 오고 내 종더러 이것을 하라 하면 하나이다 예수께서 들으시고 기이히 여겨 좇는 자들에게 이르시되 내가 진실로 너희에게 이르노니 이스라엘 중 아무에게서도 이만한 믿음을 만나보지 못하였노라 또 너희에게 이르노니 동서로부터 많은 사람이 이르러 아브라함과 이삭과 야곱과 함께 천국에 앉으려니와 나라의 본 자손들은 바깥 어두운 데 쫓겨나 거기서 울며 이를 갊이 있으리라 예수께서 백부장에게 이르시되 가라 네 믿은대로 될지어다 하시니 그 시로 하인이 나으니라

푸시라는 고양이 한 마리가 런던을 방문했다고 합니다. 그때 「순전한 기독교」(Mere Christianity)라는 유명한 책의 저자인 C. S. 루이스(Lewis)가 런던을 방문하고 의기양양하게 돌아온 고양이에게 이렇게 물었습니다. "푸시야 너 어디 갔다 오니?" "예, 저는 여왕을 만나러 런던에 갔

다가 웁니다." "야, 대단하구나. 푸시야, 그래 런던에 가서 무엇을 보았니?" 고양이는 이렇게 대답합니다. "예, 저는 여왕의 의자 밑에 있는 생쥐를 보았습니다."

여러분은 무엇을 보고, 무엇을 생각하며 오늘을 살아갑니까? 인간은 믿는 대로 보며, 믿는 대로 생각하고 소원하며 오늘을 살아가는 존재입니다. 히브리서 11장 1절부터 3절까지에서 말씀합니다. "믿음은 바라는 것들의 실상이요 보이지 않는 것들의 증거니 선진들이 이로써 증거를 얻었느니라 믿음으로 모든 세계가 하나님의 말씀으로 지어진 것을 우리가 아나니 보이는 것은 나타난 것으로 말미암아 된 것이 아니니라."

하나님의 자녀의 온전한 믿음은 우리로 하여금 새로운 세계, 영원한 세계, 신령한 세계를 바라보고 소원하며 오늘을 살도록 우리를 이끌어줍니다. 이것이 진정한 그리스도인의 믿음입니다.

거듭난 그리스도인의 믿음

조엘 오스틴(Joel Osteen)이라는 유명한 목회자의 저서에 「최고의 삶: 믿음이 이긴다」(It's Your Time)라는 베스트셀러가 있습니다. 이 책에 나오는 이야기 하나를 소개합니다. 플로리다의 키스 제도에 '오늘이 그날이다'라는 말을 모토로 삼고 사는 엘 피셔라는 보물 사냥꾼이 있었다고 합니다. 그는 1622년에 침몰된 스페인의 보물선을 찾는 일에 온 일생을 바쳤습니다. 16년 동안이나 '오늘은 그날이다. 오늘은 그날이다' 하고 스스로를 격려하면서 직원들인 다이버들을 물속에 집어넣었습니다. 그러나 회사를 경영하는 중에 밀려오는 자금압박으로 빚을 지게 됩니다. 빚쟁이가 찾아와 빚을 갚으라고 닦달합니다. 그래 아주 형편없이 어려운 삶을 살게 되면서 가족들도 파도치고 바람 부는 배 위에서 살아갈 수밖에 없는 처지가 되었습니다. 그러다 그만 아들이 죽고, 며느리도 보물선을 찾는 중에 실종이 되었습니다.

사람들이 그를 비난합니다. "어쩌자고 그런 짓을 하느냐?" 하지만 그는 그래도 '오늘이 그날이다. 오늘이 그날이다' 하면서 꿈을 이루고 자 불굴의 의지로 계속해서 보물을 찾았습니다. 그러다가 1985년 7월, 그는 마침내 보물선을 정말로 찾았습니다. 수많은 금은보화를 건져냅니다. 그래 그 뒤로 30년이 넘는 세월 동안 계속해서 그 보물을 끄집어내고 있다는 것입니다.

이 이야기를 소개하면서 조엘 오스틴 목사가 이런 말을 합니다. "오늘이 당신의 목표를 이룰 날일까? 오늘이 당신이 꿈에 그리던 직장을 얻는 날일까? 오늘이 당신의 사랑을 찾는 날일까? 오늘이 당신이 건강을 회복하는 날일까? 더 좋은 삶, 더 풍요로운 관계, 더 건강한 몸이라는 고지가 생각보다 가까이에 있다. 하지만 우리가 믿음에 굳게 서기까지는 열매가 나타나지 않는다."

굉장한 이야기입니다. 하지만 이것은 잘못된 믿음입니다. 잘못된 신념입니다. 마치 가룟 유다와 같은 수준의 믿음입니다. 이런 종류를 가리켜 '번영신학'이라고 말합니다. 여기에는 하나님께 영광돌림도 없고, 하나님 나라도 없고, 하나님의 뜻도 없고, 십자가도 없고, 아무것도 없습니다. 그런데도 많은 사람들이 여기에 환호합니다. 여기에는 나의 꿈밖에 없습니다. 이것은 바른 신앙생활이 아닙니다.

빅터 쿨리진(Victor Kuligin)이 쓴 「누가 예수 믿으면 잘산다고 했는가?」(Ten Things I Wish Jesus Never Said)라는 책이 있습니다. 직역하면 '예수님께서 결코 말씀하시지 않은 내가 소원하는 10가지들'인데, 아주 잘 지은 제목입니다. 이 책 전체가 잘못된 믿음에 대한 경고요 지적입니다. 저자는 이렇게 말합니다. "성경은 한 사람이 십자가에 못 박혀 있는 상태가 믿음이라고 한다. 그런고로 십자가가 필수적이다." 바른 믿음을 갖기 위해서는 십자가가 필수적이라는 것입니다. 그는 십자가의 의미를 다음 세 가지로 설명한다.

첫째, 십자가는 우리가 하나님께 집중하도록 합니다. 번영의 메시지는 하나님께 집중하지 않습니다. 하나님께서 나를 위해 해주신 것들, 하나님께서 나한테 주고자 하시는 그 복락들, 그 능력들, 거기에 더 깊은 관심을 기울입니다. 한 마디로 잘못된 집중을 하는 것입니다. 십자가는 하나님 앞에서 가장 중요한 것이 무엇인지를 깨닫게 하고, 그 하나님의 뜻 안에서 집중하도록 만들어갑니다.

둘째, 십자가는 우리가 하나님을 전적으로 신뢰하도록 해줍니다. 세상은 '자신을 믿어라. 자신의 의지를 믿어라'라고 합니다. 그런 사람을 높이 평가합니다. 그러나 하나님께서는 하나님을 의지하는 그리스도인을 원하시지, 독립적인 인간은 원치 않으십니다.

셋째, 십자가는 우리의 능력이 아닌 그분의 능력을 신뢰하도록 합니다. 그는 이렇게 말합니다. "십자가를 지는 것은 우리를 깨뜨리는 것을 의미한다. 곧 자신을 사랑하는 것과 자만심, 이기적인 욕망들, 죄로 물든 갈망과 우리의 고집스러운 뜻을 깨뜨리라는 것이다."

거듭난 하나님의 자녀의 바른 믿음은 하나님의 존재를 믿는 것이요, 하나님의 구원의 역사를 믿는 것입니다. 오직 하나님의 의로 구원받는다는 믿음입니다. 하나님의 말씀이 역사적 사건이 되고, 오늘의 사건으로 내게 임한다는 데 대한 믿음입니다. 하나님의 뜻은 변함없다는, 그 뜻은 반드시 하나님께서 이루신다는 사실에 대한 믿음입니다. 이런 바른 믿음을 가질 때 우리는 인간의 차원이 아닌 하나님의 차원에서 새로운 세계를 바라봅니다. 영적인 세계를 봅니다. 그 깊은 곳의 메시지를 들으며, 그것을 소망하고 간절히 소원하며 하나님께 영광 돌리는 삶을 살게 됩니다. 이것을 분명히 분별하고 기억해야 합니다.

이방인 백부장의 믿음

오늘 본문에는 이적이 기록되어 있습니다. 백부장, 곧 로마 군인의 종이 중풍에 걸렸습니다. 그가 병 고침을 받는 기적에 대한 기록입니다. 항상 말씀드립니다마는, 이적은 계시입니다. 바른 믿음을 가진 사람은 계시를 구합니다. 하나님의 뜻을 구합니다. 그러나 온전한 믿음이 없는 사람은 항상 능력을 구하고, 기적만을 구할 뿐입니다. 로마 군인인 이 백부장이 예수님께 나왔습니다. 그 이유가 너무나 기특합니다. 자신을 위해서 나온 것이 아닙니다. 자기 종을 위해서입니다. 그 병들어 죽어가는 하인, 고통 받는 그 하인의 병을 고쳐달라고 나왔습니다. 인격이 훌륭한 사람입니다.

로마 군인인 백부장은 고위관리입니다. 그 당시 노예제도가 인정되던 사회에서 종은 한낱 소유물일 뿐입니다. 인격체가 아닌 물건입니다. 그런 자기 소유물에 대한 깊은 인격적 사랑을 갖고 있기에 그는 높은 신분인데도 소문으로만 듣던 청년 예수 앞에 나아와 부탁합니다. 그 중심을 읽으신 예수님의 마음이 움직입니다. 그리고 그의 간청을 허락하십니다. 성경은 말씀합니다. '이웃을 사랑하라. 소외된 자를 사랑하라.' 이것이 하나님의 보편적인 뜻입니다. 그런 사람을 하나님께서 긍휼히 여기십니다. 하나님의 마음이 움직인다는 것을 우리에게 보여주십니다.

이런 상황에서 예수님께서 그의 집에 가셔서 고쳐주마 하시는데, 이 백부장이 거절합니다. 그 사건이 오늘 본문 7절과 8절에 기록되어 있습니다. "가라사대 내가 가서 고쳐 주리라 백부장이 대답하여 가로되 주여 내 집에 들어오심을 나는 감당치 못하겠사오니 다만 말씀으로만 하옵소서 그러면 내 하인이 낫겠삽나이다." 이 백부장의 말에 예수님께서 감동하십니다. 크게 놀라십니다. 그래 10절에서 이렇게 말씀하십니다. "예수께서 들으시고 기이히 여겨 좇는 자들에게 이르시되 내가 진실로 너희에게 이르노니 이스라엘 중 아무에게서도 이만한 믿음을 만나보지 못하였노라." 예수님께서 칭찬하시는 믿음을 소유한 자로 이 백부장은 성경에 기록됩니다. 이것이 메시지입니다.

이 이적의 사건을 통해서 주시는 메시지는 이 백부장의 믿음을 본받으라는 것입니다. 이 말씀을 본문의 말씀을 듣는 자들에게 주십니다. 백부장에게 하신 말씀이 아닙니다. 성경 말씀을 따르는 자들에게 주십니다. 그들은 열심히 따르는 사람들입니다. 오랜 기간 따랐지만,

믿음이 형편없습니다. 스스로는 믿음이 있다고 생각하는지 모르지만, 믿음이 적은 자들입니다. 오늘날 예수님을 따르는 모든 무리들에게 주시는 동일한 말씀입니다. '이 백부장의 믿음을 봐라. 내가 칭찬한 이 믿음이 참 믿음이다. 이 믿음을 배워라. 이 믿음을 가져라.' 이것이 이 사건의 계시입니다.

백부장을 생각해보십시오. 참 놀랄 일입니다. 그는 이방인입니다. 택함 받은 이스라엘 백성이 아닙니다. 선민(選民)이 아닙니다. 거기다가 예수님을 따르는 자들도 아닙니다. 신앙교육도 제대로 받지 못한 사람들입니다. 성경지식도 없습니다. 그런데도 예수님께서는 그의 믿음을 최상, 최고의 믿음으로 유일하게 높여주십니다. 이 사람 자체가 그렇다는 뜻이 아닙니다. 그의 믿음을 본받으라는 것입니다. 예수님께서 기뻐하시는 그 믿음, 칭찬하신 그 믿음의 본질이 무엇입니까? 오늘 본문은 두 가지를 계시해줍니다.

백부장의 경건한 믿음

첫째는 '경건한 믿음'입니다. 백부장이 말합니다. "주여 내 집에 들어오심을 나는 감당치 못하겠사오니(8절)." 예수님께서 지금 복 주시러 오시겠다는데, 그는 스스로 부탁을 해놓고는 감당하지 못하겠다고 고백합니다. 자신의 죄인됨을 고백합니다. 거룩하신 예수님을, 이 높은 분을 감히 스스로 맞이할 자신이 없습니다. 왜 그렇습니까? 죄인이기 때문입니다. 본문의 역사적 상황을 생각해봅시다. 백부장은 고위관리요, 예수님은 노예계층의 한 청년일 뿐입니다. 소문으로만 듣던 사람입니다. 그런데도 그분을 감당하지 못하겠다고 합니다.

　더욱이 고위관리의 집이니 화려했을 것입니다. 하지만 자기 집에 오시는 것을 감당하지 못하겠다고 합니다. '내가 죄인이요, 우리 집이 죄인의 집이기 때문에 감히 감당하지 못하겠나이다.' 이것이 옳지 않습니까? 이와 달리 우리는 그냥 쉽게 '주여 오소서. 내 안에 오소서'라고 합니다. 하나님께서 죄인과 함께하십니까? 아닙니다. 그러실 수 없습니다. 우리는 하나님을 볼 수 없습니다. 거룩하신 하나님께서는 거룩한 사람만 만나주십니다. 우리 인간 가운데는 그런 사람이 없습니다. 그러나 하나님께서 우리를 긍휼히 여기시어 경건한 자를 만나주십니다. 자신이 얼마나 큰 죄인인지 아는 그를 만나주시고, 그와 함께해 주십니다.

　이사야서 6장에 보면 당대 하나님의 종 이사야가 부패한 세상 문제를 놓고 하나님께 나아와 기도합니다. 성전에서 기도합니다. 당당하게 기도하러 갑니다. 그런데 정말 하나님을 만났습니다. 천사들이 거룩 거룩하다고 부를 때 거룩하신 하나님께서 나타나셨습니다. 그는 아무 말도 못합니다. 온갖 세상의 부패와 타락에 관해서는 한마디도 못 꺼냅니다. 그리고 '내가 죽을 죄인입니다'라고 하고는 엎드립니다.

　"그 때에 내가 말하되 화로다 나여 망하게 되었도다. 나는 입술이 부정한 사람이요 입술이 부정한 백성 중에 거하면서 만군의 여호와이신 왕을 뵈었음이로다(5절)." 이사야는 '나는 망했도다. 나 같은 죄인이 하나님을 만났도다' 하고 오직 하나님의 긍휼을 구합니다. 이것이 경건입니다. 하나님께서는 경건한 자와 함께하십니다. 거룩한 자는 없으니까, 그것이 하나님의 은혜입니다. 이것이 바른 믿음입니다. 이 백부장이 소유한 믿음이었습니다.

경건한 믿음과 예배

예배는 오직 경건한 예배 하나 뿐입니다. 그 경건한 예배가 문화적으로, 민족적으로, 시대적으로 다르게, 다양한 형태로 표출되는 것일 따름입니다. 예배의 본질은 오직 경건한 예배뿐입니다. 경건하지 않으면 하나님을 만날 수 없습니다. 그러나 오늘날 경건의 정의도 없고, 경건한 예배를 모릅니다. 이것이 오늘 한국교회의 현주소입니다. 예배와 축제는 서로 다릅니다. 예배랑 집회는 서로 다릅니다. 하나님 주도적인 것, 하나님의 약속이 있는 것이 예배입니다.

그래서 왜 이런 현상이 생겼는지 깊이 생각해보니 이런 신학적 문제가 있는 것 같습니다. 하나님께서는 인격적인 자기 계시로 두 가지 본질을 우리에게 알려주셨습니다. 하나는 '거룩하신 하나님'이고, 다른 하나는 '사랑의 하나님'입니다. 동일한 분입니다. 우리를 구원하시기 위해서 그 하나님의 속성인 사랑의 하나님을 알려주십니다. 그 사랑의 하나님을 믿음으로 '아바 아버지'라 부르고, 자녀가 되고, 구원받습니다. 그 하나님의 자녀는 곧 거룩하신 하나님을 만나야 됩니다.

성경을 다시 보십시오. 창세기에서 요한계시록까지, 시작과 끝은 온통 '거룩하신 하나님'뿐입니다. 그 거룩하신 하나님 앞에 어떤 인간도 나올 수 없으니까, 다 하나님의 진노 아래 멸망하니까 하나님께서 구원의 방편을 주셨습니다. 사랑의 하나님께서 십자가를 확증하시면서 '그 길만이 구원받는 길이다'라고 하시니까, 다들 '사랑의 하나님'만 생각합니다. 그러다가 사랑의 하나님이라는 메시지를 잘 모르고 문자에 사로잡히다보니, 이제는 같이 친구가 되어버렸습니다. 그리고 사람을 보고 '작은 예수'라고 합니다. 예수가 되어야 한답니다.

그러나 이것은 잘못된 것입니다. 그분은 하나님이십니다. 거룩하신 하나님 앞에서는 어떤 인간도 엎드려 긍휼을 구할 수밖에 없습니다. 죄인이기 때문입니다. 그런고로 경건이라는 것은 거룩하신 하나님 앞에서 가지는 인간의 정체 의식입니다. 그것을 아는 자가 하나님의 자녀입니다. 그 하나님의 자녀를 하나님께서 만나주십니다. 경건한 자만이 겸손한 자입니다. 경건이 없는 겸손은 위선입니다.

하나님께서는 경건한 믿음을 가진 자를 새롭게 하십니다. 만나주시고, 복을 주십니다. 믿음은 자라나야 됩니다. 멈추면 썩고 부패합니다. 이것은 인격적이라서 성장해야 됩니다. 말씀과 성령의 역사 안에서 믿음은 자라납니다. 경건한 믿음은 날마다 자라납니다. 그러나 교만한 믿음, 경건을 잃은 믿음은 멈춰서 썩습니다. 그것이 가룟 유다의 믿음입니다. 그러니 온통 나의 소원, 나의 꿈이 세속적 욕망과 성공과 번영으로 꽉 차게 된 것입니다.

경건한 예배가 없으면 교회가 아니라 하나의 종교기관일 뿐입니다. 하나님께서 임재하고 계시면 모든 인간은 경건할 수밖에 없습니다. '나는 죄인이로소이다. 감당치 못하겠나이다.' 이스라엘 백성 중에는 이 말 한 마디를 하는 자가 없었습니다. 그런데 이방인인 백부장이 어떻게 해서 그런 마음을 가졌는지 모르지만, 예수님 앞에 '감당하지 못하겠나이다' 하고 고백하는 그 믿음을 주께서는 기뻐하시고 높여주십니다. 우리는 이 경건한 믿음을 회복해야 합니다.

백부장의 순종하는 믿음

두 번째는 '순종하는 믿음'입니다. 그는 말합니다. "다만 말씀으로만 하옵소서 그러면 내 하인이 낫겠삽나이다(8절)." 엄청난 믿음입니다. 믿음과 순종은 하나입니다. 별개가 아닙니다. 믿는 대로 생각하고, 믿는 대로 기도하고, 믿는 대로 소원하고, 믿는 대로 결단하고 선택합니다. 믿음의 조상 아브라함을 보십시오. 99세, 100세가 되었는데도 자식이 없습니다. 육신의 건강을 다 잃었습니다. 그런데도 하나님께서는 '하늘의 별처럼 자녀를 주겠다'고 하십니다. 그때 그는 그 말씀 그대로를 믿고 하나님께 의롭다 칭함을 받습니다. 거기서 끝난 것이 아닙니다. 성경에 그에 대한 자세한 기록은 없습니다. 그날부터 그가 무슨 운동을 했는지, 헬스장을 다녔는지는 모르겠지만, 하여튼 그는 사라와 합방했습니다. 이것이 중요합니다. 믿음으로 생각하고 행동했습니다.

믿음은 순종과 직결됩니다. 이 부분에서 깊이 생각해야 합니다. 우리는 이렇게 생각할 수밖에 없습니다. 하나님의 말씀을 듣고 믿어야 합니다. 그러나 엄격히 말하면 아닙니다. 듣고 믿을 사람이 없습니다. 먼저 순종하고 들으며 영접해야 됩니다. 인간은 듣고 믿는 순간 자기 차원에서 이것도 빼고, 저것도 빼고, 필요한 것만 뽑아갑니다. 그러나 우리는 하나님께서 말씀하시므로 통째로 다 믿어야 됩니다. 그래서 순종이 먼저입니다.

그리고 들으면서 믿음으로 영접하고, 새로운 세계를 바라보게 됩니다. 이 백부장이 이런 믿음을 지금 갖고 있습니다. 그는 말합니다. "말씀으로만 하옵소서." 그 말씀이 곧 그에게 능력의 사건으로 일어납니다. 먼저 순종하는 마음으로 꽉 차 있습니다. 예수님께서 놀라시지 않습니까? 그리고 제자들에게 말씀하십니다. "이만한 믿음을 만나보지 못하였노라(10절)." 지금 상황을 생각해보시기 바랍니다. 예수님께서는 그 중풍병 걸린 하인을 만나지도 않으셨습니다. 만져주지도 않으셨습니다. 직접 말씀하지도 않으십니다. 그런데 이 백부장은 "말씀만 하소서. 그대로 이루어지리이다"라고 합니다.

죄 사함은 오직 십자가의 피로 이루어진다고 하나님께서 말씀하셨습니다. 그 진리를 믿는 사람은 그 진리를 날마다 확인합니다. 날마다 우리는 회개해야 하는 사람이니까요. 이것은 추상적인 것이 아닙니다. 그 진리가 내게 사건으로 임함을 느껴야 됩니다. 체험해야 됩니다. 그럴 때 그는 그 진리에 대한 증인이 될 수밖에 없습니다. 그는 하나님께 헌신할 수밖에 없습니다. 그 안에 기쁨과 은혜가 충만합니다. 살아계신 하나님께서 내게 사건으로 임하고 계시기 때문입니다. 이것이 순종하는 믿음입니다. 하나님의 자녀 되는 길은 오직 이것입니다. 하나님의 은혜로 값없이 믿음으로 됩니다. 그 진리를 내가 믿을 때 그 진리는 내게 사건으로 날마다 임해야 됩니다. 그는 하나님 나라의 증인으로 오늘을 살아가게 됩니다.

믿음은 하나님의 은총을 받는 그릇입니다. 복을 받는 그릇입니다. 그래서 이 백부장은 엄청난 복을 받습니다. 예수님께서 말씀하십니다.

"네 믿음대로 될 지어다(13절)." 오늘도 주께서 말씀하십니다. 경건한 믿음, 순종하는 믿음을 가진, 그 믿음의 본질을 소유한 믿음의 사람에게 말씀하십니다. "네 믿음대로 될지니라." 이 계시를 우리에게 알려주는 이적이 성경에 기록된 것입니다. 예수님께서 칭찬하시는 이런 믿음은 초월적 세계를 바라봅니다. 신령한 세계를 봅니다. 세상 사람이 보지 못하는 영적인 세계의 진리를 믿고, 그 진리 안에 확신에 차서 오늘을 살아갑니다.

예수님과 함께하는 믿음

하나님의 사람 빌리 그래함(Billy Graham) 목사님이 집회를 인도하고 숙소에 돌아왔는데, 한 사람이 찾아와 이렇게 물었답니다. "목사님, 정말 궁금한 게 있습니다. 오늘 목사님께서 주님의 재림에 대해서, 심판에 대해서, 역사의 끝에 대해서 말씀하셨는데, 목사님은 자신에 대해서, 자신의 미래에 대해서 알고 계십니까?" 그때 빌리 그래함 목사님이 웃으면서 이렇게 대답했답니다. "나는 나 자신의 미래를 전혀 모릅니다. 그러나 한 가지 아는 것은 나의 미래를 누군가 꼭 붙들고 계시다는 것입니다. 이것만은 확신합니다. 그분이 나의 과거를 붙드셨듯이 지금의 현재를 붙들고 계시고, 그리고 그분은 앞으로 나의 미래도 붙들고 계실 것입니다. 이것만은 확실합니다."

이것이 믿음입니다. 믿음은 오직 하나님 한 분만을 신뢰하게 합니다. 믿음은 우리를 그렇게 만들어갑니다. 그리고 그 말씀이 오늘도 내게 사건으로 임함을 확신하며, 그 소망 중에 살아가게 만듭니다. 믿음은 우리로 하나님 나라의 증인이 되게 인도합니다. 내 힘과 내 지식과 내 결단이 아닙니다. 믿음에 이끌리어 그렇게 된다는 말씀입니다.

　예수님께서 칭찬하시는 이 믿음을 우리는 가져야 합니다. 백부장이 소유한 그 믿음을 우리는 소유해야 합니다. 오직 그 믿음으로 하나님을 만나고, 그 믿음으로 이 험악한 세상에서 승리할 것입니다. 그 믿음으로 하나님의 뜻을 분별하고, 그 믿음으로 하나님께 영광 돌리며, 하나님과 동행하는 은총의 삶을 살게 될 것을 확신하기 때문입니다.

PRAYER

전지전능하신 은혜의 하나님, 하나님의 초월적인 사랑 안에서 오직 믿음으로 하나님의 자녀가 되었지만, 경건을, 믿음을 갖지 못하고, 순종하지 못하는 믿음을 갖지 못해서 불확실성 속에서 하나님만을 신뢰하지 못하고, 아직도 세상의 지식과 자신의 경험과 능력을 의존하며, 나의 뜻을 고집하며, 나의 성공을 주장하며, 하나님 나라의 증인으로 살지 못하는 어리석은 자를 주여 용서하여주시옵소서. 이 시간 간절히 간구하오니, 예수님께서 칭찬하신 그 믿음을 우리에게 허락하여주시고, 그 믿음을 따라 살아가는 하나님의 사람으로 회복되어 하나님 나라를 바라보며, 신령한 세계를 소망하며, 하나님의 뜻을 분별하며, 온전한 믿음으로 이 땅에서 권세 있는, 승리하는 삶을 살도록 우리를 붙들어주시옵소서. 우리 주 예수 그리스도의 이름으로 간절히 기도드립니다. 아멘.

09_어찌 믿음이 없느냐

하나님의 말씀_마가복음 4 : 35 - 41

그 날 저물 때에 제자들에게 이르시되 우리가 저편으로 건너가자 하시니
저희가 무리를 떠나 예수를 배에 계신 그대로 모시고 가매 다른 배들도
함께 하더니 큰 광풍이 일어나며 물결이 부딪혀 배에 들어와 배에 가득
하게 되었더라 예수께서는 고물에서 베개를 베시고 주무시더니 제자들
이 깨우며 가로되 선생님이여 우리의 죽게 된 것을 돌아보지 아니하시나
이까 하니 예수께서 깨어 바람을 꾸짖으시며 바다더러 이르시되 잠잠하
라 고요하라 하시니 바람이 그치고 아주 잔잔하여지더라 이에 제자들에
게 이르시되 어찌하여 이렇게 무서워하느냐 너희가 어찌 믿음이 없느냐
하시니 저희가 심히 두려워하여 서로 말하되 저가 뉘기에 바람과 바다라
도 순종하는고 하였더라

수십 년 전 미국 샌프란시스코의 금문교를 건설할 당시의 일입니
다. 지금은 첨단 과학기술 장비로 쉽게 건설하지만, 그 당시에는 일일
이 사람의 손으로 해야 했습니다. 그러다 보니 사고가 자꾸 일어났습
니다. 높은 곳에서 일하던 사람들이 떨어져서 바다에 빠져 죽는 추락
사고가 끊이지를 않았습니다. 때문에 결국 공사가 지연되었습니다. 왜
그런 사고가 계속 생기는지를 조사해보니 높은 곳에서 일하는 인부들

이 밑으로 떨어지면 죽는다는 두려움을 안고 있기 때문이라는 결론이 나왔습니다.

이에 건설회사 측에서 다리 밑에 커다란 그물로 보호막을 치게 됩니다. 그랬더니 놀랍게도 그 뒤로는 추락사고가 한 건도 없었습니다. 일하는 사람들이 밑으로 떨어져도 안 죽는다는 나름의 굳은 믿음을 갖게 되자 추락사고가 없어진 것입니다. 이는 우리에게 큰 교훈을 주는 사건입니다.

적극적 사고방식을 강조하여 세계적으로 널리 알려진 노만 빈센트 필(Norman Vincent Peal) 박사는 이 시대에 아주 강력한 힘을 주는 두 개의 낱말이 있다고 말합니다. 그 하나가 '믿음'입니다. 자신에 대한 믿음, 타인에 대한 믿음, 미래와 현재에 대한 믿음, 자신의 능력에 대한 믿음 등 그 믿음이 그 사람을 담대하고 창의력 있는 사람으로 만들어 갑니다. 강력한 힘의 언어입니다.

또 하나 강력한 힘의 단어는 '두려움'입니다. 무엇인가 할 수 없다는 두려움, 과거와 결과에 대한 두려움, 실패에 대한 두려움, 질병에 대한 두려움, 죽음에 대한 두려움, 내일과 미래에 대한 두려움 등 이 두려움은 그 사람으로 하여금 아무것도 하지 못하게 만듭니다. 이 두려움은 그 사람을 무지와 무능력과 무의미의 삶으로 만들어갈 뿐입니다. 우리는 이것을 분명히 기억해야 합니다.

두려움의 대가

미국의 저명한 목회자인 존 오트버그(John Ortberg)가 쓴 「물 위를 걸으려면 단순하게 믿으라」(If You want to walk on water, you've got to get out of the boat)는 책에 이런 이야기가 나옵니다. 수영을 배우려 하는 어떤 아이가 물가에 나와 있었습니다. 하지만 두려운 나머지 물속에 들어가지를 못합니다. 아이는 나름대로 여러 가지 판단을 합니다. 물에 뛰어 들어갔을 때 치러야 할 대가를 알고 있었습니다. 우선 물이 너무 차갑습니다. 물이 무섭습니다. 물에 들어가면 죽을 것 같습니다. 그래서 못 들어갑니다. 그런데 저자는 이 아이가 두려움 때문에 물에 들어가지 않으므로 치르게 되는 대가가 무엇인지를 지적합니다. 그 두려움의 대가가 얼마나 큰지를 생각해보라고 하면서 다음의 여섯 가지를 말합니다.

첫째, 자존감의 상실입니다. 결과에 상관없이 도전하는 사람은 최소한의 자존감을 회복하고 살아갑니다. 하지만 두려움에 사로잡혀 애초 도전조차 못하는 사람은 자존감이 낮은 상태로 살아갑니다. 그것 자체가 불행입니다.

둘째, 목적의 상실입니다. 하나님께서는 모든 인간에게 잠재성을 두셨습니다. 가능성을 두셨습니다. 그런데 두려움은 그 가능성을 소멸시킵니다. 성장은 항상 위기를 수반하고, 위기는 항상 두려움을 수반합니다. 결국 두려움을 넘어서야 성장할 수 있는데, 두려움 속에서 도전하지 못하고 피해가니까 결국 성장할 수 없습니다.

셋째, 기쁨의 상실입니다. 두려움은 기쁨을 파괴합니다. 두려움을 넘어서야만 참된 기쁨을 누릴 수 있는데, 두려움에 사로잡혀서 그 큰 기쁨을 맛볼 수 없습니다.

넷째, 진정한 친밀감의 상실입니다. 사람들은 인간관계의 혼란을 피하고 싶어 합니다. 그것으로부터 야기되는 문제가 걱정됩니다. 스스로 많은 시간과 에너지를 쏟아 부어야 됩니다. 그래서 항상 적당히 살아갑니다. 그런 예 가운데 하나가 나와 생각이 다른데도 동의하는 척하는 것입니다. 슬픈 척합니다. 기쁜 척합니다. 보람 있는 척합니다. 이런 '척척'의 삶이 진정한 인간관계를 파괴합니다. 이것도 두려움에서 나오는 것입니다.

다섯째, 이해의 사실입니다. 하나님께서 정말 나를 돌보실까? 나를 사랑하실까? 하나님께 그런 능력이 있는가? 하나님께서는 오늘도 정말 하나님의 뜻을 이루고 계신가? 자꾸 이런 의심을 하고 회의하는 중에 이 두려움이 하나님께 대하여 왜곡된 이해를 하게 만듭니다.

여섯째, 두려움은 한 세대에서 다음 세대로 전달됩니다. 계속 대를 이어 전달됩니다. 이 얼마나 무서운 일입니까? 그리스도인은 두려움을 넘어 초연한 자로 담대하게 오늘을 살아가는 사람입니다. 그 자체가 빛과 소금의 삶입니다. 이 험악한 세상에는 수많은 나쁜 소식, 흉흉한 일들이 항상 있습니다. 그보다 더한 일도 있습니다. 깜짝 놀랄 만한 사건들입니다. 그러나 그리스도인은 담대하게 살아갑니다. 결핍과 고통과 질병과 실패와 더 나아가 죽음의 문제까지도 해결하고 담대하게 살아가는 사람입니다. 그 삶 자체가 의미의 삶이요, 창조적 삶입니다.

이런 격언이 있습니다. "우리의 한계에 대해 분노한다고 삶의 좌절에서 빠져나올 수 없다. 좌절의 그 자리를 하나님의 목적이 있는 영역이라고 인정할 때에 우리는 삶의 좌절에서 빠져나올 수 있다."

문제는 언제나 있습니다

오늘 본문에서 큰 사건이 일어났습니다. 큰 광풍이 일어났습니다. 그 사건을 통해서 우리는 지금 광풍 앞에서 두려움과 절망 속에 빠져서 원망하고 비난하는 제자들의 모습을 보게 됩니다. 예수님께서 함께 계신데도 그런 모습을 보이고 있습니다. 여기서 생각해야 합니다. 인생의 큰 광풍 시련과 위기, 그 고통들은 항상 있습니다. 고통이 없는 삶을 기대하지 마십시오. 그것은 공상입니다. 진정한 삶은 큰 광풍 속에서 살아가는 것입니다. 항상 광풍은 존재합니다. 언제 어디서나 존재하고, 누구에게나 있습니다. 그리스도인에게까지도 있습니다. 오늘 본문을 보면 제자들은 지금 예수님과 함께 있습니다. 그런데 광풍이 있습니다. 그들은 지금 두려움에 떨고 있습니다. 이것을 극복하지 못하고 있습니다.

오늘날 잘못 신앙생활 하고 있는 분들이 바로 이 문제에서 시험받습니다. 예수 믿으면 큰 시련과 위기들은 없다고 합니다. 실패도 없고 질병도 없다고 하는데 그것은 다 거짓된 믿음입니다. 예수를 믿으면 만사형통한다는 것도 가짜 복음입니다. 성경 곳곳을 보세요. 특히 십자가를 기억하세요. 십자가야말로 위기중의 위기요, 큰 광풍 중의 광풍입니다. 그것을 증명하고 수용했다는 것, 믿음으로 오히려 담대하게 나아갔다는 것이 그리스도의 삶이요 신앙인의 삶이지, 광풍이 없어지라고 하는 것이 어디에 있습니까? 물론 다른 종교에는 있습니다. 부적 붙이고 다니면 만사형통한다는데, 기독교엔 그런 것 없습니다. 문제는 두려움입니다. 이 두려움은 절망을 낳습니다. 비난과 원망을 낳습니다. 이 두려움과 원망을 넘어서야 그리스도인다운 삶을 살아갈 수 있습니다.

혹시 건강검진 받아보았습니까? 여기에도 아마 나이가 사십이 넘었는데도 안 받은 분들이 있을 것입니다. 왜냐하면 제 주변에도 이런 분들이 몇 있습니다. 그래 왜 안 받느냐고 물어보면 무서워서 못 받겠답니다. 꼭 큰 병에 걸릴 것 같답니다. 자기가 자기를 생각할 때 죄가 많아서, 술과 담배를 많이 해서, 신앙생활 바로 못해서 꼭 무슨 안 좋은 결과가 나올 것 같다는 것입니다. 그래서 정말 안 받습니다. 검진권을 끊어줘도 안 받습니다. 그런데 그 사람이 그리스도인이랍니다. 저는 도무지 믿기지를 않습니다. 잘못된 신앙생활입니다. 두려움에 종속되었습니다.

이런 우스운 이야기가 있습니다. 어떤 젊은 남편이 아내 문제로 항상 불안, 걱정, 그리고 두려움에 사로잡혀 있습니다. '무슨 일이 있나? 왜 안 들어오지?' 아내가 아침 일찍 나갔다가 저녁까지 집에 안 들어옵니다. 처음에는 그저 '쇼핑하러 갔나보다' 하다가도 곧 '아니지, 무슨 큰일이 났나보다. 교통사고가 났나? 누가 납치해갔나?' 하고 온갖 불길한 생각을 다 하는 것입니다. 그러다 결론을 내렸답니다. '제발 쇼핑만은 안했으면 좋겠다.'

두려움은 불신앙입니다

아주 잡다한 불안 속에 살아가는 것, 다 두려움입니다. 그리스도인은 하나님께서 살아 역사하심으로, 하나님을 믿음으로 담대하게 그 두려움을 극복하고 살아가는 사람입니다. 두려움, 절망, 염려, 근심의 원인이 무엇입니까? 우리는 항상 우리의 삶 속에서 문제의 원인을 찾아야 됩니다. 원인을 모르면 병을 못 고칩니다. 그것은 잠깐 그냥 대충 넘어가는 것이지, 항상 그 문제는 언젠가는 드러나게 되어 있습니다. 오늘 본문은 말씀합니다. 믿음의 문제라고 합니다. 믿음이 없어서, 믿음이 적어서입니다. 그래서 오늘 본문 40절에서 예수님이 말씀하십니다. "이에 제자들에게 이르시되 어찌하여 이렇게 무서워하느냐 너희가 어찌 믿음이 없느냐."

지금 큰 풍랑, 생명의 위기, 시련과 역경이 눈앞에 있습니다. 그런데 그것 때문에 무서워한다고 말씀하지 않으십니다. 하나님께서 보시는 영적으로 가장 깊은 곳에 있는 것은 불신앙입니다. 믿음이 없어서, 믿음이 적어서입니다. 예수님의 진단입니다. 두려움의 근원적인 문제는 믿음의 문제라고 말씀하십니다.

우리가 하나님을 신뢰한다고 하는데, 어떤 차원에서 신뢰합니까? 기본적으로 그리스도인은 하나님의 존재와 말씀에 대한 신뢰를 갖습니다. 그러나 그것으로는 부족합니다. 일상의 삶에서 그 신뢰가 이어져야 됩니다. 왜 그렇습니까? 하나님께서 살아 역사하시기 때문입니다. 또한 하나님의 사람을 눈동자처럼 보호하시기 때문입니다. 그 믿음이 있는 사람이 신앙인입니다.

그러나 말씀을 믿고, 하나님은 믿으면서도 일상의 삶에서 무너질 때가 있습니다. 불안하고 두려울 때, 나쁜 소식을 들을 때, 내 마음대로 안 될 때, 짜증이 날 때 무너집니다. 불신앙입니다. 더 큰 하나님의 섭리 가운데 역사는 제대로 돌아갈 것이라고 믿는 것이 온전한 신앙인의 모습입니다. 근심한다고 바뀌겠습니까? 근심한다고 김정일이 회개하겠습니까?

하나님은 모든 것을 아십니다

오늘 본문은 이렇게 시작합니다. "그 날 저물 때에(35절)." '그 날'이 중요합니다. 도대체 무슨 일이 있기에 이렇게 강조하며 '그 날 저물 때'라고 할까요? 이것은 저녁에 일어난 사건입니다. 그날 낮에는 무슨 일이 있었습니까? 성경을 잘 읽어보면 마가복음 4장 전체의 내용이 바로 그것입니다. 예수님께서 배 위에서 복음을 가르치셨습니다. 하나님 나라의 복음을 전해주셨습니다. 비유로 말씀하셨습니다. "하나님의 나라는 은밀하게 자라느니라. 하나님 나라는 겨자씨와 같다. 옥토에 뿌린 씨와 같다. 하나님께서는 역사하신다. 반드시 역사하신다. 하나님 나라는 반드시 이루어진다." 그러니 이 말씀을 들을 때 제자들이, 특별히 예수님의 제자들이 얼마나 뜨거운 가슴으로 "아멘! 아멘!" 했겠습니까? 정말 믿었을 것입니다.

그런데 문제는 항상 밤입니다. 현실에서가 문제입니다. 이제 그들이 현실로 돌아와서 배를 타고 강을 건넙니다. 그때 갑자기 큰 광풍이 일어났습니다. 배가 뒤집힐 것 같습니다. 그런 현실 속에서 두려움과 절망에 사로잡힙니다. 지금 예수 그리스도께서 함께 계시는데도 그 사실이 기억도 나지 않습니다. 무작정 두렵습니다. 그러면서 기껏 예수님께 한다는 말이 이렇습니다. "선생님이여 우리의 죽게 된 것을 돌아보지 아니하시나이까(38절)." 어찌하여 자기들을 죽게 내버려 두시느냐고 따집니다. 도무지 믿음이 없습니다. 이것은 바른 신앙생활이 아닙니다. 온전한 믿음은 어떠한 상황에서도 '하나님께서는 살아계시다'라는 데서부터 시작해야 됩니다.

창조주시요 역사의 주인이신 그분이 살아계십니다. 모든 것을 감찰하시고 아십니다. 그분께는 전지전능한 능력이 있습니다. 그분의 사랑과 은혜가 예수 그리스도 안에서 우리에게 나타났습니다. 그것을 믿음으로 하나님의 자녀가 되었습니다. 하나님의 구원의 역사 안에 내가 있습니다. 왜일까요? 하나님의 경륜은 그리스도인을 통해서만 나타나기 때문입니다. 죄인이지만, 믿음으로 하나님 자녀가 된 나를 통해서 하나님의 역사가 나타납니다.

아무리 흉흉한 소식과 엄청난 사건이 눈앞에 있다한들 이것을 믿는 자가 무엇이 그렇게 두렵고, 무엇이 그렇게 절망스럽겠습니까? 그래서 하나님의 사람 존 웨슬리는 이런 유명한 말을 합니다. "나를 향한 크신 뜻이 다 이루어지기까지 나는 절대로 죽지 않는다." 이것이 모든 신앙인의 고백이 되어야 합니다. 만일 죽는다면 그것도 하나님의 뜻입니다. 하나님께서 살아계시므로 모든 삶을 하나님께 맡기고 살아가는 자는 세상 안에서 살아가지만 세상 위에서 초연하게 살아갑니다. 삶의 사고방식이 다릅니다. 믿음 위에 살아갑니다. 그 사람이 하나님의 사람입니다. 그를 통해서 하나님의 역사가 나타납니다.

사도 바울도 로마서 8장 28절에서 말씀합니다. "우리가 알거니와 하나님을 사랑하는 자 곧 그 뜻대로 부르심을 입은 자들에게는 모든 것이 합력하여 선을 이루느니라." 이 말씀을 절대 신뢰하고, 하나님의 구원의 역사 안에 그리스도인인인 나의 존재, 내 삶의 운명과 의미와 가치, 그 모든 것이 있다고 믿고 살아가야 합니다. 그 사람이 그리스도인입니다. 하나님께서 그와 함께 계십니다. 그 믿음 위에 함께하십니다.

하나님을 잊지 않아야 합니다

프라이드치킨의 대명사로 통하는 KFC의 창업주는 커넬 할렌드 샌더스(Colonel Harland Sanders)입니다. KFC 앞에 가보면 넥타이 매고 흰 수염 기른 점잖게 생긴 할아버지 한 분이 서 있지 않습니까? 그 할아버지가 바로 샌더스입니다. 그는 독실한 크리스천입니다. 교회를 끔찍이 사랑했고, 평생 십일조를 지킨 사람입니다. 그런데 아주 불우하게 살았습니다. 다섯 살 때 아버지를 여의었습니다. 그래 너무나 가정이 어려워져서 초등학교밖에 졸업을 못하고 바로 일을 시작해야 했습니다. 대장장이, 철도소방원, 직업군인, 보험외판원, 유람선 종업원 등 안 해 본 일이 없었습니다. 그러다가 스물아홉 살 때 마침내 얼마간 사업자금을 마련해서 주유소를 차렸습니다. 그 동안 얼마나 많이 기도하고, 간절히 하나님의 은총을 구했겠습니까? 그러나 딱하게도 바로 대공황을 맞이합니다. 망합니다.

그러나 그는 굴하지 않고 그 뒤로 10년 동안 또 열심히 일해서 서른 아홉 살 때는 주유소 한 귀퉁이에 식당을 차렸습니다. 그런데 그 식당에 불이 나서 망합니다. 그래도 그는 다시 열심히 일하여 또 조그마한 식당을 차립니다. 25년 동안 열심히 일합니다. 이제는 뭔가 되는가 싶었습니다. 하지만 이번에는 고속도로가 자리를 옮기는 탓에 파산하고 맙니다. 그때 그의 나이가 60대 중반입니다.

그런데도 그는 절망하거나 두려워하지 않았습니다. 신앙인이기 때문입니다. 남들은 인생을 마무리할 나이인 육십 대 중반에 그는 다시 시작합니다. 그 당시에 60대 중반이면 새로운 인생을 살기는 쉽지 않은 나이입니다. 그런데도 그는 그 나이에 제2의 인생을 설계합니다. 그동안 식당을 경영하면서 터득했던 닭 튀기는 비결을 바탕으로 프랜차이즈 사업을 하고 싶었습니다. 그래서 기도를 하고, 투자자를 얻기 위해 고물차를 끌고 다니면서 전국을 누빕니다.

이 과정에서 그는 무려 1,008번을 거절당했습니다. 사람들은 그가 투자자를 상대로 사업계획을 설명하면 다들 제일 먼저 "당신 몇 살입니까?" 하고 물었습니다. 그가 "60대 후반인데요" 하고 답하면 모두 웃었습니다. 하지만 그는 마침내 1,009번째 만남에서 투자자를 얻는 데 성공합니다. 그렇게 해서 생긴 것이 세계적인 프랜차이즈 '켄터키 프라이드 치킨(KFC)'입니다. 두려움과 절망에는 아무런 미래가 없습니다.

성공을 위해 가장 필요한 지혜는 집중입니다. 집중하지 않으면 아무것도 할 수 없습니다. 운동을 해도, 연애를 해도 집중을 해야 됩니다. 사업을 해도 집중해야 열매를 거둘 수 있습니다. 그리스도인은 하나님께 집중해야 합니다. 하나님의 지혜와 능력에 집중해야 됩니다.

하나님의 사랑과 은혜에 집중해야 됩니다. 하나님의 역사, 그 방법에 집중해야 됩니다. 영적 진리에 집중해야 됩니다. 그럴 때 영적인 열매를 맺게 됩니다. 아무리 큰 사건이 터져도 하나님을 잊어서야 되겠습니까? 그 자체가 불신앙입니다. 예수님께서 말씀하십니다. "어찌 믿음이 없느냐(40절)."

이 엄청난 풍랑 속에 일어난 참 어처구니없는 사건이 오늘 본문에 기록되어 있습니다. 예수님께서 주무시고 계셨습니다. 상상해보십시오. 엄청난 풍랑 속에 어부들이 이러다가는 다 죽겠다고 원망하고 불평합니다. 그런 위기상황에서 예수님께서 주무시고 계셨습니다. 어떻게 그럴 수 있습니까? 그 비결이 무엇입니까? 오늘 본문은 말씀합니다. 바로 믿음입니다.

풍랑이 없었다는 것이 아닙니다. 예수님께서는 풍랑 속에서도 하나님을 믿고 하나님을 신뢰합니다. 모든 것이 하나님의 뜻 가운데 됩니다. 그 믿음 안에 하나님의 평강이 임합니다. 예수님께서는 그 평강을 누리며 주무시고 계십니다. 이것을 분명히 기억해야 합니다. 빛 되신 예수 그리스도께서는 믿음의 본을 보여주십니다. 세상의 빛과 소금의 자녀인 그리스도인은 믿음으로 하나님의 평강을 소유하고 즐기고 누리고 증거하며 살아가야 합니다. 거기에는 두려움도 절망도 없습니다. 그것이 참 믿음의 삶입니다.

예수 그리스도와 함께 하는 믿음이어야 합니다

이 세상은 험악합니다. 성경은 이 세상을 어둠의 세상이라고 말씀합니다. 역사를 보십시오. 20세기에도 엄청난 사건들이 지구상에 많았고, 대한민국 땅에도 많았습니다. 그렇다면 21세기에도 많을 것입니다. 더 엄청난 일이 벌어질 것입니다. 이미 나타나고 있기도 합니다. 그런데 이런 소식, 저런 소식을 들을 때마다 일희일비(一喜一悲)하며 두려워하고 근심하고 염려하는 것은 세상 사람들의 몫입니다.

반면 그리스도인은 이럴 때마다 하나님을 바라보아야 합니다. '이것조차도 하나님의 역사 가운데 있구나.' 우리는 다 모르지만 하나님께서 하나님의 뜻을 이루고 계십니다. 그 안에서 하나님의 사랑과 은혜와 지혜와 능력에 대한 확신으로 초연한 삶을 살아야 합니다. 그 믿음 위에 하나님께서 약속하십니다. 평강의 하나님께서 평강을 주십니다. 이 모든 것이 하나님의 사람의 간증이요 고백입니다.

오늘 본문에서 예수님께서는 믿음 가운데 주무시다가 일어나서서 큰 풍랑을 꾸짖으십니다. 성경은 기록합니다. "예수께서 깨어 바람을 꾸짖으시며 이르시되 잠잠하라 고요하라 하시니 바람이 그치고 아주 잔잔하여지더라(39절)." 참 엄청난 이적의 사건입니다. 무엇을 뜻하는 말씀입니까? 예수님께서 주님이심을 말씀합니다. 예수의 주 되심, 만물의 주인 되심을 말씀합니다. 그 앞에는 모든 만물이, 모든 인격이 순종할 수밖에 없습니다. 그 다스림의 권세와 능력 앞에서는 다 순종할 수밖에 없습니다.

이 사건을 통해서 제자들은 깨닫습니다. '아, 저분만이 주님이시구나. 정말 하나님의 지혜와 능력이 저분 안에 있구나. 어떻게 이 바람과 바다가 저 사람 앞에 순종하는가? 참으로 구주시로구나.' 그 안에서 믿음의 삶으로 변해갑니다. 믿음은 순종입니다. 하나님의 지혜와 능력을 믿는 자는 이제 순종하며 생각하기 시작합니다. 말씀 안에서 생각합니다. 말씀 안에서 인생문제의 답을 얻고 해결책을 찾습니다. 그리고 성령께 의탁된 삶을 살아갑니다.

오래 전 빌리 그래함(Billy Graham) 목사님이 파킨슨병으로 굉장히 고생하던 시절의 일입니다. 하루는 목사님이 유명한 앵커 래리 킹과 인터뷰를 했습니다. 그 자리에서 래리 킹이 목사님을 위로한다고 이렇게 말했습니다. "목사님, 항상 고통이 없게 해달라고 하나님께 기도하시겠군요." 그러자 목사님이 유명한 말을 합니다. "아닙니다. 저는 그렇게 기도하지 않습니다." "그러면 어떻게 기도하십니까?" "하나님의 뜻대로 하옵소서." 이것이 참 신앙인의 기도 아니겠습니까? 그러면서 한마디 덧붙였답니다. "만일 이 시간도 하나님께서 내게 큰 교훈을 주시기를 원하신다면 나는 그 고통도 기꺼이 감수할 것입니다."

종교 개혁자 마르틴 루터(Martin Luther)에 관한 유명한 일화가 있습니다. 어느 날 어떤 사람이 루터의 집 문을 두드리며 "마르틴 루터 박사님 계십니까?" 하고 물었다고 합니다. 그때 루터가 남긴 말입니다. "아니, 그 사람은 죽었는데요." "그럼 누구십니까?" "이 집에는 예수님께서만 살아계십니다."

그리스도인은 예수 그리스도를 믿고 예수 그리스도 안에 연합된 자입니다. 항상 하나님과 예수님과 성령님을 먼저 생각하며 그 약속을 믿음으로 오늘 이 세상을 살아갑니다. 그 삶이, 그 삶의 사고방식이 빛과 소금의 삶입니다. 그 믿음 위에 하나님께서 평강을 주십니다. 담대하게 믿음으로 이 세상을 이기게 하십니다. 하나님의 구원의 역사를 증거하는 이가 바로 하나님의 자녀요 그리스도인입니다.

PRAYER

사랑과 긍휼이 풍성하신 하나님, 우리가 이 험악한 세상을 살지만 이 안에서 우리를 부르시고, 하나님의 구원의 역사에 하나님의 지혜와 능력의 증인으로 우리를 택하시며, 온전한 믿음의 삶으로 우리를 변화시켜 하나님께 영광 돌리는 삶을 살도록 인도해주심을 진심으로 감사드립니다. 큰 풍랑 속에 주무시고 계신 예수님의 믿음을 본받아 하나님께서 주시는 평강을 소유한 자로 이 세상의 빛과 소금의 사명을 잘 감당할 수 있도록 우리의 심령을 새롭게 하여주시옵소서. 주 예수 그리스도의 이름으로 간절히 기도드립니다. 아멘.

10_두려워 말고 믿기만 하라

하나님의 말씀_마가복음 5 : 21 – 24, 35 –43

예수께서 배를 타시고 다시 저편으로 건너 가시매 큰 무리가 그에게로 모이거늘 이에 바닷가에 계시더니 회당장 중 하나인 야이로라 하는 이가 와서 예수를 보고 발 아래 엎드리어 많이 간구하여 가로되 내 어린 딸이 죽게 되었사오니 오셔서 그 위에 손을 얹으사 그로 구원을 얻어 살게 하소서 하거늘 이에 그와 함께 가실새 큰 무리가 따라가며 에워싸 밀더라 / 아직 말씀하실 때에 회당장의 집에서 사람들이 와서 가로되 당신의 딸이 죽었나이다 어찌하여 선생을 더 괴롭게 하나이까 예수께서 그 하는 말을 곁에서 들으시고 회당장에게 이르시되 두려워 말고 믿기만 하라 하시고 베드로와 야고보와 야고보의 형제 요한 외에 아무도 따라옴을 허치 아니하시고 회당장의 집에 함께 가사 훤화함과 사람들의 울며 심히 통곡함을 보시고 들어가서 저희에게 이르시되 너희가 어찌하여 훤화하며 우느냐 이 아이가 죽은 것이 아니라 잔다 하시니 저희가 비웃더라 예수께서 저희를 다 내어 보내신 후에 아이의 부모와 또 자기와 함께한 자들을 데리시고 아이 있는 곳에 들어가사 그 아이의 손을 잡고 가라사대 달리다굼 하시니 번역하면 곧 소녀야 내가 네게 말하노니 일어나라 하심이라 소녀가 곧 일어나서 걸으니 나이 열 두 살이라 사람들이 곧 크게 놀라고 놀라거늘 예수께서 이 일을 아무도 알지 못하게 하라고 저희를 많이 경계하시고 이에 소녀에게 먹을 것을 주라 하시니라

어느 책에 기록된 실화입니다. 마산의 한 교회에서 5년 동안 시무한 부목사님이 담임목회를 위해서 기도하며 준비하고 있었습니다. 그런 어

느 날 손등에 난 부스럼을 발견하고 병원에 갔다가 피부암 판정을 받았습니다. 그래 담임목회는커녕 부목사직마저 사임하고 항암치료를 받고 있었습니다. 그리고 얼마 뒤 충북 음성에 있는 한 교회에서 주일 설교를 해달라는 요청을 받았습니다. 그 교회 담임목사님이 이분의 친구였는데, 마침 유학을 가게 되어 이분을 후임목사님으로 적극 추천했던 것입니다. 마침내 설교가 예정된 주일이 되었습니다. 그 교회 교인들은 큰 기대를 품고 새로운 설교자를 맞이하려 했습니다. 하지만 막상 나타난 목사님의 모습을 보고는 크게 실망했습니다. 머리칼도 다 빠지고, 앙상하게 마른 초라한 몰골의 환자였기 때문입니다.

이제 주일예배가 끝나고 담임목사 청빙위원회가 소집되었습니다. 위원들 대다수가 반대합니다. 그런데 딱 한 사람이 그분을 적극 지지했습니다. 다들 깜짝 놀랐습니다. 그 지지의 변이 이렇습니다. "오늘 예배에서 저는 이전에 경험하지 못했던 큰 은혜를 체험했습니다. 비록 암 환자이지만, 이런 설교를 한번만 더 듣는다 해도 큰 복이 아니겠습니까?" 결국 나머지 위원들도 각자 큰 은혜를 받았음을 인정하며 그 암 환자인 목사님을 담임목사로 결정했습니다. 이 청빙서를 받은 부목사님은 하염없이 울었다고 합니다. '암환자인 자신에게 담임목사 청빙서를 보내는 교회가 있다니, 참 기적 같은 일이다.'

그때부터 그는 다시 기도합니다. 병을 낫게 해달라고 기도한 것도 아니고, 자신이 그곳에 가서 사역할 때 크게 역사해달라는 것도 아니었습니다. 그 자신은 그 교회에 가지 않기로 결심했습니다. 자신의 처지를 아니까요. 그 대신 그는 그 교회를 위해서 기도합니다. 암 환자를 담임목사로 청빙한 그 교회의 마음이 너무나 귀하고 감사하여 하나님께서 훌륭한 목회자를 그 교회에 직접 보내주셨으면 하는 기도를 하게 됩니다. 거기서 기적이 나타납니다. 그의 암이 치유된 것입니다. 결국 그는 그 교회의 청빙을 하나님의 뜻으로 알고 기쁜 마음으로 받아들입니다. 이 얼마나 놀랍고 귀한 역사입니까?

전능하신 하나님을 믿는 믿음

하나님은 전지전능하신 분입니다. 하나님께서는 스스로 역사하십니다. 인간의 방법이나 인간의 지혜에 따라 역사하지 아니하시고, 하나님의 초월적인 지혜와 방법으로 하나님의 뜻을 이루시며 하나님의 능력을 나타내십니다. 성경은 이것을 기록한 책입니다. 하나님께서 주도하신 은혜의 역사가 하나 가득 세세히 기록되어 있습니다.

온전한 믿음은 전지전능하신 하나님을 믿으며, 하나님의 지혜와 능력과 사랑과 은혜를 그대로 믿고 살아가는 것을 뜻합니다. 여기에 참된 평화도 있고, 기쁨도 있고, 행복도 있습니다. 그리스도인은 이 일에 증인입니다.

'소망'과 '낙관'은 차원이 다릅니다. '소망'은 하나님의 약속을 확신하고 기대하는 것이요, '낙관'은 그런 약속이 없고 성경말씀도 없습니다. 자기소원이 이루어지기를 바라며 막연한 기대로 살아갑니다. 그리스도인은 소망의 사람입니다. 그 소망은 항상 객관적입니다. 하나님의 약속과 말씀 위에 있어야 합니다. 믿음은 그 소망이 이루어질 것을 믿는 것입니다. 확신하는 것입니다. 믿음은 그 소망을 내 것으로 만드는 힘입니다. 그러니 믿음은 소망 중에 안심하는 것입니다. 그러하기에 믿는 자는 평안합니다. 기쁩니다. 하나님의 역사에 동참하게 됩니다. 오늘 여러분은 이런 믿음의 삶을 살아가고 계십니까?

하나님이 역사하시는 순간

오늘 본문에는 야이로의 딸이 죽었다가 다시 살아나는 이적이 기록되어 있습니다. 이 이적을 통하여 하나님의 뜻을 분별하며, 하나님의 음성을 들을 수 있어야 합니다. 야이로의 집, 그 한 가정에 큰 고통의 사건이 일어났습니다. 12살 된 딸이 죽어갑니다. 이보다 더 큰 고통의 사건이 어디 있겠습니까? 그러나 성경에 나타난 대로 이 불행한 사건, 이 고통의 사건을 통하여 이 가정은 예수 그리스도를 만나 구원받고, 하나님의 지혜와 능력을 체험하게 됩니다. 이 불행의 사건이 복입니까, 화입니까? 이 말 못할 고통의 사건이 이 가정에 좋은 일입니까, 나쁜 일입니까?

그리스도인은 소망 중에 살아갑니다. 하나님의 약속과 능력 안에서 평강을 유지하고 기뻐하고 찬송하며 살아가는 사람입니다. 우리 주변이나 우리 가정에 질병으로, 사업의 실패로, 다른 어떤 역경으로 절망하는 사람들이 많습니다. 아니, 모든 것이 끝났다고 포기하는 사람도 많습니다. 큰 두려움에 사로잡혀 불안과 근심걱정으로 잠을 못 이루는 사람도 많습니다. 그러나 이것은 그리스도인의 믿음의 삶이 아닙니다. 그 안에 하나님의 은총의 역사가 있기 때문입니다. 성경에 기록된 하나님의 놀라운 지혜와 능력이 구체적인 사건으로 나타나는 것은 항상 인간의 한계상황, 그 궁극의 벼랑 끝에서입니다. 이 영적 진리를 분명히 기억해야 합니다.

유럽의 어떤 수도원이 벼랑 끝 꼭대기에 있었습니다. 그곳으로 올라가려면 그 수도원의 수도승이 밧줄로 끌어올려주는 큰 바구니를 타야 합니다. 얼마나 겁나는 일입니까? 어느 날 한 관광객이 그것을 타고 수도원으로 올라가는데, 정말 너무나 무서웠습니다. 바구니에 달린 밧줄을 보니까 썩었고 곧 끊어질 것 같습니다. 그 관광객은 너무나 불안하고 겁이 나서 같이 타고 있던 수도승에게 물었습니다. "이 바구니는 얼마 만에 한 번씩 올라갑니까? 밧줄이 왜 이 모양입니까?" 수도승이 잠시 생각한 다음 이렇게 대답합니다. "언제든지 끊어지기만 하면 바꿉니다."

꼭 끊어지려고 하는 그때, 벼랑 끝에 있는 그때, 모든 소망과 희망을 포기할 수밖에 없는 그때, 인간의 한계상황의 그 때, 바로 그런 때에 하나님의 자녀에게 하나님의 지혜와 능력이 임함을 기억해야 합니다.

예수 그리스도 앞에 무릎을 꿇는 순간

오늘 본문에 나오는 야이로는 회당장입니다. 그 당시에는 높은 신분입니다. 지도자요 존경받는 인물입니다. 그런 신분의 사람이 많은 사람들이 보고 있는 데서 청년 예수의 발밑에 엎드려 간구합니다. 아주 뜻밖의 행동입니다. 기적과도 같은 일입니다. 있을 수 없는 일입니다. 한쪽은 사회적으로 존경받는 점잖은 사람이요, 다른 한쪽은 이름 모를 젊은 목수입니다. 은밀하게도 아니고, 수많은 무리가 보는 가운데 엎드려 간구합니다. 이쯤 되면 자존심과 명예도, 자신의 생각과 가치관도 다 버렸다고 할 수 있습니다. 그러지 않고는 할 수 없는 일입니다.

더욱이 마가복음 3장 1절부터 7절까지를 보면, 예수님께서 안식일에 회당 안에서 환자 한 사람을 고쳐주십니다. 율법을 범한 것입니다. 이단으로 지목됩니다. 그래서 회당에서 쫓겨납니다. 이제 더는 회당에서 설교를 못합니다. 성경 기록을 보면 '그들이 죽이고자 꾀하더라'라고 합니다. 그들에게 예수님은 천하의 이단이요 신성모독입니다. 그런데 그렇게 쫓아내놓고는 스스로 그 앞에 무릎 꿇고 간절히 매달립니다. 있을 수 없는 일입니다. 모든 것을 포기하고 내려놓은 것입니다. 어떻게 이런 상황이 만들어집니까? 어떻게 모든 것을 버리고 예수 그리스도 앞에 무릎 꿇고 나온 것입니까?

우리는 성경을 통해 명백히 알게 됩니다. 그 불행한 사건, 그 큰 고통의 사건이 이 사람을 이렇게 만들었습니다. 다시 말하면 그 고통의 사건이 없었다면 이 사람은 절대 예수 그리스도 앞에 나오지 않았을 것입니다. 구원받을 만한 믿음도 갖지 않았습니다. 불가능합니다. 불가능을 가능케 하신 하나님의 구원의 역사는 바로 그런 시련을 통해서 일어났다는 것을 기억해야 합니다. 그에게 믿음을 주고 계십니다. 하나님을 아는 지식을 충만케 하십니다.

우리는 하나님 앞에서 예배합니다. 이만한 믿음이 어떻게 생긴 것입니까? 이 동일한 과정을 통해서 주어진 인격적 역사입니다. 하나님께서 그에게 온전한 믿음을 주시기 위하여, 그를 통해 나타내시는 역사를 이루시기 위하여, 그 신령한 복을 그로 누리게 하시기 위하여 사건은 계속될 것입니다.

오늘 이 이적의 주인공은 딸이 아닙니다. 딸은 기적의 수혜자일 뿐입니다. 이 기적의 주인공은 야이로, 바로 그 아버지입니다. 이 점이 중요합니다. 보통 치유하는 곳에 가보면 아픈 분을 위해서 안수도 하고, 기도도 해주면서 병을 고치고 복을 선언하지만, 거의 99퍼센트 이상이 부도수표입니다. 그러면 꼭 하는 말이 있습니다. "믿음이 없어서 낫지 않는 것이다. 정성이 부족해서 낫지 않는 것이다."

이쯤 되면 이것은 종교지 기독교가 아닙니다. 잘못된 것입니다. 성경을 보세요. 이 딸이 무슨 믿음이 있어서 죽었다가 살아납니까? 하나님께서는 하나님의 방법으로 모든 상황에서 스스로 역사하시는 분입니다. 사랑하는 딸을 위해서 기도하는 아버지의 마음은 '차라리 딸 대신 내가 죽는 게 낫다'는 것입니다. 그런 마음으로 중보기도하며 하나님의 긍휼을 입는 것입니다. 이 점을 기억해야 합니다. 야이로의 믿음이 점점 성장해갑니다. 성숙해갑니다. 그리고 구원에 이르게 됩니다.

온전한 믿음이 자라는 순간

믿음은 항상 자라나야 합니다. 반드시 기억해야 합니다. 우리는 하나님의 말씀을 듣고 은혜 중에 충만해서 확실한 믿음을 갖게 되지만, 그것은 지속되어야 하고, 더 나아가 성장해야 됩니다. 하나님께서는 우리의 믿음이 그리스도의 장성한 분량에까지 자라가기를 바라십니다. '나는 이만큼이면 되는데' 하고 생각한다면 그것은 잘못입니다. 하나님께서는 우리가 온전한 믿음으로 하나님의 신령한 복을 누리는 것을 기뻐하십니다. 믿음은 지속적으로 자라나야 합니다. 기도 한 번 했다고, 예배 한 번 드렸다고 자라나는 것이 아닙니다. 말씀과 성령의 역사에서 지속적으로, 계속적으로, 반복적으로 자라나야 합니다.

오늘 본문에서 예수님께서는 이 야이로를 불쌍히 여기시어 그의 집으로 가십니다. 도중에 나쁜 소식이 옵니다. "아직 말씀하실 때에 회당장의 집에서 사람들이 와서 가로되 당신의 딸이 죽었나이다 어찌하여 선생을 더 괴롭게 하나이까(35절)." 우려하던 일이 벌어진 겁니다. 죽어가는 중에는 그래도 한 가닥의 희망이나마 있었습니다. 하지만 죽었다면 그 순간 아무 희망도 없는 것 아닙니까? 야이로는 큰 두려움에 휩싸였고, 두려움과 불안과 절망 중에 있었습니다. 속수무책입니다. 불가능 그 자체에 직면하는 순간입니다. 이대로 두면 그냥 끝납니다. 아무리 간절하게 예수님께 무릎 꿇고 매달렸다 하더라도 죽고 나면 그냥 끝입니다. 그런데 여기에서부터 하나님의 구원의 역사가 나타납니다. 은혜 충만한 역사가 나타납니다. 그 절망의 자리에 메시지가 들립니다. 복음이 들립니다.

함께 있던 예수님께서 그 소식을 들으시자마자 딱 붙들어주십니다. "두려워 말고 믿기만 하라(36절)." 이 말씀과 함께 야이로는 새로운 기대를 갖게 됩니다. 새로운 소망을 갖게 됩니다. 이 말씀이 없었다면 그냥 버려지는 것입니다. 절망으로 끝나는 것입니다. 이 말씀이 들립니다. 아니, 무시할 수 없을 만큼 강권적으로 들립니다. 예수님의 이 한마디가 전해진 자리에서부터 야이로는 새로운 차원의 온전한 믿음의 사람으로 변화됩니다.

야이로는 이해할 수 없었습니다. "두려워하지 말라. 믿기만 하라." 무슨 일을 하실지 도무지 모르겠습니다. 우리처럼 적극적으로 "아멘!" 할 수 있는 용기도 없습니다. 그러나 이제는 들을 수밖에 없습니다. 믿고 싶은 희망이 생깁니다. 그래서 그는 침묵합니다. 그리고 집으로 갑니다. 아니, 예수님 손을 잡고 스스로 갔을 것입니다. 구원받을 만한 믿음은 없지만 순종합니다. 믿어지는 역사가 생깁니다. 바로 이것을 하나님의 강권적 역사라고 합니다. 이 은혜의 역사 안에 우리가 이만한 믿음을 가졌고, 하나님의 뜻대로 온전한 믿음의 사람으로 변화되는 것입니다.

에베소서 1장 4절, 5절은 말씀합니다. "곧 창세 전에 그리스도 안에서 우리를 택하사 우리로 사랑 안에서 그 앞에 거룩하고 흠이 없게 하시려고 그 기쁘신 뜻대로 우리를 예정하사 예수 그리스도로 말미암아 자기의 아들들이 되게 하셨으니." '하나님의 거룩한 뜻이 이루어진다. 거룩하고 흠이 없는 자녀가 되게 하시려고 예수 그리스도 안에서 우리로 하나님의 자녀가 되게 하셨다.' 그것을 믿는 것입니다. 그 하나님의 뜻을 믿고 하루하루 믿음의 삶을 살아가게 됩니다. 하나님께서는 오늘도 하나님의 지혜와 방법으로 스스로 하나님의 뜻을 이루십니다. 하나님의 자녀의 믿음을 성장케 하십니다. 우리는 이 위대한 역사와 진리를 항상 기억하고 인식하고 바르게 응답하며 오늘을 살아가야 합니다.

예수님을 주님으로 고백하는 온전한 믿음

예수님께 나아온 야이로는 기적을 구했습니다. 야이로에게 예수님은 그의 딸을 치료하는 정도의 젊은 청년에 지나지 않았습니다. 그러나 이제 야이로는 그 청년이 하나님이심을 믿게 됩니다. 그 청년이 생명의 주인이심을 믿게 됩니다. 이 사건을 통하여 분명히 보게 됩니다. 예수님께서 야이로와 함께 그의 집에 갔을 때, 그의 열두 살 먹은 딸은 죽어있었습니다. 얼마나 슬픈 일입니까?

거기 온 수많은 사람들이 모여 통곡합니다. 예수님께서 그 모습을 보시고 처음으로 말씀하십니다. "너희가 어찌하여 훤화하며 우느냐 이 아이가 죽은 것이 아니라 잔다(39절)." 하나님이신 예수님께서 말씀해 주시건만, 그들의 첫 반응은 오늘 본문에 기록된 대로 "비웃더라(40절)"입니다. 하나님의 말씀이 불신자에게는 항상 조롱이요 조소요 비웃음입니다. 항상 하나님의 역사는 믿지 않는 자에게는 비웃음이요 조롱입니다.

며칠 전에 신앙생활 하는 한 청년이 들려준 이야기입니다. 최근에 남자친구가 생겼답니다. 만난 지 보름도 안 된 사이입니다. 그런데 그 남자친구는 구원받지 못했답니다. 교회를 다니지 않으니까요. 그래 제가 흥미롭게 물었습니다. "그거 어떡하나?" 그랬더니, 남자친구가 교회 다녀도 괜찮다고 했대요. 그러면서 하는 말이 하나의 조건이 있다는 것입니다. "너무 열심히 믿지만 마라." 이거 믿으라는 것입니까, 말라는 것입니까? 그 아이를 앉혀놓고 제가 다시 얘기했습니다. "하나님께서는 백 퍼센트의 믿음을 원하신다. 그 믿음만이 복 받는 길이요, 하나님의 자녀가 된 구원의 확신이다. 그런데 그 믿음을 가지면 항상 믿지 않는 자에게는 조롱이요 비난이요 조소다. 그거 안 받으려고 하지 마라. 그래서 결혼은 꼭 구원받은 자를 선택해야 한다."

예수님께서 야이로의 집에 가서서 비웃고 조소하는 자들을 두고 그 어린소녀를 향하여 유명한 말씀을 남기십니다. "달리다굼, 소녀야 내가 네게 말하노니 일어나라(41절)." 그 말씀과 함께 이적이 나타납니다. 죽었던 자가 소생합니다. "다시 걸어 일어나더라." 말씀과 함께 하나님의 능력이 나타납니다. 그 사건 앞에서 불신자들이 놀랍니다. 성경은 이렇게 기록합니다. "크게 놀라고 놀라거늘(42절)."

인간의 표현으로 이 이상 더 어떻게 할 수가 없는 것입니다. 이런 일은 반드시 있습니다. 오늘도 있고 내일도 있고, 항상 있습니다. 그리고 그날에 완성됩니다. 하나님의 세계, 하나님의 역사, 하나님의 말씀을 비웃고 조소하고 무시하고 소홀히 여기는 그들은 깜짝 놀랄 것입니다. 그것이 운명입니다. 예수님께서는 이 사건을 통해서 죽음에 대한 영적 진리를 우리에게 주십니다. 예수님께서 말씀하십니다. "죽은 것이 아니라 잔다." 죽으면 끝 아닙니까? 모든 것이 끝인데, 잔다니요? 끝이 아니라는 겁니다. 자는 사람은 깨어나야 되지 않습니까?

천국을 소망하는 온전한 믿음

참 놀랍게도 모든 종교에는 다 내세관이 있습니다. 보편적인 진리입니다. 그런데 각각의 내세관이 다 다릅니다. 무엇을 말합니까? 그 중 하나만 진짜라는 겁니다. 분명 그리스도인은 세상이 믿거나 말거나 확신합니다. 마지막 날 우리 모두는 하나님 앞에서 최후의 심판대 앞에 서게 됩니다. 그리고 천당과 지옥으로 갈라집니다. 그날의 심판이 우리 앞에 있습니다.

또한 예수님께서 우는 자들을 향하여 말씀하십니다. "울지 마라." 특별히 그리스도인이 더 그렇습니다. 사랑하는 가족이 죽었다면 울 수밖에 없을 것입니다. 저도 울 것입니다. 그러나 죽은 자를 위해서는 울지 마십시오. 그것은 불신앙입니다. 분명 예수 그리스도를 구주로 믿고 시인했다면 하나님 앞에 갔을 텐데, 예수 믿고 더 좋은 하나님의 영광 안에서 천국에 갔을 텐데, 자기나 잘하지 왜 웁니까? 그래서 예수님께서 말씀하십니다. "울지 마라, 어찌하여 우느냐? 잔다. 깨어날 것이다." 하나님의 계시를 나타내고 계십니다.

분명 우리 모두는 최후의 심판대 앞에 서며, 천국과 지옥의 삶을 선언 받습니다. 그래서 믿음으로 구원받은 자는 아무리 죽음이 자기에게 임하였다 하더라도, 아무리 죽음과 같은 시련이 있다 하더라도 원망하고 통곡하지 않습니다. 이 사람이 그리스도인입니다.

어느 가정에 믿음 좋은 신앙의 어머니가 있었는데, 이제 임종을 맞이하게 됩니다. 자녀가 여럿 있었습니다. 마지막으로 한 자녀 한 자녀 손을 잡고 마지막 당부를 하며 기도를 해줍니다. 아주 밝은 모습입니다. 그리고 끝으로 꼭 한마디씩을 해줍니다. "굿 나잇!" 다시 만나자는 것입니다. 아침에 천국에서 다시 만나자고 그렇게 하는데, 그런데 한 아들에게는 기도해주면서 마지막으로 "굿나잇!" 대신 "굿바이!" 하더랍니다.

마지막 임종의 순간이지만 아들은 묻지 않을 수 없었습니다. "어머니, 왜 제게만 굿바이라고 하십니까?" 그때 어머니가 말합니다. "다른 아이들은 다 예수 믿고 구원받았으니까 천국에서 다시 만나겠지만, 너는 예수님 믿지 않고 구원받지 못했으니까 이것이 마지막 아니니? 너랑 나랑 천국에서 못 만날 텐데 굿바이라고 인사하는 게 맞지 않니?" 그길로 이 아들이 회개하고 예수 믿고 구원받았답니다.

천국과 지옥은 있습니다. 정말 누가 믿거나 말거나, 하나님의 역사는 분명한 것 아닙니까? 그날이 있고, 그날을 향해 모든 인류는 갑니다. 그리스도인의 믿음과 소망은 바로 그 약속에 있습니다. 그 안에서 안심이 되고, 그 안에 평강이 있고, 삶의 충만이 있고, 기쁨이 있는 것 아니겠습니까?

시련을 극복하는 온전한 믿음

미국 대통령 트루먼이 은퇴 후 고향에 가서 기념도서관을 짓고 아이들과 함께 지내고 있던 어느 날, 한 소녀가 묻습니다. "할아버지, 대통령 할아버지, 할아버지는 저희들만 한 때도 참 훌륭한 분이셨겠네요? 학교에서 1등 하셨죠? 반장 하셨죠?" 그러자 트루먼은 겸연쩍은 표정을 지으면서 이렇게 답했다고 합니다. "사실 너희들보다 내가 훨씬 더 볼품없었다. 겁이 많아서 친구들이 소리를 지르면 깜짝 깜짝 놀랐고, 운동도 못했고, 눈이 나빠서 안경을 쓰지 않으면 책을 볼 수 없었단다." 소녀는 깜짝 놀랐습니다. "그런데 어떻게 할아버지가 대통령이 되셨어요?"

그때 트루먼이 남긴 유명한 말입니다. "나는 매사에 자신이 없었단다. 그래서 항상 쉽게 모든 것을 포기하곤 했지. 하지만 날마다 성경을 읽으면서 하나님께서 등 뒤에서 나를 밀어주고 계시다는 것을 알게 되었고, '내게 능력 주시는 자 안에서 내가 모든 것을 할 수 있느니라'는 빌립보서 4장 13절 말씀이 내 용기의 근본이 되었단다. 그래서 일단 일을 시작하면 끝까지 밀고 나갈 수 있었지. 그것이 바로 대통령이 된 원동력이란다."

죽음조차도 예수님의 말씀에 순종합니다. 일어나라 하시니 일어납니다. 말씀의 권위를 인정하고, 그 권위에 순종하는 자가 하나님의 자녀입니다. 그리스도인의 믿음과 소망은 오직 약속된 하나님의 말씀 위에 있어야 합니다. 그 말씀 안에서 세상을 향하여 정직하고 진실하게 말해야 합니다. Yes, 또는 No를 분명히 해야 됩니다. 온전한 믿음의 사람은 시련을 피해가지 않고, 시련을 겪어도 두려워하지 않습니다. 그 믿음으로 극복합니다. 온전한 믿음의 사람으로 변화되는 그 영적인 과정을 진리 안에서 느끼고 체험하며 하나님을 찬송하게 됩니다.

오늘도 주님께서 말씀하십니다. "두려워 말고 믿기만 하라." 사건을 통해서, 성경을 통해서 우리에게 말씀하십니다. "두려워 말고 믿기만 하라." 그리스도인은 부활신앙 안에서 하나님의 지혜와 능력을 기대하고 영접하고 체험하며 증거 하는 하나님 나라의 백성입니다. 여기에 진정한 평강의 삶, 위로의 삶, 희망의 삶, 행복의 삶, 영광의 삶이 약속되어 있습니다.

PRAYER

전지전능하신 은혜의 하나님, 하나님의 초월적 지혜와 능력 안에서 우리
로 하나님을 믿게 하시고, 오늘도 하나님 앞에 예배하는 우리 모두에게
하나님의 지혜와 놀라운 구원의 역사와 그 영광을 보게 하심을 진심으로
감사드립니다. 어떤 시련과 역경과 고통과 실패가 있다 하더라도 하나님
만을 신뢰하는 믿음의 삶으로 날마다 변화되어 온전한 믿음으로 하나님
께서 주신 소망을 내 것으로 만들며, 그 안에서 안심하고 기뻐하며 주를
찬송하는 은총의 삶을 살아갈 수 있도록 우리 삶을 주장하여주시옵소서.
우리 주 예수 그리스도의 이름으로 간절히 기도드립니다. 아멘.

11_딸아, 평안히 가라

하나님의 말씀_마가복음 5 : 25 – 34

열 두 해를 혈루증으로 앓는 한 여자가 있어 많은 의원에게 많은 괴로움을 받았고 있던 것도 다 허비하였으되 아무 효험이 없고 도리어 더 중하여졌던 차에 예수의 소문을 듣고 무리 가운데 섞여 뒤로 와서 그의 옷에 손을 대니 이는 내가 그의 옷에만 손을 대어도 구원을 얻으리라 함일러라 이에 그의 혈루 근원이 곧 마르매 병이 나은 줄을 몸에 깨달으니라 예수께서 그 능력이 자기에게서 나간 줄을 곧 스스로 아시고 무리 가운데서 돌이켜 말씀하시되 누가 내 옷에 손을 대었느냐 하시니 제자들이 여짜오되 무리가 에워싸 미는 것을 보시며 누가 내게 손을 대었느냐 물으시나이까 하되 예수께서 이 일 행한 여자를 보려고 둘러 보시니 여자가 제게 이루어진 일을 알고 두려워하여 떨며 와서 그 앞에 엎드려 모든 사실을 여짜온대 예수께서 가라사대 딸아 네 믿음이 너를 구원하였으니 평안히 가라 네 병에서 놓여 건강할지어다

한 남자가 낯선 교외에서 운전을 하는 중에 길을 잃었습니다. 지도를 보면서 길을 찾아 봤지만 그만 도랑에 빠지고 말았습니다. 다행히 몸은 다친 데가 없었지만, 도랑의 진흙 속에 깊이 빠진 탓에 나오느라 애를 먹었습니다. 그는 거기서 간신히 빠져나와 도움을 청하려고 인가를 찾다가 한 농가를 발견했습니다. 그는 거기 사는 농부를 만나 도와달

라고 부탁했습니다. 그러자 농부는 밭에 있는 늙고 힘없는 노새를 바라보면서 이렇게 말합니다. "워릭이 도랑에서 그 차를 빼내줄 수 있을 겁니다." 그러나 도대체 믿기지가 않았습니다. 늙고 힘없는 노새가 어떻게 무거운 차를 꺼내줄 수 있다는 것인지 어리둥절하여 그는 노새와 농부를 번갈아 한 번씩 보았습니다. 다시 그 농부가 말합니다. "이 워릭이야말로 이 어려움에서 당신을 도와줄 겁니다. 워릭, 잘할 수 있지?"

기가 막히지만, 그의 처지에서는 속수무책이라 농부가 하는 대로 따를 수밖에 없었습니다. 그는 농부를 따라 늙은 노새와 함께 차가 빠진 곳으로 갔습니다. 거기서 농부는 차에 밧줄로 늙은 노새를 단단히 묶은 다음 고삐를 꽉 움켜쥐고 외칩니다. "당겨! 프레드, 당겨! 잭, 당겨! 테드, 당겨! 워릭, 당겨!" 그랬더니 정말 믿기 힘든 일이 벌어졌습니다. 그 늙은 노새가 너무나 쉽게 차를 빼낸 것입니다. 남자는 입이 딱벌어졌습니다. 어이가 없었으니까요.

그래 농부에게 감사를 표하면서 물었습니다. "어째서 저 노새의 이름인 워릭을 부르기 전에 그처럼 많은 다른 이름들을 부른 겁니까?" 그러자 농부가 웃으면서 이렇게 대답했다고 합니다. "사실 워릭은 늙어서 이제 눈이 거의 보이지 않는다오. 하지만 자신이 여럿이 함께하는 팀의 일원이라고 믿는 한 크게 힘을 내 열심히 끌어낼 것이기 때문에 그렇게 한 것이라오." 참 유익한 교훈이 담긴 이야기입니다. 여러분은 어느 팀에 소속되어 있습니까? 여러분은 누구와 함께 이 세상에서 하나님의 뜻을 이루며 살아갑니까?

인간소외의 현장들

미국의 경제전문지 「이코노미스트」가 이런 조사를 한 적이 있었습니다. 인터넷 포털 사이트를 통해 'loneliness(외로움, 고독)'라는 단어를 가장 많이 검색한 나라가 어디인가 하는 것입니다. 그 결과 1위가 아일랜드, 2위가 싱가포르, 3위가 뉴질랜드였습니다. 놀랍게도 삶의 질이 가장 좋다고 널리 인정된 나라들입니다. GNP도 높고, 지적 수준도 높고, 사회보장제도도 가장 잘 되어 있는, 그야말로 환경이 좋은 나라에서 사는 사람들이 실은 누구보다도 가장 고독하고 외로운 삶을 살고 있다는 놀라운 결과입니다. 왜 그렇습니까? 분명한 것은 이런 소유나 환경이 사람에게 행복을 주는 것은 아니라는 점입니다. 사회학자들이 일반적으로 공감하는 소외문제의 세 가지 공통적인 현상이 있습니다.

첫째가 자연으로부터의 인간소외입니다. 점점 더 도시화가 진행되면서 사람이 자연의 신비감을 느낄 수 없게 되었습니다. 사람과 자연과의 유대관계가 지속적이지 못합니다. 그러다보니 자신이 자연과 얼마나 많이 분리된 채 살아가는지 알지도 못할 만큼 소외당하고 있습니다. 분당에 사는 분들은 '천당 아래 분당'이라는 우스갯소리를 한다고 합니다. 왜 그렇습니까? 제가 알기로 그것은 조금이라도 자연과 더 가까이 있을 수 있기 때문이 아닐까요? 산도 있고, 탄천도 있고, 공원도 있고, 호수도 있으니 그만큼 자연과 함께 있습니다. 그러나 점점 더 인간은 자연으로부터 소외당해 비인격화된 삶을 살아간다는 것을 알아야 합니다.

둘째는 생산과정에서의 인간소외입니다. 오늘날에는 거의 모든 생산 공정이 기계화되어 있습니다. 이런 대량생산체제에서 노동자가 일을 하고 있습니다. 지식을 주기도 하고, 육체적인 봉사를 하기도 하고, 기술을 제공하기도 합니다. 그런데 임금을 받는 목적 외에는 별 의미가 없어져버렸습니다. 노동의 상품화입니다. 이것이 노동의 비인간화, 비인격화를 조장합니다. 일, 노동은 그 자체로 신성한 것입니다. 목적도 있고, 가치도 있고, 의미가 있습니다. 그러나 일, 노동이 그저 삶의 수단에 지나지 않는 것이라면, 단지 돈 버는 데만 필요한 것이라면, 출세하고 성공하는 데만 필요한 것이라면 그 삶은 참으로 불행합니다. 문제는 그조차도 느끼지 못하면서 그냥 묻혀가는 것입니다. 우리는 점점 더 소외당한 인격으로 오늘을 살아가고 있습니다.

셋째는 타인으로부터의 인간소외입니다. 사회제도의 조직화와 비인격화, 그리고 관료화의 상황에서 타인의 존재가 상품의 교환가치로만 인정됩니다. 예를 들어 내가 어느 점포에 갔는데 그곳 점원이 고객인 나를 왕처럼 대접해주고 나한테 너무나 친절하다면 그 이유가 무엇이겠습니까? 내 인격, 내 존재 때문이 아닙니다. 구매가치, 상품가치가 나한테 있기 때문입니다. 우리가 타인을 만날 때, 그 인간관계도 마찬가지입니다. 그 존재, 그 대상 자체가 소중한 것이 아니라, 나한테 그가 어떤 유익이 있을지를 따집니다. 이런 관점에서 상대방을 평가합니다. 비인격적인 관계입니다. 결국은 스스로 소외된 삶을 살아갑니다. 이것이 오늘 현대인의 삶입니다. 점점 더 고독해지고 외로워집니다. 의식을 하든 못하든 우리는 그런 소외당하는 삶을 살아갑니다.

인간소외 극복의 비결

하나님의 자녀인 그리스도인의 본향은 어디입니까? 이 세상이 아닙니다. 항상 기억해야 합니다. 하나님께서 약속하시는 그리스도인의 본향은 하나님 나라입니다. 천국입니다. 그 완성은 죽음 저 너머에 있고, 그 성취는 오늘 우리 삶 안에 있습니다. 하나님과 함께하는 삶, 삼위일체 하나님 안에 있는 삶, 그 천국의 삶만이 우리에게 완전한 행복과 기쁨과 만족을 줍니다. 그러나 이 세상에서는 죽을 때까지 고독하고 외롭고 소외당할 수밖에 없습니다. 항상 불완전합니다. 이것을 분명히 인식하고 살아가야 합니다.

그렇다면 이 세상에서 그런 소외감, 고독감, 외로움, 슬픔을 어떻게 극복할 수 있겠습니까? 성경은 아주 단순하게 진술하고 있습니다. 세 가지입니다. 먼저, 자신을 사랑해야 됩니다. 내가 나 자신을 포기하면 안 됩니다. 나를 소중히 여겨야 됩니다. 더 나아가, 이웃을 사랑해야 됩니다. 나 혼자서는 고독과 외로움을 떨쳐버릴 수 없습니다. 내가 그들을 사랑해야 됩니다. 그들을 배려해야 됩니다. 이웃에게 관심을 가져야 됩니다. 마지막으로, 하나님의 사랑에 대한 확신이 있어야 됩니다. 이것이 가장 중요합니다. 이것이 없다면 원인모를 두려움에 사로잡히게 됩니다. 불투명하고 불확실한 불안과 걱정, 염려 속에 살아가게 됩니다. 내면 깊은 곳에 있는 외로움과 고독과 소외감이 항상 나를 끌어가게 되기 때문입니다. 이것을 분명히 기억해야 합니다.

철저한 소외를 경험한 여인

오늘 본문에는 열두 해 동안 혈루증을 앓아온 한 여인의 이야기가 기록되어 있습니다. 성경에 나오는 사람들 가운데서도 가장 외롭고 불쌍한 여인입니다. 이 여인에게 기적이 일어났습니다. 하나님의 능력이 나타났습니다. 기적을 통해 하나님께서 계시하십니다. 그 메시지를 들어야 합니다. 물론 성경에는 우리의 상식에 비추어볼 때 이 혈루증보다 더 심한 병을 앓는 사람도 나옵니다. 태어나면서부터 시각장애인인 사람도 있고 앉은뱅이와 나병 환자도 있었습니다. 수많은 환자들이 등장합니다. 그런데 그들은 무리속의 한 귀퉁이에서라도 예수님께 외쳤습니다. "나를 불쌍히 여겨주소서! 나를 고쳐주소서!" 하지만 이 여인은 입도 못 벌립니다. 입조차도 벌릴 수가 없습니다. 이것이 오늘 본문의 상황입니다. 이것이 이 여인의 처지입니다.

혈루증이란 여인병은 이른바 하혈병입니다. 여인이 어째서 그런 병에 걸렸는지 원인은 모릅니다. 성경에 따로 기록이 없으니까 알 수 없습니다. 몸이 쇠약해서일 수도 있고, 암 때문일 수도 있고, 성병 때문일 수도 있습니다. 어쨌든 그 원인은 알려져 있지 않습니다. 중요한 것은 이것이 그 당시 몹시 부끄러운 병이었다는 사실입니다.

더욱 비극적인 것은 그 병 자체보다 그 병에 대한 진단이요 판단입니다. 레위기 15장 25절에서 27절까지를 보면 그 당시 하나님께서 이 병을 가장 부정한 병으로 판단하셨다는 것을 알 수 있습니다. 그래서 병 자체보다는 그 병이 주는 무게감, 그 억압이 너무나 힘들었습니다. 그 당시 이 병을 앓는 사람은 사회에서 철저히 소외당합니다. 모든 인간관계가 단절됩니다. 어떤 모임에도 갈 수 없습니다. 더욱이 종교적으로도 철저히 금지당합니다. 예배에조차 나갈 수 없습니다. 왜 그렇습니까? 부정한 자이기 때문입니다. 그 부정이 감염된다고 여겼기 때문입니다. 한마디로 이 여인은 가장 철저히 소외당한 외로운 여인입니다.

그러니 얼마나 그 병을 고치고자 노력했겠습니까? 할 수 있는 것은 다했습니다. 그것이 오늘 성경기록에 나타납니다. 그래서 본문 26절은 이렇게 기록합니다. "많은 의원에게 많은 괴로움을 받았고 있던 것도 다 허비하였으되 아무 효험이 없고 도리어 더 중하여졌던 차에." 할 수 있는 것은 다했지만, 병은 더 심해졌습니다. 이제 하나님께로부터 단절되고, 이웃관계도 단절되고, 자기 자신으로부터도 단절되었습니다. 존재감이 없었습니다. 스스로도 버려진 존재입니다. 본문에서도 여인은 많은 무리 속에 있습니다마는 존재감이 없었습니다. 알려서도 안됩니다. 스스로도 잊고 있습니다. 기껏해야 예수님 뒤로 가서 옷자락 하나 잡는 것뿐입니다.

얼마 전에 한 교인이랑 식사를 했는데, 식당이 있는 건물의 로비에서 만나 잠시 대화를 나누다가 바로 옆의 식당으로 들어갔습니다. 그런데 같이 있던 남편분이 아내에게 어디로 간다는 말을 깜박 잊고 안한 것입니다. 한 5분쯤 뒤에 아내가 식당을 찾아들어오더니 뼈있는 말을 합니다. "당신은 아내의 존재감을 잊어버린 사람이네요." 아내인 자기의 존재감을 무시했으니 용서할 수 없다는 것입니다. 그렇게 웃으면서 한마디 하니까, 이 남편이 너무나 당황하고 미안해하더라고요. 재미있는 상황이지만, 그때 제가 생각한 것은 '그 부인, 참 고독한 사람이구나. 소외당한 사람이구나' 하는 것이었습니다. 남이 보기에 부럽지 않게 삽니다. 그러나 스스로는 외로움과 고독 속을 헤매고 있습니다. 그래도 자존감은 있어서 자기를 무시한다고 화를 낸 것입니다.

그런데 오늘 본문의 여인은 아예 존재감조차 없었습니다. 얼마나 불쌍한 사람입니까? 그런 여인이 어느 날 예수님의 소문을 들었다고 성경은 기록합니다. "예수의 소문을 듣고(27절)" 웬 젊은 청년이 능력이 있어서 앉은뱅이를 일으키고 병자를 고치는 이적을 행한다는 소문을 들었습니다. 그것뿐입니다. 여인은 거기에 최후의 희망을 걸고 그분께로 나아갑니다.

여기에 굉장히 중요한 영적 원리가 있습니다. 인간은 자신의 한계상황에서 최후의 희망을 품을 때 하나님을 만나고, 하나님의 말씀을 듣습니다. 그렇지 못하면 하나님께서 항상 함께 계셔도 알지 못하고, 그 말씀이 들려와도 듣지 못합니다. 느끼지를 못합니다. 그 한계상황이 환경일 수 있습니다. 그러나 더 나아가서는 사고의 한계상황을 항상 체험해야 합니다. 내 문제, 어떤 고통의 문제를 해결하고 싶어서 기도를 하지만, 어느 책이나 어느 의사에게 아직도 무슨 다른 좋은 답이 있다고 생각한다면 이것은 한계상황이 아닙니다. 정말 나 자신이 무지하고 무감각하고 무능력하다는 그런 한계상황에서 하나님의 말씀을 듣게 됩니다. 항상 하나님께서는 이와 같이 역사하십니다.

불완전한 믿음을 위한 사랑

예수님을 찾아온 이 여인의 믿음은 온전한 것이 아닙니다. 불완전한 믿음입니다. 구원받을 만한 믿음이 못됩니다. 그러나 그 마음은 진실합니다. 최후의 희망입니다. 그 믿음의 본질은 참됩니다. 그 간절한 마음으로 하나님의 말씀을 듣고 하나님을 만납니다. 그래서 오늘 본문 27절, 28절은 이렇게 기록합니다. "예수의 소문을 듣고 무리 가운데 섞여 뒤로 와서 그의 옷에 손을 대니 이는 내가 그의 옷에만 손을 대어도 구원을 얻으리라 함일러라."

앞에 나가서 말도 못합니다. 앞이나 옆에서 손을 잡을 수도 없습니다. 아니, 손은커녕 뒤에서 몰래 옷이나 잡으려는 것입니다. 그 최후의 희망, 그 간절함, 여인의 그 마음, 그 중심, 그 믿음을 생각해보십시오. '지금이 아니면 다시는 기회가 없다. 예수님께서 그냥 지나가시면 나는 끝이다.' 그 두려움과 떨림 속에서 정말 간절한 마음으로 은총을 구합니다. 이것이 경건입니다. 하나님께서는 항상 경건한 자를 만나주십니다.

제가 예배를 위해서 기도 담당자와 함께 예배당 안으로 들어갈 때, 항상 뒤에서 잠깐 기도하고 나서 꼭 한 말씀을 드립니다. 예배당 안에서 기도하고 설교하려고 하면 떨리거든요. 무척 긴장이 됩니다. 저도 20년 가까이 설교를 해왔지만 때마다 긴장됩니다. 왜 그렇습니까? 하나님 앞이니까요. 그래서 꼭 이 말씀을 드립니다. "사람을 생각하면 자꾸 긴장이 됩니다. 그러나 하나님만 생각하면 긴장이 경건으로 바뀝니다." 한마디로 거룩한 긴장감이 있어야 됩니다. 하나님께서 그를 찾고 만나주십니다.

예수님께서 이제 그 여인을 찾으십니다. 그리고 말씀하십니다. "누가 내 옷에 손을 대었느냐(30절)" 이 상황을 생각하면 좀 우스운 말씀입니다. 제자들도 말하지 않습니까? 사람들이 많은 큰 무리 속입니다. 그런데 누가 내 옷에 손을 대었느냐고 물으십니다. 예수님께서 지금 무엇을 하고 계신 것입니까? 정말 누군지 몰라서 물으시는 것입니까? 아니면 누군지 궁금해서 찾으시는 것입니까? 호기심에서요? 전혀 아닙니다. 여기에 예수님의 마음이 있습니다. 예수님의 은총이 있습니다. 더 큰 은혜를 주시기 위함입니다. 그 몸 하나 치유 받고, 자신의 기도 하나 응답받는 차원을 넘어서는 일입니다.

예수님께서는 더 신령한 복을 주시기 위해서 여인을 찾으십니다. 수많은 무리 중에 벌써 예수님을 만졌고, 피부에 손이 닿은 사람도 있었습니다. 그런데 성경은 분명히 기록합니다. 오직 한 사람만 예수님께서 만나주셨습니다. 일대일로 만나주셨습니다. 경건한 마음, 간절한 마음, 불완전하나 최후의 희망을 품고 하나님의 은총을 구하는 그 마음을 불쌍히 여기어 만나주십니다. 비록 죄인이지만, 버려진 자이지만, 스스로 자기 자신을 포기한 사람이지만 예수님께서는 그를 만나십니다.

우리가 지금 교회에서 예배를 드립니다. 누구를 만나러 왔습니까? 친구 만나러 왔습니까? 저 만나러 왔습니까? 아닙니다. 우리는 하나님을 만나 뵙고자 왔습니다. 하나님의 말씀을 듣고, 내 기도의 응답을 듣고, 하나님의 뜻을 분별하기 위해서 이 자리에 왔습니다. 하나님께서 원하시는 것은 간절함입니다. 경건한 마음입니다. 그가 누구든 상관없습니다. 불완전한 믿음을 가졌든, 완전한 믿음을 가졌든 중요한 것은 경건입니다. 성경은 말씀합니다. "처음 된 자가 나중 되고, 나중 된 자가 처음 되느니라." 경건을 잃으면 다 잃은 것입니다. 예배는 오직 경건한 예배뿐입니다.

모든 종교가 예배를 드립니다. 모든 교회가 예배를 드립니다. 그러나 하나님께서 기뻐하시고 인정하시고 함께하시는 예배는 오직 하나, 경건한 예배뿐입니다. 신령과 진리로 드리는 예배뿐입니다. 내가 기쁘고, 내 마음이 즐거운 축제가 아니라, 오직 하나님을 인정하고, 하나님의 긍휼을 구해야 합니다. 이것이 마지막 기회라는 그 마음으로 하나님 앞에 있는 간절함, 그 경건한 자의 마음을 하나님께서는 기뻐하십니다. 예수님의 관심이 바로 여기에 있습니다. 이 여인에게 있습니다. 그 마음의 중심에 있습니다. 그 많은 무리들이 함께 있지만, 들어도 듣지 못하고, 보아도 보지 못합니다.

한 사람을 찾으시는 사랑

지금 예수님께서는 야이로의 집에 가고 계십니다. 야이로는 그 당시 유명한 사람입니다. 지식인이요 지도자입니다. 그런 사람의 딸이 지금 죽어갑니다. 그래서 그 집에 가고 계십니다. 아주 중요한 일입니다. 그러나 예수님께서는 멈추십니다. 그리고 찾으십니다. 이 경건한 여인을, 이 소외당한 여인을, 오직 긍휼만을 구하는 이 여인을 찾고 계십니다. 이것이 그리스도인의 마음이요, 우리가 본받아야 할 그리스도의 마음입니다.

이 세상의 관점에서 보면, 항상 세상이 관심을 기울이는 대상은 성공한 사람입니다. 인기 있는 사람이요, 유명인이요, 지식 있는 사람이요, 권력 있는 사람입니다. 우리의 본성이 다 알고 있습니다. 그러나 하나님께서 관심을 기울이시는 대상은 그와는 전혀 다른 사람입니다. 성공한 사람도 아니요, 실패한 사람도 아닙니다. 어느 급, 어느 류가 아닙니다. 인기가 있느냐 없느냐, 지식이 있느냐 없느냐의 문제도 아닙니다. 젊었느냐 늙었느냐의 문제도 아닙니다. 하나님께서 보시는 것은 경건이요, 간절함입니다. 최후의 희망을 품고 나타난 이 여인과 같은 마음을 지닌 사람을 찾고 계십니다.

그래서 하나님의 사람 아우구스티누스는 유명한 말을 남깁니다. "내가 이해할 수 없는 가장 놀라운 신비 중의 하나는 하나님께서 나를 사랑하신다는 사실이다. 나를 사랑하시되 마치 사랑할 만한 사람이 나밖에 없는 것처럼 나를 사랑하신다. 내가 지구상에 살고 있는 유일한 생존자라 할지라도 그분은 여전히 나 하나를 위해서라도 기쁘게 십자가에 달려 돌아가실 것이다. 참으로 이상하다. 하나님께서 나를 사랑하신다니."

하나님께서 모든 인간을 사랑하신다고 성경은 계시합니다. 그리스도인만이 그것을 믿습니다. 구원받을 만한 믿음은 하나님께서 살아계시고, 하나님께서 죄인을 사랑하심을 믿습니다. '나를 사랑하신다.' 그 사랑에 대한 확신, 그 믿음 위에서는 어떠한 슬픔과 고통과 외로움과 고독과 소외감도 문제 될 수 없습니다. 그래서 하나님의 사람 칼 바르

트는 말합니다. "이 십자가는 우리에게 두 가지 사실을 계시한다. 하나는 내가 얼마나 큰 죄인인가 하는 것이고 또 다른 하나는 내가 얼마나 소중한 존재인가 하는 것이다." 하나님의 관심과 사랑은 경건한 자, 바로 그 사랑을 믿는 하나님의 자녀에게 항상 나타납니다. 이 예수님의 마음과 관심과 사랑을 느끼고 여인이 변화됩니다. 오늘 본문은 말씀합니다. "그 앞에 엎드려 모든 사실을 여짜온대(33절)."

이 얼마나 놀라운 일입니까? 한 마디도 입을 뻥끗 못했는데, 단 둘만 있는 자리도 아닌 그 큰 무리가 있는 데서 이 존재감 없는 여자가 부끄러워하지도 않고 감사하며 두려운 마음으로 모든 사실을 아뢰었습니다. 변화되었습니다. 자존감이 생겼습니다. 용기의 사람으로, 믿음의 사람으로 변화됩니다. 이것이 그리스도인의 정체성입니다.

하나님께로부터 고통과 시련, 더 나아가 고독과 외로움과 소외 문제에 대한 해답을 얻고자 원한다면 하나님의 방법 안으로 들어와야 됩니다. 하나님의 지혜안에서 답을 구해야 합니다. 이 여인과 같이 고독과 철저한 소외감과 외로움, 그 고통과 슬픔의 과정을 통해서 하나님을 만나고, 하나님의 말씀을 듣고, 하나님의 사랑을 확증하게 됩니다. 이것이 이적 중의 이적입니다.

하나님의 평강이 임하는 자리

오늘날 복음이 너무나 잘못 전해지고 있습니다. 예수 그리스도만 믿으면, 성령 충만하면 외로움도 고독도 다 사라지고, 항상 기쁘고 충만해진다고 이야기하지만, 가짜복음입니다. 사탄의 복음입니다. 우리의 본향은 하나님 나라, 천국입니다. 이 세상에서는 죽을 때까지 고독과 외로움과 소외감과 슬픔과 고통을 겪고 살아갑니다. 그러나 하나님께서는 그 과정을 통해서 역사하십니다. 이것이 성령의 인격적 역사입니다. 마술과 기계론적 그림을 그리지 마십시오. 로버트 브라우닝 해밀턴(Robert Brownign Hamilton)의 시가 있습니다. 아주 짧지만 제게 정말 큰 영감을 준 시입니다.

> "나는 쾌락과 함께 1마일을 동행했네.
> 쾌락은 함께 걷는 내내 조잘조잘 거렸지만
> 나는 하나도 지혜로워지지 않았다네.
> 그녀는 그저 지껄이기만 했네.
> 나는 슬픔과 함께 1마일을 동행했네.
> 슬픔은 단 한마디도 말을 하지 않았다네.
> 그러나 오, 슬픔이 나와 함께 걸었을 때
> 내가 그녀에게 배운 것들이란!"

외로움과 소외감, 고독안에서 하나님께서는 역사하십니다. 하나님을 만나 뵙고, 하나님의 음성을 듣고, 하나님의 사랑을 확증하게 됩니다.

이제 예수님께서 이 여인을 향하여 말씀하십니다. "딸아 네 믿음이 너를 구원하였으니 평안히 가라 네 병에서 놓여 건강할지어다(34절)." 가장 소외되고 철저히 단절된 그를 향하여 '딸'이라고 하십니다. 사랑하시는 딸이니까요. 하나님의 자녀로 인정해주시면서 말씀해주십니다. "네 믿음이 너를 구원하였다. 평안히 가라." 이는 하나님의 평안입니다. 하나님의 지혜와 능력과 평강이 그에게 임합니다. 얼마나 놀라운 일입니까? 이 고독과 상실, 외로움의 과정을 통해서 하나님을 만난 자에게 하나님께서 주시는 은총입니다.

성경은 계시합니다. 하나님의 사랑은 완전하고 영원하며 거룩한 은혜의 선물로 우리에게 주어집니다. 그런데 그리스도인만 믿습니다. 중생한 그리스도인만이, 하나님의 자녀만이 그 사랑으로 내가 하나님의 자녀가 된 신분을 얻었음을 믿고 고백하며 오늘을 살아갑니다. 이 세상은 모릅니다. 이것이 비극이요, 불행입니다. 그런고로 그리스도인은 하나님께 속했고, 하나님과 함께 이 시대를 살아갑니다. 하나님께서는 우리가 죄와 허물이 가득한 이 부패한 세상에서 하나님과 함께 하나님의 사랑으로 충만하여 하나님의 뜻을 이루며 이 시대를 살아가기를 원하십니다. 우리가 겪는 외로움과 소외감과 고독과 슬픔은 세상이 끝날 때까지, 우리가 죽는 그날까지 계속 갈 것입니다. 없기를 기대하지 마십시오. 왜 그렇습니까? 우리의 본향은 하나님 나라이기 때문입니다. 오직 예수 그리스도 안에 있을 때에만, 오늘도 하나님의 말씀을 들을 때에만, 그 확신과 사랑이 있을 때에만 우리는 담대하게 믿음으로 승리합니다.

그러나 분명한 한 가지 사실이 있습니다. 이것이 가장 큰 우리의 위로요 자랑이요 기쁨입니다. 우리가 시련 중에 고독해하고, 상실감으로 슬퍼하고, 고통 중에 있을 때 가장 슬퍼할 사람이 누구입니까? 바로 하나님이십니다. 왜냐하면 그분이 우리를 사랑하시기 때문입니다. 사랑하는 사람이 아플 때 가장 애통해하고 슬퍼하며 가슴 아파할 사람은 그를 사랑하는 사람입니다. 하나님께서는 분명히 말씀하십니다. "내가 너를 사랑하노라." 독생자를 이 세상에 내어주신 그것이 사랑의 징표입니다. 그분이 오늘도 가장 애통하는 마음으로 가슴 아프게 지켜보고 계십니다. 하나님이 함께하십니다. 하나님께서는 마음의 문을 열고 경건한 마음으로 하나님 앞에 나온 자에게 하나님의 임재의 확신과 말씀을 주시고, 사랑의 확증의 역사를 오늘도 일으키십니다. 그리고 말씀하십니다. "딸아, 평안히 가라. 딸아, 평안 할지어다."

PRAYER

전지전능하신 은혜의 하나님, 하나님의 초월적 지혜와 사랑 안에서 하나님의 자녀가 되었지만, 오늘도 불신앙 가운데에 스스로 버려진 것처럼 고독해하고 소외감을 느끼고 외로워하며 불안과 염려 중에 살아갈 수밖에 없는 이 미련한 죄인을 주여 용서하여주시옵소서. 그러나 그 고독과 외로움과 소외의 과정 중에 사랑하시는 하나님께서 함께하시며, 하나님의 자녀를 만나주시고 말씀하시며, 하나님의 사랑을 확증시켜주시는 놀라운 주의 역사를 바라보며 믿음으로 영접하고 하나님의 사람으로 회복하는 하루하루, 믿음의 승리가 있도록 우리를 붙드사, 하나님의 뜻을 이루며 하나님께 영광 돌리는 권세 있는 자의 삶을 회복토록 우리를 지켜주시옵소서. 우리를 하나님의 자녀로 부르시고, 하나님의 사람 되게 하시옵소서. 우리 주 예수 그리스도의 이름으로 간절히 기도드립니다. 아멘.

12_오병이어의 기적

하나님의 말씀_요한복음 6 : 5 - 15

예수께서 눈을 들어 큰 무리가 자기에게로 오는 것을 보시고 빌립에게 이르시되 우리가 어디서 떡을 사서 이 사람들로 먹게 하겠느냐 하시니 이렇게 말씀하심은 친히 어떻게 하실 것을 아시고 빌립을 시험코자 하심이라 빌립이 대답하되 각 사람으로 조금씩 받게 할지라도 이백 데나리온의 떡이 부족하리이다 제자 중 하나 곧 시몬 베드로의 형제 안드레가 예수께 여짜오되 여기 한 아이가 있어 보리떡 다섯 개와 물고기 두 마리를 가졌나이다 그러나 그것이 이 많은 사람에게 얼마나 되겠삽나이까 예수께서 가라사대 이 사람들로 앉게 하라 하신대 그 곳에 잔디가 많은지라 사람들이 앉으니 수효가 오천쯤 되더라 예수께서 떡을 가져 축사하신 후에 앉은 자들에게 나눠 주시고 고기도 그렇게 저희의 원대로 주시다 저희가 배부른 후에 예수께서 제자들에게 이르시되 남은 조각을 거두고 버리는 것이 없게 하라 하시므로 이에 거두니 보리떡 다섯 개로 먹고 남은 조각이 열 두 바구니에 찼더라 그 사람들이 예수의 행하신 이 표적을 보고 말하되 이는 참으로 세상에 오실 그 선지자라 하더라 그러므로 예수께서 저희가 와서 자기를 억지로 잡아 임금 삼으려는 줄을 아시고 다시 혼자 산으로 떠나 가시니라

성경의 기적을 믿지 않는 한 선생님이 있었습니다. 그래서 학생들에게 이렇게 말했습니다. "성경에 나타난 기적은 진짜로 있는 것이 아니

다. 하나의 설화다. 예를 들면 모세가 이스라엘 백성을 이끌고 홍해를 건넜다고 그러는데, 그런 일은 있을 수가 없다. 그 홍해의 깊이는 6인치밖에 안 되는 갈대 늪이었다. 어떻게 그런 기적이 있을 수 있겠느냐." 이 말이 끝나자마자 한 학생이 소리를 칩니다. "기적을 인하여 하나님께 영광을 돌립니다!" 이 말에 선생님이 기분이 나빴습니다. 그래서 "뭐가 기적이냐? 한번 말해봐라" 따져 물었습니다. 학생은 이렇게 대답했다고 합니다. "애굽의 그 큰 군대가 홍해에 빠져 죽었다고 하는데, 어떻게 6인치 밖에 안 되는 낮은 늪에 그들이 빠져 죽었다는 말입니까? 그것이야말로 하나님만이 하실 수 있는 기적 아닙니까?"

기독교 출판사에서 나온 대다수의 성경지도는 출애굽의 역사에서 이스라엘 백성은 홍해를 건넌 것이 아니라 그 옆의 갈대밭을 지났다고 표기하고 있습니다. 매우 참담한 일이지만, 이것이 사실입니다. 그 이유를 이렇게 설명합니다. 즉 홍해란 영어로 'Red Sea', '붉은 바다'입니다. 그런데 그 표기를 잘못했다는 것입니다. 원래는 'Reed Sea', 즉 '갈대밭'이라는 것이죠. 이것은 어떻게든지 그 사건을 이성적으로 설명해 보려고 애쓴 결과입니다.

기적을 믿지 않는 세상

오늘 본문에 '오병이어'라고 하는 놀라운 기적이 기록되어있습니다. 불행한 것은 기독교인임에도 불구하고 다른 기적은 좀 믿는데, 특별히 구약의 홍해가 갈라진 기적과 신약의 오병이어 기적은 잘 믿지 않습니다. 이런 일이 어떻게 가능하냐고 의문을 가집니다. 나름대로 생각해보면 여기에는 이런 면이 있습니다. 즉 물이 포도주가 되는 변화는 질적인 변화로 뭔가 좀 가능하다고 생각하는 것입니다. 어떤 때 보니까 마술사도 이 정도는 하더라고요. 그러니까 이런 질적이고 화학적인 변화가 나타나는 기적은 상상 속에서는 어지간히 있을 법한데, 오병이어의 기적은 도무지 상상조차 잘 안 되는 것입니다. 물고기로 오천 명의 배를 채우려면 최소한 만 마리는 있어야 할 텐데, 도대체 어떤 방식으로 물고기 두 마리가 그만한 양으로 불어났겠느냐는 것입니다. 상상이 안 되는 것이지요. 그래서 나름대로 이것은 아니라고 치부하고, 그 기적의 메시지가 담고 있는 의미만 생각하는 정도로 그치는 신앙생활을 하는 사람들이 너무나 많습니다.

가톨릭의 유명한 신부께서 이 오병이어 사건으로 설교를 하신 적이 있었습니다. 한마디로 오병이어 사건은 기적이 아니라 사랑의 메시지라는 것입니다. '이런 기적이 어떻게 가능합니까?' 물으면서 인간에게는 이성이라는 것이 있으므로 그것을 있는 그대로 믿는다면 미련한 사람이 된다는 것입니다. 그래서 그분은 말하기를 이 기적은 예수님의 마음이요, 사랑이 나타난 메시지라고 말합니다. 그리고 이 본문에서 예수님의 축사와 감사기도에 초점을 맞춥니다. 그러면서 이렇게 예수님께서 기도하셨을 것이라고 말했습니다. "여기 많은 군중들의 마음을 열어주소서. 하나님, 감사합니다." 그러자 사람들이 예수님의 이 기도에 충격을 받고 닫고 있던 마음을 활짝 열어서 몰래 숨겨놨던 도시락을, 자기 혼자 먹으려고 숨겨왔던 도시락을 다 꺼내놓았다는 것입니다. 어떻게 보면 자기는 굶을지도 모르지만, 그것을 거리낌 없이 내놓았다는 것입니다. 그러다보니 넘치게 내놔서 다 먹고도 열두 광주리나 남았다는 것입니다. 따라서 오병이어의 진정한 뜻은 나누면 나눌수록 더 풍요로워진다는 데 있다는 것입니다. 이것이 오병이어의 메시지라는 것입니다.

하지만 이것은 한마디로 불신앙입니다. 참 애통한 마음을 누를 길이 없습니다. 기독교 안에서도 이런 일이 많습니다. 참 존경받는 분들, 저도 존경하는 유명한 신학자들도 이 대목에서는 빗나가더라고요. 이 부분을 이성적으로 설명하는 것입니다. 이것은 불신앙입니다. 성경은 하나님의 말씀과 역사의 기록입니다. 그 모든 것이 기적입니다. '보이지 않는 하나님께서 살아계신다. 하나님께서 말씀하시고 역사하시고 구원을 일으키신다.' 그 자체가 기적입니다. 성령의 감화 감동 충만하심 속에 하나님의 사람이 지목되어 그를 통해 기록된 것입니다. 성경의 권위는 하나님의 권위입니다. 그대로 믿는 자가 복이 있습니다.

이 유명한 오병이어의 기적은 마태, 마가, 누가, 요한복음, 사복음서에 유일하게 모두 다 기록된 기적입니다. 사복음서에 빠짐없이 다 기록되어 있는 것을 보면 이 오병이어의 기적이야말로 가장 큰 기적이요, 많은 실제 증인들이 있는 기적입니다. 왜냐하면 죽은 자를 살리셨거나, 포도주를 물이 되게 하셨거나, 병자를 고치신 기적들은 목격자가 얼마 되지 않습니다. 직접 체험한 사람이 적습니다. 하지만 오병이어의 기적은 무려 오천 명이 넘는 사람들이 직접 체험했습니다. 목격자가 오천 명입니다. 굉장한 사건입니다.

기적을 믿지 않으면 불신앙입니다

기적은 인간의 편에서 보면 항상 불가능한 것입니다. 그래서 기적을 생각하면 놀랍고, 경이롭고, 기이하고, 두려운 것이지요. 그러나 하나님 편에서 생각하면 쉬운 것입니다. 자연스러운 것입니다. 하나님의 역사의 방편이요, 당연한 것입니다. 그런고로 기적을 행하시는 그분의 관점에서 기적을 보아야 합니다. 그러면 항상 자연스럽습니다. 하지만 행할 수 없는 입장에서 보면 항상 당혹스럽고, 이상하고, 믿을 수 없는 사건입니다. 그 자체가 기적입니다. 그리스도인은 성경에 나타난 하나님의 능력과 신비, 그 기적 자체를 믿고 구하고 고백하며 증인으로 살아가야 합니다. 왜냐하면 하나님께서 하신 일이기 때문입니다.

성경에 천지창조로부터 요한계시록까지 기적 아닌 것이 어디 있습니까? 하나님의 존재와 역사, 그 모든 것이 기적입니다. 그분이 인간을 사랑하시는데 그것도 죄인인 인간을 사랑하신다는 것은 기적 중의 기적입니다. 나 같은 사람을 하나님의 자녀가 되게 하셨다는 것도 기적입니다. 어떻게 믿음으로 하나님의 자녀가 되고 천국에 가는 것입니까? 그것이 기적입니다. 어떻게 그 길을 알고 그 지혜를 알았습니까? 그것이 기적입니다. 또한 우리 같은 죄인이 어떻게 구원받아 기도하여 하나님과 소통합니까? 기적입니다. 인간의 이성으로는 설명할 수 없는 기적입니다. 그런고로 기적을 믿지 않으면 불신앙입니다. 기적을 구하지 않는 것은 미련한 삶입니다.

그리스도인은 이미 기적 안에 있고 기적을 믿고, 바라며, 기적을 증거 하는 사람입니다. 그런데 여기서 핵심은 바로 무엇을 위해서 기적을 구하느냐는 것입니다. 이것은 사활을 거는 문제입니다. 나의 필요를 위해서, 나의 소원을 위해서 기적을 구합니까? 아니면, 하나님의 뜻을 이루기 위해서, 하나님께 영광 돌리기 위해서 기적을 구합니까? 분명한 것은 그리스도인은 하나님의 뜻을 이루기 위하여 기적을 구하며 살아갑니다.

기적을 주시는 이유

오늘날 교회 안에서 보면 이 기적을 강력하게 구하는 데 떼를 쓰는 무리들이 많습니다. 구하는 것은 잘못이 아니지만, 떼쓰는 것은 잘못입니다. 만일 하나님께 영광 돌리기 위해서, 하나님의 뜻을 이루기 위해서 구하는 것이라면 떼쓸 필요가 없지 않습니까? 왜 떼를 씁니까? 그런데 이것이 내 필요와 내 소원을 이루기 위함이라면, 그런 본심이 그 안에 있다면 아무리 하나님의 영광을 위한다고 표현해도 결국 떼쓰는 게 됩니다. 꼭 하나님의 능력, 그 기적이 나타나야 된다는 것입니다. 이런 믿음을 신학적으로 이른 바 '믿음운동'이라고 합니다. 이것은 잘못된 것입니다. 믿음의 형태만 있고 본질이 없습니다. 이것을 분별해야 합니다.

하나님께서 그 능력을 기적으로 우리에게 나타내실 때는 두 가지 보편적인 이유가 있음을 성경은 보여줍니다. 하나는 불쌍히 여기실 때 하나님께서 기적을 일으키십니다. 능력을 나타내십니다. 성경 전체를 보아도 항상 '불쌍히 여기사', '민망히 여기사'라는 말씀이 성경구절로 나와 있습니다. 저들이 믿느냐 믿지 않느냐가 문제가 아닙니다. 꼭 믿어야 된다? 천만의 말씀입니다. 하나님의 보편적인 역사는 불쌍히 여기시면 믿지 않는 사람도 낫게 해주시고 능력을 주신다는 것입니다. 왜냐하면 회개하게 만드시기 위해서입니다.

다음 이유는 계시입니다. 강력한 메시지를 주시려는 것입니다. 하나님께서는 인간을 너무나 잘 아십니다. 저나 여러분이나 그냥 말씀만 주시면 금방 잊어버립니다. 하지만 기적을 통해서 주시면 잊어버리지 않습니다. 기적을 통해서 메시지를 기억하게 하시려는 것입니다. 이것이 하나님의 은혜와 자비입니다. 그래서 기적을 행하십니다.

피하신 예수님

오늘 본문을 보면 오천 명이 배부르게 먹었다고 나와 있습니다. 상상해보십시오. 그것도 겨우 떡 다섯 개와 조그만 물고기 두 마리입니다. 그것으로 오천 명이 배부르게 먹었습니다. 게다가 남은 것이 열두 광주리나 되었습니다. 한번 상상해 보십시오. 정말 홍해가 갈라지는 듯한 엄청난 이적이 나타납니다. 그래서 그 이적에 놀라서 큰 무리들이, 그 목격자들이 이렇게 고백합니다. "이는 참으로 세상에 오실 그 선지자라 하더라(14절)." '메시야가 오셨다.' 이것입니다.

유대인에게는 메시야 대망사상이 있었습니다. 그래서 하나님께서 하나님의 백성을 구원하시기 위하여 이 땅에 오시리라는 것을 수천 년간 믿고 기다렸습니다. 그러니 이런 오병이어의 기적을 행하실 수 있는 분은 오직 메시야밖에 없다고 생각한 것입니다. '그 선지자다! 구약에 나타난 그 선지자가 왔다!' 난리가 난 것입니다. 나아가 고백뿐만 아니라 직접 행동을 취합니다. 그래서 15절에 보면 예수님을 왕으로 삼고자 합니다. 그들이 예수님을 억지로 붙들어 임금 삼으려 했습니다.

이쯤 되면 예수님께서 기뻐하셔야 되는 것 아닙니까? '하나님의 영광이 나타났다. 드디어 이들이 믿음을 가졌구나.' 뭐 이래야 되는 것 아닙니까? 그런데 오늘본문 15절은 이렇게 말씀합니다. "그러므로 예수께서 저희가 와서 자기를 억지로 잡아 임금 삼으려는 줄을 아시고 다시 혼자 산으로 떠나 가시니라." 그 많은 무리들이 억지로 예수님을 왕으로 삼으려고 붙잡습니다. 하지만 예수님께서는 그들을 피하십니다.

왜 그러셨겠습니까? 이들의 마음이 잘못되었기 때문입니다. 이들의 믿음이 나빴습니다. 그들은 자신들의 필요가 충족됐고, 더 나아가 앞으로 자신들의 소원을 이루어주실 분은 예수님밖에 없다고 생각했습니다. 오늘 이 시대도 보십시오. 세상에 식량문제, 정치문제, 경제문제를 해결한다고 하면 정말 왕 아닙니까? 그러나 하나님이신 예수님께서는 그런 일을 하지 않으십니다. 왕으로 모신다고 그래도 피하십니다. 깊이 생각해야 합니다.

예수님 없는 기적

어느 병원에 두 명의 정신과 의사가 있었습니다. 한 사람은 나이 많은 의사고, 다른 한 사람은 젊은 의사입니다. 그런데 두 사람 다 출근할 때는 항상 단정하게 넥타이를 맨 정장 차림으로 활기차게 갑니다. 하지만 퇴근할 때는 모습이 다릅니다. 젊은 의사는 항상 지치고 힘들어서 기진맥진 헝클어진 모습으로 직장을 떠나는데, 나이 든 의사는 출근할 때랑 똑같은 것입니다. 항상 활기차고 지치지를 않습니다. 이 젊은 의사가 그 비결이 너무나 궁금하여 물었습니다. "어떡하면 선생님처럼 하루 종일 환자와 대화를 나누고도 전혀 지치지 않을 수 있습니까?" 그랬더니 그 노의사가 이렇게 대답하더랍니다. "간단하네. 나는 전혀 듣지 않거든."

저는 이것이 하나님과 인간의 상황이라고 생각합니다. 수없이 성경을 통해서 드러나고, 설교를 통해서 나타나고, 자기 스스로 하나님 말씀을 듣습니다. 하지만 듣기는 들어도 진짜로 듣지는 않습니다. 잘못된 믿음입니다. 분명 하나님께서 계시고, 하나님을 믿는다고 고백하면서도 정작 하나님의 뜻은 모릅니다. 하나님께서는 분명 구원의 역사를 일으키시기 위하여 예수 그리스도 안에서만 오직 하나님의 자녀가 될수 있고, 십자가를 통해서만 그 일이 이루어짐을 말씀하고 계신데, 인간은 끝없이 십자가는 싫다고 합니다. 하나님 예수님 성령님은 다 좋은데, 십자가는 싫습니다. 이제 십자가를 믿고 구원받았으니, 살면서는 십자가가 없었으면 좋겠다는 것입니다. 끊임없이 십자가 없는 삶만을 기대하고, 이 세상의 번영과 평안과 안정만 생각하고, 자신의 필요와 소원만을 구하는 그 중심은 성경에 나오는 이 큰 무리들과 다를 바가 없습니다.

오늘 본문에서 예수님께서는 자신을 높이려는 무리를 피하십니다. 결국 이 큰 무리들은 결정적일 때 예수님을 십자가에 못 박으라고 소리 지르는 무리들이 됩니다. 우리도 마찬가지입니다. 복음과 진리는 절대 대중적 인기와 인정과 칭찬을 받을 수 없습니다. 정말 하나님의 말씀을 바르게 전하고, 바르게 선포하고 증거하고 산다면 믿지 않는 사람은 돌을 던지고 죽이려고 들 것입니다. 우리는 이 사실을 분명히 알아야 합니다.

기적의 핵심: 예수 그리스도

이 오병이어의 기적을 통해서 하나님께서 메시지를 주십니다. 여기에는 수많은 메시지가 있습니다. 대표적으로는 하나님의 긍휼이 임한 것입니다. 더 나아가서 영혼구원뿐만 아니라, 인간의 궁핍함과 육신의 연약함을 돌보시는 예수님의 마음과 사랑이 가득 나와 있습니다. 또한 감사를 통해서 이적이 나타나는 지혜도 있습니다. 그 조그만 물고기 두 마리와 떡 다섯 개가 뭐 그리 쓸모 있겠습니까? 그런데도 예수님 손에 붙들리면 놀라운 역사로 나타납니다. 수많은 메시지가 있습니다마는, 요한복음 6장 전체를 통해서 이 사건을 기록하며 주시는 가장 큰 메시지는 '예수 그리스도'입니다. 그 존재를 말씀하십니다. 그분이 구주시요 구세주이심을 선포합니다.

사람들은 산으로 도망가신 예수님을 찾아서 그 다음날까지 헤매고 다닙니다. 그리고 결국은 만납니다. 그때 예수님께서 이렇게 말씀하십니다. 26절, 27절입니다. "예수님께서 대답하여 가라사대 내가 진실로 진실로 너희에게 이르노니 너희가 나를 찾는 것은 표적을 본 까닭이 아니요 떡을 먹고 배부른 까닭이로다 썩는 양식을 위하여 일하지 말고 영생하도록 있는 양식을 위하여 하라 이 양식은 인자가 너희에게 주리니 인자는 아버지 하나님의 인치신 자니라." 썩지 아니할 영생을 주는 양식을 구하는 그 믿음으로 살라고 말씀하십니다. 예수님께서 바로 그 것을 주러 온 것이라고 말씀하십니다.

또한 35절에서 말씀하십니다. "예수께서 가라사대 내가 곧 생명의 떡이니 내게 오는 자는 결코 주리지 아니할 터이요 나를 믿는 자는 영원히 목마르지 아니하리라." 이것은 성만찬 때 우리가 인용하는 말씀입니다. 생명의 떡, 영생의 떡은 예수 그리스도 자신이고 그 존재라는 메시지를 이 놀라운 기적을 통해서 주십니다.

또 40절에서 말씀하십니다. "내 아버지의 뜻은 아들을 보고 믿는 자마다 영생을 얻는 이것이니 마지막 날에 내가 이를 다시 살리리라 하시니라." 하나님의 뜻과 경륜이 오직 예수 그리스도 안에 나타났음을 선포합니다.

그리고 63절에서 말씀하십니다. "살리는 것은 영이니 육은 무익하니라 내가 너희에게 이른 말이 영이요 생명이라." 오직 말씀과 성령의 역사를 말씀하십니다. 그런데 사람들은 오히려 이 말씀을 듣고는 다 도망갑니다.

믿음의 핵심: 예수 그리스도

진정한 믿음이 무엇입니까? 구원받은 믿음은 바로 여기에 있습니다. 예수 그리스도, 그 존재에 만족하고 감사하고, 그 가치를 아는 것입니다. 그래서 행복하고 기뻐하고 증거하는 것입니다. 그러면 구원받지 못한 잘못된 믿음은 어떻습니까? 존재에 만족하지 않습니다. 비록 존재는 인정할지 모르지만, 더 중요한 것이 있다고 생각합니다. 그래서

'능력을 받아야 된다. 무엇인가 이루기 위해서는 능력이 내게 임해야 된다'고 하는데, 이것이 잘못된 믿음입니다. 왜 그렇습니까? 없으면 계속 원망과 불평 중에 살아갈 수밖에 없기 때문입니다. 문제는 그 중심에 있습니다.

그런고로 '예수 믿으면 만사형통한다. 성공한다. 부귀를 얻는다. 명예롭다. 건강하다'는 것은 다 거짓말입니다. 그 능력이 하나님께 있지만 하나님께서 안하십니다. 왜 그렇습니까? 바른 믿음을 주시기 위해서 입니다. 먼저 예수 그리스도의 존재 안에서 감사하고 행복하고 만족해야 됩니다. 하나님 앞에서 우리 한번 솔직하게 얘기해보십시다. 나의 감사, 나의 만족, 나의 소망, 나의 기쁨, 나의 행복은 정말 어디에 있는 것입니까? 예수 그리스도의 존재 그 자체에 있는 것입니까? 아니면, 그로부터 능력이 올 것을 기대하면서 뭔가를 이루기 위한 그곳에 있는 것입니까?

하나님의 사람 토저(A. W. Tozer)는 '우리의 보물이 무엇인가?'라는 주제로 네 가지 기본질문을 던집니다. 첫째, 내가 가장 아끼는 것은 무엇인가? 둘째, 내가 가장 잃고 싶지 않은 것은 무엇인가? 셋째, 생각이 자유로울 때 내 생각을 가장 많이 차지하는 것은 무엇인가? 넷째, 내게 가장 큰 낙이 되는 것은 무엇인가? 이 네 가지 질문에 대한 대답에 있어 예수 그리스도가 없으면 예수 그리스도를 모르는 것입니다. 그 존재의 만족과 감격을 모르는 것입니다.

오늘 본문에서 "그 선지자다! 왕이 되소서!" 하고 외치며 따르는 무리와 하나도 다를 바가 없습니다. 우리는 기억해야 합니다. 예수님만이 하나님께로 나아갈 수 있는 유일한 통로요, 예수님만이 하나님이 누구신지, 하나님께서 어떻게 하나님의 지혜와 능력을 주시는지, 하나님의 뜻이 무엇인지 알 수 있는 유일한 통로입니다. 예수님만이 하나님의 자녀가 되어 천국에 가고 영광을 누릴 수 있는 유일한 통로입니다. 그 외에는 없습니다. 전혀 없습니다.

예수 그리스도의 핵심: 십자가

주 예수 그리스도의 핵심은 십자가입니다. 성경은 분명히 말씀합니다. '십자가만이 지혜와 능력이다. 십자가가 하나님의 지혜와 능력이다.' 여기서 생각해보십시오. 천지를 창조하실 수 있는 전지전능하신 하나님, 오병이어의 기적을 일으키시는 그 하나님께서 왜 십자가에 죽으시는 것입니까? 왜 그 무능력과 수치의 상징인 십자가를 능력이요 지혜라고 말하는 것입니까? 그것은 하나님의 기적이기 때문입니다. 능력을 행하실 수 있는 분이 안하신 것 자체가 기적입니다. 우리로 하여금 믿음을 주시기 위해서, 구원받게 하시기 위해서, 참된 믿음으로 하나님 앞에 하나님의 지혜와 능력으로 살아가는 사람으로 만드시기 위해서 그렇게 행하십니다.

감리교의 창시자인 요한 웨슬리의 유명한 고백이 있습니다. 그가 쓴 일기를 보면 '나는 회심하고 중생을 체험하기 전에도 선교사였으며, 예수 믿는 사람이었다'는 글이 나오는데, 실제로 그는 예수 믿는 영국 사람인데 미국에 가서 선교사 생활을 오랫동안 했습니다. 그 일에 대해 나중에 이렇게 고백합니다. "나는 예수를 열심히 믿었고, 온갖 교회

일에 몰두했다. 그러나 그 당시에는 아들의 믿음이 아니요 종의 믿음을 가졌다. 종의 믿음은 억지로 하는 것이다. 아들의 믿음은 은혜요 축복이다."

구원받은 믿음은 아들의 믿음을 갖습니다. 하나님의 자녀 됨, 이미 이 기적 안에 있고 이 기적 안에 살아갑니다. 그것을 증거하는 자가 복 있는 자입니다. 하나님께서 그와 함께하시며 그를 증인으로 쓰셔서 역사하십니다. 성경 전체는 예수 그리스도 한 분을 증거 합니다.

그리스도인, 곧 하나님의 자녀는 예수 그리스도만이 길이요, 진리요, 생명임을 믿습니다. 그 모든 것이 기적입니다. 아니, 그 지혜와 진리를 아는 것 자체가 기적입니다. 그래서 기적을 꿈꾸고, 기적을 구하고, 기적을 증거하며 오늘을 살아갑니다. 하나님의 영광을 위하여, 하나님의 뜻대로 되기를 간구하며, 모든 삶을 하나님께 의탁하며, 주어진 삶에서 예수 그리스도로 인하여 감사하고 찬송하며 살아갑니다. 그리할 때 하나님께서 그와 함께 역사하십니다. 하나님의 지혜와 능력이 그와 함께 나타날 것입니다. 우리 모두는 이 놀라운 기적의 역사, 구원의 역사의 증인입니다.

PRAYER

전지전능하신 은혜의 하나님, 하나님의 초월적 지혜와 사랑 안에, 그 기적 안에 살면서도 기적에 대한 불신으로 기적을 구하지도 아니하고, 기적을 구하나 떼쓰며 구하고, 나의 필요, 나의 소원이 이루어지기 위하여 구하는 이 미련하고 어리석은 불신앙의 삶을 용서하여주시옵소서. 오직 예수 그리스도의 존재 자체로 만족하고 기뻐하며, 그 말씀에 감사하며, 하나님의 능력과 그 기적을 구하는 자로 하나님께 영광 돌리는 복되고 권세 있는 자의 삶을 회복토록 우리의 삶을 주의 길로 인도하여주시옵소서. 우리 주 예수 그리스도의 이름으로 간절히 기도드립니다. 아멘.

13_믿음이 작은 자의 실상

하나님의 말씀_마태복음 14 : 25 ～ 32

밤 사경에 예수께서 바다 위로 걸어서 제자들에게 오시니 제자들이 그
바다 위로 걸어 오심을 보고 놀라 유령이라 하며 무서워하여 소리 지르
거늘 예수께서 즉시 일러 가라사대 안심하라 내니 두려워 말라 베드로가
대답하여 가로되 주여 만일 주시어든 나를 명하사 물 위로 오라 하소서
한대 오라 하시니 베드로가 배에서 내려 물 위로 걸어서 예수께로 가되
바람을 보고 무서워 빠져 가는지라 소리 질러 가로되 주여 나를 구원하
소서 하니 예수께서 즉시 손을 내밀어 저를 붙잡으시며 가라사대 믿음이
적은 자여 왜 의심하였느냐 하시고 배에 함께 오르매 바람이 그치는지라

세계적인 영성신학자였던 헨리 나우웬(Henri Nouwen)이 쓴 「가장 큰
선물」(Our greatest gift)이라는 책이 있습니다. 그 책에 나오는 그의 체
험담을 소개하겠습니다. 그가 독일의 서커스단에 있는 공중그네 팀의
리더인 로트라이히와 함께 나눈 대화입니다. 로트라이히가 이렇게 말
했습니다. "나는 공중날기를 할 때 나를 붙잡아주는 사람을 전적으로
신뢰합니다. 대중들은 나를 스타라고 생각하지만 진짜 스타는 나를 붙
잡아주는 파트너인 조우입니다. 그는 일초에 몇 분의 몇까지 맞출 만
큼 정확하게 내가 갈 자리에 와 있어야 하고 그때 나를 잡아주어야 합

니다. 공중에 나는 사람은 아무것도 하지 않습니다. 붙잡아주는 사람이 모든 것을 합니다. 이것이 공중날기의 비밀입니다."

헨리 나우웬이 그 말을 듣고 놀랐습니다. "어떻게 그것이 가능합니까? 그럼 당신은 아무것도 하지 않습니까?" 로트라이히가 대답합니다. "그렇습니다. 최악의 실수는 공중을 나는 사람이 붙잡아주는 사람을 잡으려드는 것입니다. 절대로 나는 조우를 잡으려들면 안됩니다. 만일 그렇게 하면 제 파트너의 손목이 부러지거나 내 손목이 부러져서 둘 다 떨어져서 끝장나고 맙니다. 단지 나는 붙잡아줄 사람이 나를 위해 제 자리에 와 있다는 것을 믿고 팔을 뻗을 뿐입니다." 참으로 놀랍고 지혜로운 대화입니다. 깊이 생각해보시기 바랍니다.

믿음의 요소

믿음은 믿음의 대상을 전적으로 신뢰하는 것입니다. 믿음의 대상의 존재와 능력과 사랑을 전적으로 신뢰하는 것이 바른 믿음입니다. 믿음의 관계에 있어서 주체는 나 자신이 아닙니다. 믿음의 대상입니다. 이 점을 항상 기억해야 합니다.

조직신학자로 널리 알려진 알리스터 맥그래스(Alister McGrath) 박사가 쓴 「회의에서 확신으로」(God is bigger than you think)라는 책이 있는데, 그 책에서 믿음의 세 가지 절대적 요소를 성경적으로 설명합니다. 함께 생각해보시기 바랍니다.

첫째가 하나님을 신뢰하는 것입니다. 이것이 먼저입니다. 하나님의 미쁘심과 선하심과 신실하심과 성실하심을 그대로 확신하는 것입니다.

두 번째로 믿음은 하나님과 예수 그리스도 그리고 인간의 본성과 운명에 대해 더 깊이 이해하는 것입니다. '저는 하나님을 믿습니다.' 이것으로 끝나는 게 아니고 하나님과 예수 그리스도와 하나님께서 행하신 일, 세상과 인간과 모든 그 깊은 본성에 대한 이해를 갖게 됩니다. 이해를 가지고 싶어 합니다. 그래서 믿음은 지성에 뿌리를 내려야 합니다. 믿음 안에서 생각이 바뀌고 지식이 변화되기 때문입니다.

세 번째로 믿음은 순종입니다. 믿음은 오늘의 삶 가운데서 우리로 생각을 넘어, 사색을 넘어 하나님의 뜻을 이루는 진리를 순종하는 데 집중하도록 힘을 주고 동기부여를 합니다.

여러분은 얼마나 온전한 믿음을 가지고 하나님 안에서 기뻐하며 하나님께 영광 돌리는 삶을 살아가고 있습니까? 하나님의 사람 조지 뮐러의 격언입니다. "하나님을 신뢰한다는 것은 모든 상황과 환경을 뛰어넘는 것이다." 이것이 진정한 믿음입니다.

기적이 일어나는 시간: 하나님의 때

오늘 본문에 이적이 기록되어 있습니다. 그것은 바로 바다 위를 건너고 큰 풍랑이 잠잠해진 것입니다. 이적은 계시입니다. 하나님께서 그의 뜻을 이루고, 그의 뜻을 보여 주기 위해서 능력을 나타내십니다. 나의 뜻, 우리의 뜻이 이루어지기 위해서 이적이 나타나는 것이 아닙니다. 이것을 기억해야 합니다.

본문을 보면 강한 바람과 큰 풍랑이 일어나고 있습니다. 제자들이 당연히 하나님께 기도했겠지요. 그런데도 여전히 그들은 큰 풍랑 속에서 두려움을 느끼고 있습니다. 이 일은 하나님의 뜻이 나타날 때까지 계속됩니다. 하나님의 때가 이르러야 하나님의 능력이 나타납니다. 바로 이 점이 우리가 깊이 생각해야 할 문제입니다.

사도행전을 보면, 사도들이 수많은 이적을 나타냅니다. 그러나 자기들이 원할 땐 나타나지 않습니다. 복음을 증거하고 잡혀가서 고문을 당하고 감옥에 들어가는데 그렇게 안 되길 바라지 않겠습니까? 그런데 자신들의 기대와는 달리 감옥에 있던 그 때 문이 열리고 땅이 흔들리고 하나님의 능력이 나타납니다. 모든 것이 하나님의 때에 나타납니다. 하나님의 뜻이 이루어지기 위해서 하나님의 능력이 임함을 계시하는 사건입니다.

그래서 하나님의 사람은 하나님의 능력을 구하기 전에 하나님의 뜻을 구합니다. 이것이 그리스도인의 소원이요, 기도여야 합니다. 나의 뜻, 우리의 소원을 이루기 위해서 하나님의 지혜와 능력을 구하는 것이 아닙니다. 그건 불신자의 마음이요 하나의 종교인에 지나지 않습니다. '하나님의 뜻이 나를 통해서 하나님의 때에 이루어지게 하소서. 하나님께서 나의 모든 시련과 고통을 아십니다. 하나님의 뜻대로 하옵소서.' 이것이 진정한 기도요, 그리스도인의 마음입니다.

믿음의 본질은 마음에 있습니다

믿음의 본질은 마음에 있습니다. 이것을 잊지 마시기 바랍니다. 이 간단한 것을 꼭 사탄은 뒤집어놓습니다. 믿음의 본질은 마음입니다.

그 마음이 하나님과 하나님의 말씀에 집중될 때 참된 믿음입니다. 그 마음이 하나님의 은혜와 능력을 기억하며 찬송하며 하나님의 뜻대로 이루어지기를 구하는 마음, 이것이 믿음입니다. 불신앙도 같은 원리입니다. 다른 곳에 원인이 있는 것이 아닙니다. 내 안에 불신앙이 있기 때문입니다. 마음이 문제입니다. 마음이 세상에 있고, 자기자랑과 자기유익, 자기소원에 있다 보니 그 마음의 생각과 언행이 잘못되어 가는 것입니다.

회개를 기억하시기 바랍니다. 그리스도인은 회개를 통해서 하나님의 자녀가 되고 날마다의 회개를 통해서 하나님의 은혜에 참여하는 자가 됩니다. 능력의 체험자가 됩니다. 회개가 무엇입니까? 마음이 변하는 것입니다. 다른 무엇이 아니라 마음이 변하는 것입니다. 세상과 나 자신을 향하던 마음이 하나님을 향하여, 신령한 세계로, 보이지 않는 약속과 영광을 향하여 집중됩니다. 그것이 회개입니다. 완전히 뒤바뀝니다. 그러다보니 그 마음에 새로운 생각과 소원과 새로운 지식을 갖게 됩니다. 그리고 새로운 삶을 살아가게 됩니다.

오늘 본문에서 베드로를 보세요. 자신의 눈앞에서 예수님께서 물 위를 걸어오시니까 나도 걷고 싶다고 합니다. 이것은 누구나 가지는 마음입니다. 그래서 예수님께서 "오라" 하시니까 정말 걷습니다. 깜짝 놀랐습니다. 그런데 문제는 빠져죽게 됐다는 것 아닙니까? 왜 이렇게 됐습니까? 마음이 문제입니다. 예수님만을 바라볼 땐 물위를 걷는 것이 가능했습니다. 그 말씀에 이끌려, 말씀이 능력이 되어서 가능했습니다. 그런데 바다를 보았습니다. 현실을 보았습니다. 큰 풍랑을 보았습니다. 이내 두려움으로 빠지게 됩니다. 이것이 고통이요 고난입니다. 우리 모두가 이런 악순환 속에 살아갑니다. 이것이 믿음이 작은 자의 실상이요 실존입니다. 그래서 예수님께서 말씀하십니다. "믿음이 작은 자여 왜 의심하느냐? 믿음이 작은 자여 왜 의심하느냐?" 우리 모두에게 주시는 주님의 음성입니다.

믿음은 욕망과 다릅니다

오늘 본문 말씀은 오병이어사건과 연관해서 생각해야 합니다. 왜냐하면 이 본문 바로 직전에 오병이어의 놀라운 기적이 나타났기 때문입니다. 겨우 물고기 두 마리와 떡 다섯 덩이로 남자만 오천 명이 먹고도 남은 것이 열두 광주리가나 되었습니다. 오늘날 역사 중 가장 큰 이적으로 보는 게 이 오병이어의 사건입니다. 온 세상의 경제문제를 해결한 것 아닙니까? 아무 일 안 해도 이렇게만 되면 그냥 먹고 잘사는 거 아닙니까? 그러니 그들이 예수님을 왕으로 삼고자 합니다. 요한복음 6장 15절에 따르면 '억지로 임금을 삼으려 했다'라고 기록되어 있습니다.

이 상황을 한번 생각해보시기 바랍니다. 이런 사건 속에 제자들의 마음은 어떻습니까? 열두 제자의 마음과 그들의 생각이 어떠했을까요? 말로 표현할 수 없었을 것입니다. 이미 다 끝났습니다. 다 되었습니다. 이제 로마에서 해방될 것이고, 전 세계를 지배하는 나라 될 것이고, 온 세상의 식량문제도 해결할 것이 분명합니다. 거기에다가 열두 제자는 예수님의 좌우편 높은 자리에서 통치자가 될 것입니다. 이제 모든 그림이 다 그려졌습니다. 그럴 거 아닙니까? 예수님의 능력을 통해서 그들의 소원이 이루어질 것입니다. 온 무리뿐만 아니라 제자들도 기대감에 벅차있습니다. 이 사건에 취해 있는 것입니다.

그런데 배를 타고 지금 예수님의 말씀대로 강을 건너는 중에 큰 시련을 겪습니다. 큰 풍랑을 통해서 고난을 겪습니다. 그런데 여기서 자신의 실존을 깨닫게 됩니다. 진정한 자신의 모습을 보게 됩니다. 한번 생각해보세요. 죽느냐 사느냐 하는 문제 앞에 모든 인간은 인생의 참 의미를 알고, 인생의 가장 소중한 것이 무엇인지 알고, 인생의 참된 성공이 무엇인지 알고, 영원이 무엇인지 알게 됩니다. 가장 귀한 것을 그 때 분별하게 됩니다.

30절에서 베드로를 보세요. "바람을 보고 무서워 빠져가는지라. 소리 질러 가로되 주여 나를 구원하소서." '주여 나를 구원하소서.' 이것 외에 원하는 것은 없습니다. 그 안에 있는 세속적인 욕망, 이기적인 탐심, 자신의 꿈나라를 위한 애국 이런 것은 싹없어졌습니다. 오직 하나입니다. "주여 나를 구원하소서."

여러분, 온전한 믿음에 세속적 욕망은 없습니다. 인류와 세상을 위한 업적, 공로, 유명, 성공, 건강도 없습니다. 온전한 믿음 안엔 오직 예수 그리스도만 있습니다. 그의 은총, 그의 능력만 바라봅니다. 그의 뜻이 이루어지기를 기도합니다. 나를 통해서 그의 뜻이 임하고 나타나길 기대합니다. 그래서 하나님 나라와 의를 먼저 구하며 하나님께 영광돌리는 삶을 소원하게 됩니다. 따라서 이 세상을 살아가는 동안에 시련과 고난은 반드시 필요합니다. 예수님의 제자들이 왜 이런 일을 겪습니까? 왜 수많은 고통과 고난의 시련을 겪습니까?

답은 하나입니다. 궁극적 답은 하나입니다. 하나님의 경륜 때문입니다. 하나님께서 허락하신 것입니다. 이 일을 통해 하나님께서 지금 뭔가 하고 계십니다. 하나님의 사람을 온전한 사람으로 지금 만들어 가십니다. 우린 결과를 다 압니다. 이 형편없는 제자들이 예수님께서 부활하신 후에 성령의 역사 가운데 완전히 새사람 되고 세상을 뒤집어 엎습니다. 이 형편없는 사람들이 하나님의 사람으로, 온전한 믿음의 사람으로 다 순교하고 맙니다. 이로 인하여 교회가, 기독교가 태동합니다. 이 일을 위하여 이런 일은 있어야 합니다.

온전한 믿음의 장애물

여러분, 신앙인에게 온전한 믿음의 가장 큰 장애물은 뭡니까? 우리 모두가 정말 온전한 믿음으로 살고 싶은데 내게 가장 큰 장애물이 뭐라고 생각하십니까? 많은 사람들은 생각합니다. 돈이 없어서, 능력이 없어서, 건강이 좀 없어서, 시간이 없어서, 환경이 나빠서, 지식이 없어서 등 많은 걸 생각합니다. 모두 나름대로 일리는 있습니다. 그러나 하나님께서 보시는 답은 아닙니다. 성경이 주는 답은 이것입니다. 바로 망각입니다. 하나님 은혜와 능력을 망각하기 때문에 불신앙에 빠지는 것입니다.

이런 이야기가 있습니다. 어떤 사람이 우편엽서에 한 구절을 적어서 보냈습니다. "사랑이 없으면 믿음이 없고 믿음이 없으면 평화도 없다." 참 아름다운 글입니다. 그런데 엽서가 반송돼 왔어요. 이런 글이 추가되었습니다. "주소가 없으면 배달이 없다." 아무리 지식, 능력, 환경이 좋아도 그 마음에 하나님이 없으면, 하나님을 인식하지 않으면 아무것도 아닙니다. 먼저 하나님의 존재와 능력과 은혜를 기억해야 믿음의 사람으로 살아갈 수 있습니다.

출애굽 사건은 구약에서 가장 많이 반복해서 기록한 사건입니다. 왜냐하면 너무나 많은 교훈을 주기 때문입니다. 엄청난 능력과 이적 가운데 한 민족이 출애굽 했습니다. 해방을 맞봅니다. 자유인이 된 것입니다. 그런데 그 기쁨이 한 달도 못 갑니다. 그렇게 하나님을 찬양하고 당장이라도 순교할 것처럼 말하다가도 막상 눈앞에 시련이 닥치고 고통이 있으니 원망 불평을 늘어놓습니다. 그 이유가 무엇입니까? 하나님께서 말씀하십니다. '너희들이 나를 잊었노라.' 십계명 제 1계명에 기록된 게 이것입니다. "나는 너를 애굽 땅 종 되었던 곳에서 인도하여 낸 여호와 하나님이시로다." 이걸 기억하는 게 십계명의 근본입니다. 따지고 보면 나머지는 부칙입니다.

우리 그리스도인에게도 마찬가지 아닙니까? 그리스도인이 누구입니까? 하나님께서 우리를 예수 그리스도의 십자가의 공로로 말미암아 오직 믿음으로 값없이 하나님 자녀 되게 하셨습니다. 나머지는 다 그다음 이야기입니다. 이걸 잊고 망각하면 아무것도 아닙니다. 제자들은 방금 오병이어의 기적을 체험했습니다. 아니, 그 전에 수많은 능력을 체험했습니다. 그런데 다 잊어버렸습니다. 큰 풍랑이 오니 그 현실에 사로잡혀서 죽느냐 사느냐 하며 두려움과 의심 속에서 불신앙의 삶을 보입니다.

여러분, 거듭난 그리스도인은 하나님의 은혜와 능력을 항상 기억하고 살아가야 합니다. 의도적으로 해야 됩니다. 왜 그렇습니까? 사탄은 이 사실을 자꾸 잊어버리게 하기 때문입니다. 아니, 우리 자신의 욕망이 그걸 잊어버리게 합니다. 그러나 성령은 기억하게 합니다. 이건 은혜와 진리 안에서 체험된 바입니다. 하나님의 자녀요, 새사람이요, 새 마음이 주어졌어요. 새로운 소원, 새로운 기도, 새로운 목적이 주어졌습니다. 우리는 이 사실을 기억하며 은혜 가운데 살아가야 합니다. 그렇지 못하면 출애굽 한 이스라엘 백성처럼 또한 제자들과 같이 두려움 속에 회의하며 불신앙 가운데 빠지게 됩니다.

하나님의 자녀는 항상 예수 그리스도께서 함께하심을 믿고 살아갑니다. 십자가에 돌아가신 예수님, 부활하신 예수님은 기독교 진리의 본질입니다. 그러나 이걸 넘어가야 합니다. 우리가 지금 기억하는 예수님은 부활하신 예수님이십니다. 하나님 우편에 계신 예수님입니다. 살아계신 예수님이 나와 함께하시고, 나를 보호하시고, 나를 기억하시고, 나를 하나님의 길로 인도하심을 기억해야 됩니다. 예수님께서 승천하시며 마지막 말씀을 주십니다. 마태복음 28장 20절의 말씀입니다. "볼지어다. 내가 세상 끝날까지 너희와 항상 함께 있으리라."

어떻게 이 말씀을 잊고 살아갈 수 있겠습니까? 모든 인류에게 하신 약속이 아닙니다. 오직 거듭난 그리스도인에게만 하신 약속입니다. 그래서 그리스도인은 기억해야 됩니다. 물론 눈으로 보이지 않습니다. 저도 안보여요. 그러나 주의 성령이 우리로 하여금 함께하심을 믿게 합니다. 은혜와 진리 가운데 우리와 함께 하시는 성령님을 확인합니다. 체험합니다. 거듭난 그리스도인은 반드시 이걸 기억하고 주와 함께 함을 기대하며 오늘을 살아갑니다.

믿음의 사람은 새롭게 된 사람입니다

오늘날 이 세상에 수많은 문제들이 있습니다. 경제문제, 북한문제, 정치문제, 교육문제 등 문제 아닌 것이 없습니다. 신문에 문제 아닌 게 어디 있습니까? 그러나 답은 한 번도 나온 적이 없습니다. 지금 내가 겪고 있는 문제도 많습니다. 고령화 사회의 문제, 여러 가지 무한경쟁의 시대로부터 겪는 문제 등 너무나 많습니다. 그러나 이런 모든 문제의 해결책이 뭡니까? 모든 인간은 해결책을 구합니다. 그래서 종교가 있고, 학교도 있고 나름대로 정치도 하는 겁니다.

하지만 이 모든 문제의 근본적인 해결책이 뭡니까? 나는 내 문제를 어떻게 해결합니까? 간단합니다. 내 방식으로 합니다. 이게 모든 인간의 공통된 모습입니다. 세상도 세상방식대로 해결합니다. 똑같은 원리입니다. 그래서 영웅이 나타나서 모든 문제를 해결해주길 기대합니다. 왕이든, 훌륭한 사상가든, 대통령이든 누군가 나타나서 우리 문제를 싹 해결해주길 바랍니다.

그러나 한 번도 된 적이 없습니다. 그런데 또 속아요. 또 될 것 같지만 된 것은 없습니다. 뛰어난 지식이, 뛰어난 세상의 구조가, 새로운 체제가 나타나서 번영된 자유 민주국가를 만들 것 같습니까? 하지만 그런 적은 없습니다. 우리는 이런 것에 잠깐은 속지만 결코 이러한 것들로는 문제가 해결되지 않습니다. 절대 없습니다. 그리스도인은 더 이상 속아서는 안 됩니다.

그러면 성경은 무엇이라 답합니까? 하나님의 답은 무엇입니까? 이 모든 세상의 문제의 해결책이 무엇입니까? 바로 예수 그리스도십니다. 우리는 이 사실을 바로 알아야 합니다. 창세전부터 하나님의 지혜로 고민하신 바입니다. 예수 그리스도 안에서 먼저 영혼이 구원받아야 됩니다. 새사람이 되어야 됩니다. 새 존재가 되어야 됩니다. 그렇지 않으면 아무리 해도 소용이 없습니다.

간단한 예를 들어보겠습니다. 성경 전체, 율법 전체를 예수님께서 요약해주십니다. "하나님을 전심으로 사랑하고 네 이웃을 네 몸과 같이 사랑하라." 이 두 가지만 지켜도 세상은 유토피아입니다. 전쟁, 폭력, 갈등은 물론 각 나라의 법과 제도도 다 필요 없습니다. 이것만 지키면 되는 것입니다. 그런데 그 사실을 모릅니다. 거기에다가 지키고 싶어도 지켜지질 않습니다. 이것이 세상의 문제입니다. 하나님께서 보시는 문제입니다.

새 마음이 필요합니다. 새로운 존재가 되어야 합니다. 하나님의 형상이 회복되어야 합니다. 예수 그리스도, 오직 그 안에서만 모든 문제의 답을 얻을 수 있습니다. 이것이 먼저입니다. 이 일을 행하신 하나님을 신뢰함이 먼저입니다. 하나님께서는 하나님의 자녀를 하나님의 동역자로 은혜 가운데 택하시고 하나님의 뜻을 이루시기 위해서 오늘도 하나님의 자녀를 사용하십니다.

어떤 성도가 추운 겨울날 길을 걷다가 지하철 입구에 갔더니 너무 춥고 배고파하는 노숙자들이 많더랍니다. 그 순간 눈물 흘리며 욱하는 마음에 하나님께 이렇게 말했답니다. "하나님 왜 이런 사람을 보고 계십니까? 대책을 세워주셔야지 이게 뭡니까?" 하도 답답해서 그랬겠지요. 잠시 후 하나님으로부터 응답이 왔습니다. "나는 이미 대책을 세웠노라. 네가 나의 대책이니라."

정말 그렇습니다. 예수 그리스도 안에서 이미 하나님의 답은 내려졌습니다. 역사를 깊이 생각해보시기 바랍니다. 온전한 믿음의 사람, 하나님의 사람으로 이만큼 변화돼갑니다. 그 사람을 통해서 하나님의 역사를 일으키십니다. 하나님 나라를 세우시고 하나님의 뜻을 완성시켜 가십니다.

새롭게 된 사람의 증거: 믿음

오늘 본문에서 제자들은 큰 물결과 풍랑 속에서 고통 받고 있습니다. 그때 주님께서 제자들을 향해 오십니다. "나니 두려워하지 말라. 내가 너와 함께하니 두려워하지 말라." 더 깊이 생각해보겠습니다. 지금 아직 풍랑이 끝나지 않았습니다. 제자들이 풍랑 속에서 두려워하는데 예수님께서 말씀하시는 겁니다. '내가 함께하니 두려워하지 마라.' 지금 이 보이는 세상 문제에, 내가 겪는 이 시련과 고통의 문제에 너무 집중하지 말라는 말입니다. '두려워하지 말아라. 내가 너와 함께한다. 부활하신 하나님, 오늘도 함께하신 하나님을 기억하라.' 그리고 생각하라는 것입니다.

저명한 윤리학자인 존 캐버너프(Jone Kavanaugh)가 캘커타의 '죽어가는 자들의 집'에 3개월간 봉사하러 갔습니다. 자신의 여생을 보낼 최선의 길에 대한 명확한 답을 구하기 위해서 그곳에 간 것입니다. 첫날 아침에 테레사 수녀를 만났습니다. 그녀가 말합니다. "무엇을 도와드릴까요?" "저를 위해 기도해주세요." "뭐라 기도해드릴까요?" "저는 지금 확실한 답을 구하고 있습니다. 그 답을 얻도록 기도해주세요." 수녀가 말합니다. "나는 그런 기도 못 합니다."

그러면서 이렇게 말합니다. "확실한 답이야말로 당신이 붙들 것이 아니라 오히려 놓아야 합니다." 그 말에 이 사람이 "그런데 당신은 확실한 답을 알고 있는 것처럼 항상 느껴지는데 왜 그렇게 말씀하십니까?"라고 묻습니다. 테레사 수녀의 말입니다. "확실한 답이란 내게 있어본 적이 없습니다. 내게 늘 있는 것은 신뢰입니다. 그러니 당신도 하나님을 신뢰하도록 기도해드리겠습니다."

오늘의 내 문제 해결이 먼저가 아닙니다. 우리는 먼저 전능하신 하나님을 기억해야 합니다. 그의 능력과 은혜 가운데 내가 하나님의 사람 되고 영원한 소망을 가진 존재임을 기억해야 합니다. 무엇보다 이 일을 가능케 하신 삼위일체 하나님을 먼저 신뢰해야 합니다. 거듭난 그리스도인의 마음은 세상에 있지 않습니다. 자기의 욕망에 있지도 않습니다. 자기의 꿈에 있지도 않습니다. 우리의 환경에 있지도 않습니다. 자신의 능력이나 한계에 있지도 않습니다.

새 마음의 초점은 오직 하나님의 능력과 은혜에 있습니다. 하나님께서는 온전한 믿음의 사람을 통하여 하나님의 역사를 이루십니다. 거듭난 그리스도인은 이 일을 확신합니다. 십자가에 달리신 하나님의 사랑이 나를 새롭게 하였고 그 사랑이 오늘도 나와 함께함을 믿습니다.

또한 그 믿음 위에 하나님의 뜻이 임함을 믿습니다. 그 믿음의 터 위에 하나님의 능력과 긍휼과 은혜가 나타날 것입니다.

PRAYER

전지전능하신 은혜의 하나님. 오늘도 주 안에서 성령의 인도하심 속에 하나님의 음성을 듣게 하시고 하나님 앞에서 주를 경외하며 주의 뜻을 구하게 하심을 진심으로 감사드립니다. 온전한 믿음으로 살기 바라나 세상 근심과 걱정으로 또한 자신 안에 있는 이기적인 욕망과 탐심으로 끝없이 두려움과 불안과 회의와 의심 속에서 스스로 불만족과 불행을 자초하는 미련한 인생을 용서하여 주옵소서. 예수 그리스도 안에 모든 인생의 문제의 답이 있음을 알고 오직 하나님만을 신뢰하며 이미 우리에게 베푸시고 허락하신 하나님의 능력과 은혜를 감사하며 찬송하며 오직 하나님 나라와 의를 먼저 구하는 복된 하나님의 자녀로 믿음으로 승리하는 삶을 살도록 우리를 항상 지켜주옵소서. 우리 주 예수 그리스도의 이름으로 간절히 기도드립니다. 아멘.

14_하나님이 하시는 일

하나님의 말씀_요한복음 9 : 1 - 7
예수께서 길 가실 때에 날 때부터 소경된 사람을 보신지라 제자들이 물
어 가로되 랍비여 이 사람이 소경으로 난 것이 뉘 죄로 인함이오니이까
자기오니이까 그 부모오니이까 예수께서 대답하시되 이 사람이나 그 부
모가 죄를 범한 것이 아니라 그에게서 하나님의 하시는 일을 나타내고
자 하심이니라 때가 아직 낮이매 나를 보내신 이의 일을 우리가 하여야
하리라 밤이 오리니 그 때는 아무도 일할 수 없느니라 내가 세상에 있는
동안에는 세상의 빛이로라 이 말씀을 하시고 땅에 침을 뱉아 진흙을 이
겨 그의 눈에 바르시고 이르시되 실로암 못에 가서 씻으라 하시니 (실로
암은 번역하면 보냄을 받았다는 뜻이라) 이에 가서 씻고 밝은 눈으로 왔
더라

인생의 중요한 교훈이 담긴 이야기 하나를 소개합니다. 한 남자가 배
를 타고 깊은 바다를 건너다가 표류하게 되었습니다. 한참을 바다 위
에서 헤매던 이 사람이 이제 하나님께 최후의 기도를 합니다. "제발 저
좀 살려주세요. 제발 저 좀 살려주세요." 그러자 갑자기 비바람이 몰아
칩니다. 이 현실 속에 이 남자는 화가 났습니다. 불평을 합니다. '안그
래도 죽을 판인데 더 빨리 죽이려나보다' 하고 원망합니다. 그러나 이

내 비바람이 잦아들고 다시 햇볕이 내리쬐었습니다. 이제 그는 목이 마릅니다. 심한 갈증으로 죽을 것만 같은 고통을 느끼던 끝에 그는 배 안에 고인 빗물을 마시고 갈증을 풉니다. 그러던 사이에도 바람이 계속 불어 배는 자꾸 움직여 마침내 육지 가까이에 다다르게 되었습니다. 그토록 불평했던 비바람이 결국 이 남자를 살린 셈입니다.

헨리 나우웬(Henri Nouwen)의 「춤추시는 하나님」(Turn my Mourning into Dancing)이라는 책에 이런 지혜의 글이 나옵니다. "인생의 중대한 질문 중 하나는 '내게 어떤 일이 벌어질 것인가'가 아니라 '어떤 일이 벌어지든지 나는 그 속에서 그것을 통해 어떻게 살 것인가'이다. 이것이 그리스도인의 삶의 사고방식이다." 그러면서 그는 자신의 차가 다른 사람의 차와 부딪친 교통사고를 예로 들어 설명합니다.

"그 사건으로 내 몸에 중상이 생겼을 뿐만 아니라 지독한 원한이 생길 수 있다. 그런 상황 안에서 이렇게 말할 수 있다. '그 사건 때문에 모든 것이 달라졌어. 이제 나는 성하지 못하고 인생은 고달플 거야. 끝났어.' 이렇게 생각하는 사람이 있는가 하면 똑같은 사건 안에서 '이 일이 새로운 삶을 향한 부름이 아닐까? 뭔가 새로운 것을 터득할 수 있는 계기가 아닐까? 이런 고통의 상처로 내가 타인의 고통을 알고 그를 섬길 수 있는 기회가 되지 않을까?' 하고 생각할 수도 있다." 여러분은 어떻게 생각하십니까?

이어 나우웬은 이렇게 말합니다. "상실 자체는 협상의 대상이 아니다. 그 상실을 삶으로 어떻게 풀어낼 것인가 하는 것만이 우리의 선택이 되어야 한다. 고난을 이해하는 열쇠는 인생이 주는 불편과 아픔을

밀어내지 않는 것이다."

여러분은 자신이 직면한 시련과 고통 역경 속에서 무엇을 생각하고, 무엇을 보고, 무엇을 선택하며 오늘을 살아갑니까? 거듭난 하나님의 자녀는 항상 하나님의 경륜 안에서 생각하고, 그 안에서 소명을 다시 회복하고, 하나님의 뜻대로 되기를 갈망하며 하나님께 영광 돌리는 삶을 선택하게 됩니다. 그래서 로마서 8장 28절에서 하나님이 말씀하십니다. "우리가 알거니와 하나님을 사랑하는 자 곧 그 뜻대로 부르심을 입은 자들에게는 모든 것이 합력하여 선을 이루느니라." 하나님의 은혜와 능력이 반드시 임하고, 하나님의 뜻대로 되리라는 것을 거듭난 그리스도인은 믿음으로 소망하고, 믿음으로 인내하며 오늘을 살아가게 된다는 말씀입니다. 이런 삶이야말로 지혜자의 삶이요, 승리자의 삶입니다.

죄와 벌

오늘 본문에는 이적이 기록되어 있습니다. 시각장애인이 치유되는 놀라운 이적입니다. 이적은 계시입니다. 불신자는 이적을 좇지만, 거듭난 자는 항상 계시를 좇습니다. 하나님의 능력을 통해서 강하게 나타내신 하나님의 뜻을 분별해야 합니다. 그 뜻 안에 능력이 나타나기 때문입니다. 이것이 하나님의 역사입니다. 여기 날 때부터 시각장애를 가진 사람이 있습니다. 선천성 질병입니다. 예수님께서 제자들과 지나가실 때 제자들이 이 사람을 가리켜 예수님께 여쭙니다. "누구의 죄로 인함이니이까? 그 사람의 죄입니까? 아비의 죄입니까?" 여러분은 어떻게 생각합니까?

이 질문 자체에는 전혀 문제가 없습니다. 훌륭한 질문입니다. 사건의 원인을 알고 싶어 하는, 그만큼 이성적이고 도덕적인 차원의 훌륭한 질문입니다. 유대인은 하나님의 선민입니다. 그들은 모든 고통과 질병의 원인이 죄에 있다고 믿었습니다. 이것이 유대인의 세계관입니다. 왜냐하면 구약성경이 그것을 말해줍니다. 죄인한테는 항상 벌이 따릅니다. 심판이 따릅니다.

대표적으로 바로왕이 그렇습니다. 출애굽 사건 때 한 번만이라도 하나님 말씀에 순종했으면 그런 엄청난 재난을 당하지 않았을 것입니다. 하지만 그는 열 번을 당하고도 모자라 급기야는 홍해사건을 당합니다. 수많은 사람들이 죽습니다. 죄에는 벌이 따릅니다. 하나님의 사람 삼손은 죄를 범했을 때 두 눈이 멀어 시각장애인이 됩니다. 죄로 인한 벌이었습니다. 그런가하면 이스라엘 역사가 말해줍니다. 구약성경 전체를 통하여 강하게 죄에 대한 하나님의 심판을 말씀합니다. 특별히 하나님께서 스스로 계시하시면서 말씀하십니다. "죄를 갚되 3, 4대까지 갚으리라." 분명 하나님께서 말씀하신 도덕률입니다. 율법입니다. 그래서 유대인은 모든 시련과 질병의 원인이 죄에 있다고 생각합니다.

사실 넓은 의미에서 보면 모든 인류가 그렇습니다. 재난이 있고, 지진이 있고, 폭력이 있고, 엄청난 사건이 있을 때 '뭔가 잘못됐을 거다' 하고 그 원인을 생각합니다. 그러나 우리는 성경을 다시 보아야 됩니다. 다시 하나님의 인도하심 속에서 이 사건을 생각해야 합니다. 여기에 그냥 보통 한 선천성 질병을 가진 사람이 있는 것이 아니라, 가장 불쌍한 사람이 있습니다. 태어나면서부터 시각장애인입니다. 할 수 있는 일이 아무것도 없습니다. 특히 그 당시에는 구걸밖에 없습니다. 평생 구걸해야 됩니다. 그 현재적 고통, 시련, 아무 소망도 없는 미래의 삶, 얼마나 불쌍합니까? 성경에 기록된 가장 불쌍한 대표적인 사람입니다. 여러분은 이 현실적인 고통을 얼마나 이해하면서 바라보고 계십니까?

누구의 죄 때문인가?

제자들은 이 현실을 바로 보지 못합니다. 도덕적 판단이 앞섰습니다. 따라서 그들은 철학적, 신학적 질문을 던집니다. '이것이 누구의 죄 때문입니까?' 과거로부터 그 죄를 물어야 현실의 문제를 해결할 것처럼 생각합니다. 이것이 세상의 방식입니다. 좋은 것 같지만, 어떻게 보면 이것은 사탄의 역사입니다. 한 번도 새로운 미래를 만들어본 적이 없습니다. 그 문제와 사건에 대한 도덕적 판단을 분명히 알아야 뭔가 해결될 것 같은데, 결국 그 미로에 빠지고, 그 자체가 문제가 됩니다. 여기에는 새롭고 창조적인 미래가 없습니다. 문제의 해결이 아닙니다. 깊이 생각해야 합니다.

그런데 예수님께서는 그 사건을 어떻게 보십니까? 예수님의 마음과 관점과 생각, 이것이 거듭난 그리스도인의 마음과 생각과 관점이 되어야 합니다. 예수님께서는 도덕적 차원에서, 철학적 차원에서 보지 않으셨습니다. 영적 차원에서 보셨습니다. 이것이 먼저입니다. 그래서 예수님께서는 말씀하십니다. 제자들의 질문에 대한 첫 대답입니다.

"아니다. 누구의 죄도 아니다."

이 '아니다'라는 말씀을 깊이 생각해야 합니다. 아무데나 써먹으면 안 됩니다. 분명 이 세상의 질병과 환난과 역경과 시련, 그 모든 것의 원인은 인간에게 있습니다. 죄와 타락으로 주어진 수많은 이유가 있습니다. 오늘 이 세상의 수많은 질병들, 죽음에 이르는 질병들이 다 결국은 인재 아닙니까? 폭력과 테러와 전쟁은 다 인재입니다. 더 나아가 환경적 재앙도 인재입니다.

그런데 지금 본문에서 예수님이 '아니다'라고 하시는 것은 그 사람의 특별한 죄, 특정한 죄 때문이 아니라는 것입니다. 이런 판단을 하면 안 된다는 것입니다. 예를 들어 오늘날 악인들도 많고, 하나님 안 믿는 백성도 많은데, 다들 잘 먹고 잘살지 않습니까? 다들 건강하고 똑똑하고 능력도 있습니다. 죄 하나하나로 따져서 하나님께서 벌을 하신다면 그것은 그 사람의 몫입니다. 그 사람이 벌을 받아야지요. 그런데 그런 것이 아니라는 것입니다. 그렇게 보면 안 됩니다. 절대 이렇게 보면 안 됩니다. 적어도 타인에 대해서는 절대 아닙니다.

고난에 대한 오해

종교개혁자 칼빈(John Calvin)은 남의 고통과 고난에 대한 세 가지 오류를 다음과 같이 말합니다. 첫째는 남의 고통을 꼭 죄의 문제로 보는 오류입니다. 그래서 불행과 시련과 고통이 죄와 항상 연결됩니다. 자신은 예외입니다. 오직 타인의 경우만 그렇습니다. 둘째는 남의 고통에 대한 이해라는 오류입니다. 비록 바른 도덕적 판단인 것 같지만, 사실 이해심은 없습니다. 그 사람의 상황에서, 그 현실의 고통에서 헤아리지 못합니다. 이 또한 오류입니다. 셋째는 자기는 항상 예외시하는 오류입니다. 근본적으로 다릅니다. 생각의 차원이 다릅니다. 이런 우스운 이야기가 있습니다. '내가 하면 사랑이요 로맨스고, 남이 하면 불륜이다.' 항상 이와 같은 차원이 오류라는 것입니다. 한 마디로 말해서 오류는 이기적인 교만입니다.

예수님께서는 이것을 가리켜 아니라고 하십니다. 분명 하나님께서는 죄를 심판하십니다. 그러나 그리스도인은 타인의 고통을 그와 같이 보면 안 된다는 것입니다. 예수님께서는 이에서 더 나아가 다음과 같이 말씀하십니다. "그에게서 하나님께서 하시는 일을 나타내고자 하심이라." 사건을 하나님의 역사라는 차원에서 보는 것입니다. 하나님의 신령한 세계를 바라보며 그 사건, 그 현실을 바라보기 시작하는 것입니다. 이것이 그리스도인에게 주어진 새로운 마음입니다. 이런 삶의 사고방식이 그리스도인이 배워야 할 하나님을 아는 지식입니다.

영국 왕 찰스 1세가 자기보다 한 살 많은 유명한 청교도 혁명의 주역인 올리브 크롬웰과 어린 시절을 같이 보냈다고 합니다. 어린 시절 그들은 서로 다투기도 하고, 싸우기도 했을 텐데, 이 찰스 1세가 자기가 왕자의 신분이라는 것을 알고 항상 거들먹거리고 거만하게 좀 잘못했나봅니다. 그래 다른 사람들은 다 피하는데 크롬웰은 달랐습니다. 어렸을 때부터 그는 왕자가 잘못만 하면 주먹으로 왕자를 실컷 팼습니다. 사람들이 말립니다. "어떻게 왕자를 때리느냐? 이놈아. 너 나중에 큰일 난다. 절대 그러면 안 된다." 하지만 그는 계속 그랬습니다.

그런데 정작 이 찰스 1세의 아버지인 국왕 제임스 1세만은 괜찮다며 그냥 내버려두었습니다. 사람들이 의아해서 물었습니다. 그때 왕이 대답합니다. "왕이 백성을 화나게 하면 어떻게 되는지 그 아이가 몸으로 깨달아야 될 것 아니오?" 여기에 하나님의 인격적 역사가 있습니다. 우리가 이렇게 한마디 한다고 순종하는 사람입니까? 몸으로 깨달아야 삶이 변화됩니다.

하나님이 하시는 일: 사랑과 긍휼의 일

이 하나님의 차원에서, 지금 신령하고 높은 차원에서 예수님께서 우리를 보고 계십니다. 하나님께서 하신 일의 첫 번째가 이것입니다. 하나님께서는 모든 일을 하나님의 사랑과 긍휼로 행하십니다. 이 성경을 보면서 하나님의 긍휼과 사랑의 역사가 안보이면 성령의 역사가 없습니다. 이것은 오직 거듭난 자만이 볼 수 있습니다. 얼핏 보면 구약성경이 죽고 죽이는 이야기 같지만 잘 들여다보면 그 안에는 하나님의 구원의 역사가 있고 사랑과 긍휼이 있습니다. 하나님께서는 우리로 하여금 깨우치게 하기 위해서 사건을 일으키십니다. 그러나 항상 보편적인 죄를 심판하지 않으십니다. 보편적 죄에 대한 심판은 최후의 심판에 있습니다. 거기에는 긍휼이 없습니다. 최후의 심판의 날에는 하나님의 말씀대로 죄값을 치르게 될 것입니다. 그것이 성경이 계시하는 바입니다.

그러나 하나님께서는 최후의 심판 이전까지 어떠한 일이 있더라도 끝까지 참으십니다. 따라서 하나님의 자녀인 우리도 아무리 악인들이 하나님은 없다며 조롱하고 핍박해도 끝까지 참아야 합니다. 하나님께서는 하나님의 사랑을 자녀에게 보여주는 것처럼 악인에게도 끝까지 하나님의 긍휼과 인애하심과 인자하심과 오래 참으심을 보여주십니다. 그리스도인은 은혜로 구원받았기 때문에 이것을 압니다. 그래서 그 믿음으로, 그 은혜로, 그 긍휼로 사건을 보아야 됩니다.

그런데 오늘 본문에서 예수님의 제자들은 전혀 그럴 마음이 없습니다. 그냥 도덕적 판단이 먼저입니다. '누구의 죄 때문입니까?' 그들에게는 이것이 문제이고 잘못입니다. 그를 긍휼과 은혜의 마음으로 보았으면 첫 번째 질문은 이러해야 됩니다. '어떻게 하면 저를 도울까요? 아, 참으로 불쌍하다.' 예수님께서는 그 전에도 시각장애인들을 치유하신 적이 많습니다. "예수님, 저 사람 꼭 좀 고쳐주세요." 이것이 하나님 자녀의 마음입니다.

그러나 제자들에게는 이 마음이 없습니다. 그냥 도덕적 판단만 있을 뿐입니다. 여기에는 새로운 미래가 없습니다. 하나님의 역사도 나타나지 않습니다. 여러분은 오늘 고통 받는 자를 보면서 또는 나의 시련과 역경을 보면서 어떤 차원에서 이 일을 먼저 봅니까? 현실적 고통 그 자체에 대한 이해가 먼저 선행되어야 합니다. 그리고 그 고통에 다가갈 때 하나님께서 함께하십니다.

하나님이 하시는 일: 하나님의 영광을 나타내는 일

또한 하나님께서 하신 일은 하나님의 영광이 나타나는 일을 뜻합니다. 이것은 하나님의 경륜 안에서 미래적 역사가 나타날 것을 예수님께서 말씀하신 것입니다. 성경을 보면 하나님께서 이적을 나타내실 때는 항상 하나님의 시스템이 있습니다. 먼저 불쌍히 여기십니다. 긍휼히 여기십니다. 그는 긍휼을 받을 만한 사람이 아닙니다. 그럼에도 불구하고 은혜를 베푸십니다. 불쌍히 여기십니다. 그 마음, 그 뜻이 있을 때 곧바로 능력이 임합니다. 하나님의 때에 능력이 임하고 하나님의 영광이 드러납니다. 하나님의 은혜를 받은 모든 사람이 하나님께 영광을 돌립니다. 예수님께서도 이와 같이 하셨습니다. 예수님의 모든 이적도 먼저 긍휼히 여기신 다음입니다. "민망히 여기사, 불쌍히 여기시어." 정말 가엾게 여기셨습니다.

도덕적 판단은 나중입니다. 그럴 때 하나님께서 능력을 보내주셨습니다. 그 결과 모든 자가 한마음과 한뜻으로 하나님의 영광을 찬양합니다. 하나님의 은혜와 긍휼, 곧 하나님의 영광이 나타납니다. 예수님께서는 그 사람을 보시면서 원인과 결과를 과거에서 묻지 않으셨습니다. 도덕적이고 철학적인 판단을 넘어서 영적 차원에서 미래적 사건으로 보셨습니다. '하나님께서 하시는 일이다. 하나님의 영광이 나타난 일이다'고 하시며 예수님께서 그를 불쌍히 여기시고 치료해주셨습니다.

사도행전을 보면 하나님의 사람 사도 바울이 복음을 증거 하러 다닙니다. 그러던 중 빌립보에 갔습니다. 거기서 하나님의 나라를 증거하는 등 정말 좋은 일을 했습니다. 그러던 어느 날, 그만 붙잡혀서 감옥에 들어갑니다. 심한 고통을 받습니다. 착고에 채워져서 지하의 차가운 감옥에 갇힙니다. 그 현실적 고통과 시련을 겪으며 그는 하나님의 경륜 안에서 생각하기 시작했습니다. 그래서 원망과 불평이 없었습니다. 사실 '하나님께서는 어디 계신가? 내가 오직 하나님의 뜻에만 순종했는데 왜 이런 핍박과 엄청난 고통 속에 있는가?'라며 불평 불만을 늘어놓을 수도 있는 일입니다. 그러나 그는 그것을 넘어서서 생각했습니다. 그리고 고난 중에 하나님께 감사하고 하나님을 찬양합니다. 이 고난을 뛰어넘은 감사의 자리에 기적이 일어납니다. 옥문이 열리고 그를 결박하던 것이 풀어집니다.

이 사건을 통해 바울은 간수장에게 복음을 증거 합니다. "주 예수 그리스도를 믿으라. 너와 네 가족이 구원을 얻으리라." 결국 간수장이 회개하고 하나님의 자녀가 되는 역사가 일어납니다. 이처럼 엄청난 사건, 미래적 경륜 안에 하나님께서 하실 일이 나타납니다. 예수님께서는 그런 영적인 차원에서 하나님께서 하신 일을 예고하고 있습니다. 그리고 그 사건 안에서, 하나님의 경륜 안에서 소명을 재확인합니다.

그리고 말씀하십니다. "나를 보내신 이의 일을 우리가 하여야 하리라." 그것뿐입니다. 외부적 사건이든 내부적 사건이든 그 시련의 과정을 통해서 새로운 은총의 계기를 보신 것입니다. 그리고 자신의 소명을 발견하십니다. "내가 하여야 할 일을 하리라." 그 나면서부터 시각 장애를 가진 사람을 불쌍히 여기시고, 하나님의 능력으로 치료하십니다. 그 사람은 9장 전체에서 나타나는 것처럼, 하나님의 복음의 증인으로 위대하게 쓰임 받는 인생으로 변화됩니다.

하나님이 하시는 일에 대한 증인

그리스도인은 증인입니다. 하나님께서 우리를 부르신 이유는 증인 되게 하시기 위함입니다. 우리를 부르신 이유는 도덕적 판단을 하라고 부르신 것이 아닙니다. 나의 일을 하는 데, 세상일을 하는 데 부르신 것이 아닙니다. 거기에 무슨 성령의 역사가 필요합니까? 우리를 부르신 이유는, 하나님의 자녀가 되게 하신 이유는 바로 하나님 나라의 증인 되게 하시려는 것입니다. 여기에는 두 가지 차원이 있습니다.

먼저는 자신의 체험, 즉 나의 삶을 통해서 예수님을 증거 해야 합니다. 예수 믿기 전과 후의 삶이 다릅니다. 삶의 목적도 다르고, 기쁨도 다르고, 헌신도 다르고, 소망도 다르고, 기도 내용도 다르고, 생각하는 사고방식도 다릅니다. 점점 날마다 변화돼가는 것입니다. 그것을 증거 하는 것입니다. 그만큼 변화된 체험을 증거 하는 것입니다. 이 맹인은 오직 한 가지만을 증거 합니다. "나 그분 잘 모르겠지만 하나만은 안다. 그분이 나를 낫게 해주셨다. 분명한 것은 그분이 나를 눈뜨게 해주신 것이다." 이것은 모든 그리스도인의 체험입니다. 그것을 증거 할 때 하나님께서 영광 받으십니다.

더 나아가서는 하나님의 역사에 대한 증인으로 살아갑니다. 태초부터 종말까지 다 이해할 수는 없습니다. 그러나 성경에 기록되어 있습니다. 그 하나님을 아는 지식을 배우며 그것을 증거 하는 것입니다. '삼위일체 하나님께서 오늘도 역사하신다. 예수 그리스도 안에서 역사하신다. 하나님의 뜻은 반드시 이루어진다. 그 은혜와 능력이 오늘도 임하고 있다.' 그것을 증거 하는 것입니다. 이것이 그리스도인의 참된 소명의 삶입니다.

윌리엄 헨리 잭슨은 세 살 때 시각장애인이 됩니다. 그때 주변사람들은 물론이고 부모조차도 그 아이의 삶을 포기합니다. '아, 인생 끝났다. 너무나 불쌍하다.' 그런데 이 아이가 커서 성직자가 됩니다. 그리고 자기가 나고 자란 익숙한 동네에서 사역하는 것이 아니라 멀리 선교사로 자원하여 갑니다. 그 당시 버마에 가서 선교사로 시각장애인들을 위해서 사역합니다. 그러던 중에 버마 점자어를 발견하게 되고, 버마어로 책을 편찬하게 됩니다. 지금도 버마에서 그 사람을 '빅 파더(Big Father)'라고 부릅니다. 그는 자신의 엄청난 시련과 고통 속에서 하나님의 경륜을 바라보았고, 그 속에서 자신의 소명을 찾고, 하나님께 영광을 돌리는 삶을 선택한 위대한 하나님의 사람입니다.

슈바이처는 그 당시 가장 우수한 학생으로 철학과 음악 다방면에서 장래가 촉망되는 사람이었습니다. 그런데 이 청년의 마음에 항상 한 가지 고민이 있었습니다. 이것 때문에 항상 마음이 무겁고 행복하지 않았습니다. '내 주변에는 불쌍한 사람이 너무나 많다. 소외된 사람이 너무나 많다. 어떡하면 그들을 도울 수 있을까? 세상은 왜 이 모양일까? 나는 그들을 위해서 무엇을 해야 할까?' 이 고민이 끝까지 그를 붙들었습니다. 결국 그는 자신이 가진 모든 것을 포기합니다. 그리고 다시 의학공부를 시작합니다. 그의 삶은 단 하나의 목적, 즉 불쌍한 사람들을 돕기 위해 준비한 삶이었습니다. 그렇게 그는 의사가 되어 아프리카에서 전혀 의료혜택을 받지 못하는 원주민들을 위하여 평생을 수고합니다. 이처럼 그는 타인의 고통을 보며 하나님의 경륜을 깨닫고,

그 안에서 소명을 갖고 하나님의 뜻을 이루는 위대한 삶을 살았습니다.

성경의 모든 하나님의 사람이 그렇습니다. 요셉이나 다니엘이나 모세나 모든 사람들이 그렇습니다. 자신이든 타인이든 그 고통과 시련 속에서 하나님의 경륜을 보았습니다. 그리고 그 속에서 하나님을 만났습니다. 믿었습니다. 그 안에서 소명을 받았습니다. 그리고 하나님의 뜻대로 되기를 소망하며 헌신하는 가운데 위대한 인생을 살았습니다. 모든 순교자들도 그렇습니다. 피하지 않아서 순교자입니다. 고통과 시련을 피하지 않고 그 속에서 하나님의 뜻을 묻고, 하나님의 경륜을 발견했습니다.

하나님이 하시는 일을 깨닫는 복

여러분은 어떤 사람입니까? 이 세상의 불의와 불경건, 이 험악한 세상의 수많은 사건들을 경험하고, 고통을 보면서 내가 직면한 고통과 시련 가운데 도덕적, 이성적 판단을 먼저 하십니까? 아니면, 영적인 세계를 바라보며 영적인 판단을 먼저 하십니까? 성령의 인도하심을 따라 신령한 세계를 바라보고, 하나님의 경륜을 바라보며, 믿음으로 참된 소명의식을 가지고 하나님의 뜻대로 되기를 소망하며 오늘을 살아가십니까? 성령께서 이 마음을 주십니다. 이 마음으로 살아가도록 우리를 인도하십니다. 여기에서 그리스도인이냐 아니냐가 갈립니다.

이 세상의 수많은 어두운 현실이 항상 우리에게 다가옵니다. 내가 겪고 있는 시련과 고통도 많습니다. 그러나 이 모든 것의 원인과 결과를 하나님의 경륜 안에서 살피고 그 속에서 신령한 세계를 바라보며 하나님의 뜻 안에서 생각하고 판단해야 합니다. 그 사람이 복 있는 자요, 지혜로운 자요, 승리자입니다.

　우리는 다 알 수 없습니다. 하나님의 세계를 다 이해할 수도 없습니다. 눈으로 보고 믿지만, 다 깨달을 수는 없습니다. 그러나 분명한 것은 예수 그리스도 안에서 하나님의 구원의 역사를 믿을 때, 하나님의 경륜을 믿음으로 영접할 때 우리가 신령한 세계를 볼 수 있다는 사실입니다. 하나님의 말씀, 하나님의 뜻대로 소망하는 가운데 새로운 차원의 삶으로 내가 변화되고, 세상이 변화되는 것을 바라볼 수 있습니다. 새로운 창조적인 미래, 오직 하나님의 말씀 안에 약속되어 있습니다. 거듭난 그리스도인은 하나님의 긍휼로, 은혜의 눈으로 세상을 바라보며 하나님의 뜻 안에서 참된 소망의 사람으로 오늘을 사는 사람입니다.

PRAYER

전지전능하신 은혜의 하나님, 하나님의 놀라운 구속적 경륜과 은혜와 능력 안에 오직 믿음으로 하나님의 자녀 되었지만, 불순종하여 도덕적 철학적 사고와 판단 속에 신령한 세계를 바라보지 못하며, 또다시 원망과 불평과 다툼과 시기와 정죄함 속에 살아가며 하나님의 영광을 가리는 미련한 인생을 용서하여주시옵소서. 성령께서 우리 안에 새 마음 주심을 믿습니다. 그 새 마음에 하나님을 아는 지식이 충만하게 항상 넘쳐흘러 예수 그리스도와 같이 신령한 세계를 바라보며, 하나님의 경륜 안에 주어진 현실 속에서 내게 주신 하나님의 음성을 들으며, 참된 소명을 받으며 하나님의 뜻 안에서 하나님께 영광 돌리는 승리자의 삶을 우리 모두가 살아갈 수 있도록 우리와 함께하여주시옵소서. 우리 주 예수 그리스도의 이름으로 간절히 기도드립니다. 아멘.

15_그 아홉은 어디 있느냐

하나님의 말씀_누가복음 17 : 11 - 19
예수께서 예루살렘으로 가실 때에 사마리아와 갈릴리 사이로 지나가시다가 한 촌에 들어가시니 문둥병자 열 명이 예수를 만나 멀리 서서 소리를 높여 가로되 예수 선생님이여 우리를 긍휼히 여기소서 하거늘 보시고 가라사대 가서 제사장들에게 너희 몸을 보이라 하셨더니 저희가 가다가 깨끗함을 받은지라 그 중에 하나가 자기의 나은 것을 보고 큰 소리로 하나님께 영광을 돌리며 돌아와 예수의 발 아래 엎드리어 사례하니 저는 사마리아인이라 예수께서 대답하여 가라사대 열 사람이 다 깨끗함을 받지 아니하였느냐 그 아홉은 어디 있느냐 이 이방인 외에는 하나님께 영광을 돌리러 돌아온 자가 없느냐 하시고 그에게 이르시되 일어나 가라 네 믿음이 너를 구원하였느니라 하시더라

1860년 9월, 미국 미시간 호수에서 유람선 한 척이 암초를 만나 침몰하는 대형사고가 일어났습니다. 그 배에 타고 있던 수많은 사람들이 죽게 되었습니다. 그때 대학수영선수인 스펜서라는 청년이 있는 힘을 다해 열일곱 명의 생명을 구출해냈습니다. 기적 같은 일이었습니다. 매스컴이 이 미담을 연일 방송하며 그의 영웅적인 행동을 칭찬합니다.

그로부터 오랜 세월이 지난 뒤 토레이 목사님이라는 분이 LA에서 집회를 열었습니다. 그는 설교 중에 마침 그 유명한 사건을 예화로 인용하며 그 청년의 용기와 희생정신을 높이 칭찬했습니다. 그런데 그 집회에 이제는 노인이 된 바로 그 청년, 스펜서가 참석하였습니다. 나중에 그 사실을 알고 토레이 목사님은 깜짝 놀랐습니다. 그래서 스펜서 노인을 초청해서 같이 이야기를 나누었습니다.

그때 목사님은 토레이에게 이런 질문을 했답니다. "그 당시 목숨을 구해준 열일곱 명 가운데 몇 명이나 당신한테 감사를 표했습니까?" 노인이 된 스펜서는 이렇게 대답했습니다. "꼭 한 사람입니다. 그것도 어린 소녀 한 사람밖에 없었습니다. 그 소녀는 지금까지도 크리스마스 때가 되면 어김없이 저에게 감사카드를 보내오고 있습니다."

오늘의 시대를 보여주는 대표적인 상징적 사건이라고 생각합니다. 여러분은 어떤 사람입니까? 감사의 사람으로 감사의 인격을 가지고 감사의 성품화된 습관으로 오늘을 살아가십니까? 아니면 감사가 없는 삶을, 감사할 것이 없는 삶을 살아가고 계십니까?

감사하는 마음과 감사하지 않는 마음

감사하는 마음과 감사하지 않는 마음 사이에 중간지대는 없습니다. 감사하지 않으면 무관심과 무책임 속에서 결국 원망과 불평을 할 수밖에 없습니다.

「탈무드」에 있는 지혜의 말입니다. "세상에서 가장 지혜로운 사람은 배우는 사람이고, 세상에서 가장 행복한 사람은 감사하는 사람이다." 무슨 말입니까? 행복의 비결이 감사의 삶에 있다는 것입니다. 진정한 행복의 비결은 성공이나 지식이나 좋은 환경에 있는 것이 아니라, 감사와 감사하는 삶 자체에 있다는 교훈의 말입니다.

불행한 사람은 감사가 없습니다. 항상 원망과 불평입니다. 불행해서 원망하고 불평하는 것이 아니라, 원망하고 불평하는 중에 불행해집니다. 또한 불행한 사람은 과거 지향적입니다. 자꾸 과거로 눈길을 돌립니다. '과거에는 좋았는데, 그래도 그때는 좋았는데, 감사했는데.' 하지만 지금은 그런 것이 없습니다. 잘 기억하시기 바랍니다. 오늘, 항상 오늘이 문제입니다. 하나님 앞에 주어진 오늘이 문제입니다. 오늘 감사하느냐 감사하지 않느냐, 이것이 문제입니다.

미국의 유명한 농구선수 마이클 조던은 '농구의 신' 또는 '농구의 황제'라고 불립니다. 저도 미국에서 이 선수가 하는 경기를 보았습니다. 참 대단한 스포츠맨입니다. 그는 오래도록 시카고 불스 팀에서 뛰었는데, 전성기 시절 역사적인 기록을 세웁니다. 한 경기에서 혼자 무려 69점을 넣은 것입니다. 그래 온 매스컴이 그의 놀라운 경기력을 칭찬합니다.

그런데 공교롭게도 바로 그날 같은 팀의 스테이시 킹이라는 신인선수는 단 1점밖에 넣지 못했습니다. 자유투 하나가 가까스로 들어간 것이지요. 너무나 대조적인 기록이었습니다. 문제는 방송에서 이 대조적인 기록을 그냥 무시하지 않고 굳이 비교해 보인 것입니다. 그러면서 짓궂게도 스테이시 킹과 인터뷰를 했습니다. "당신 기분이 어떻습니까? 당신은 이 일을 어떻게 생각하십니까?"

그때 그 청년의 답변에 기자들은 고개를 숙일 수밖에 없었다고 합니다. 청년은 이렇게 답했습니다. "저는 오늘 저녁 마이클 조던과 함께 70점을 합작해 득점한 선수로 영원히 기록될 것입니다. 정말 행복합니다. 마이클 조던에게 감사합니다."

감사의 원리

감사의 원리를 갖고 살아가는 사람은 모든 일에 감사할 수 있습니다. 감사는 깨달음으로부터 나오는 것입니다. 진정한 감사는 깨달음으로부터, 그것을 기억함으로부터 지속할 수 있습니다. 하나님께서 존재하심과 하나님의 은혜를 깨닫는 자는 "감사합니다! 감사합니다!" 할 수밖에 없습니다. 그것을 기억하는 순간 계속 감사합니다. 그러나 하나님은 없다고 하고, 그 은혜를 깨닫지 못하면 감사가 없습니다. 감사할 것이 없습니다.

또한 감사는 나 자신의 선택입니다. 결단으로 이루어집니다. 놀라운 것은 내가 감사하리라고 마음먹는 순간, 구체적인 말과 행동으로 감사하는 순간 점점 더 새로운 감사가 생겨납니다. 이 얼마나 놀라운 삶입니까? 감사의 성품은 감사의 습관을 낳고, 그 습관은 그 사람의 운명을 바꾸어놓습니다.

이런 재미있는 이야기가 있습니다. 영국의 빅토리아 여왕이 노년에 낭비벽이 심한 손자 때문에 골치가 많이 아팠습니다. 어느 날 이 손자가 할머니께 편지를 썼습니다. "할머니, 제 생일에 돈 많이 주세요." 할머니가 충고의 답신을 보냅니다. "그렇게 살면 안 된다. 낭비벽은 나쁘다. 절제해야 된다." 바로 그 이튿날 손자한테서 답신이 왔습니다. 그 편지를 읽고 할머니 여왕은 웃으며 진노를 풀 수밖에 없었습니다. 편지에는 이렇게 씌어 있었습니다. "사랑하는 할머니, 친절한 충고 편지에 진심으로 감사합니다. 그 편지는 10파운드에 팔았습니다."

　어떤 까닭에서든 감사하는 사람은 웃음을 주고 화해를 줍니다. 그리스도인은 누구입니까? 그리스도인은 감사의 사람입니다. 새 사람이 된다는 것은 곧 감사의 사람으로 변화되는 것을 뜻합니다. 이 세상에서 원망과 불평과 비난으로 살아갈 수밖에 없는 존재가 예수 그리스도 안에서 감사의 사람으로 변화되었습니다. 감사의 인격과 성품을 갖게 되었습니다. 그 감사의 이유와 동기는 세상에 있는 것이 아닙니다. 바로 하나님께 있습니다. 삼위일체 하나님께서 살아 역사하시고, 그분이 나를 기억하시고 나에게 은총을 주시어 하나님의 자녀로 택하셨습니다. 하나님과 동행하며 하나님의 뜻을 이루는 권세 있는 삶을 살도록 부르셨습니다. 그래서 감사합니다. 성경은 분명히 말씀합니다. "범사에 감사하라 이것이 하나님의 뜻이니라." 여러분은 얼마나 하나님의 이 말씀에 순종하며 오늘을 살아가십니까?

감사와 하나님의 말씀을 깨달음

　오늘 본문에는 나병 환자 열 명을 치유하는 기적이 기록되어 있습니다. 한마디로 병 고치는 기적이 나타난 성경사건입니다. 늘 말씀드리지만, 항상 기억해야 합니다. 이 기적은 말씀입니다. 그래서 그리스도인은 기적도 능력도 아닌 말씀을 구합니다. 말씀에 더 관심을 기울이고 말씀에 더 깊은 소원을 가지고 나아갑니다. 그 말씀이 곧 능력으로 임합니다. 그러나 믿지 않는 사람은 계속 능력과 기적을 구합니다. 그것이 기복신앙이요, 가짜 믿음입니다. 하나님께서는 기적을 통하여 말씀하시고, 기적을 통해 놀라서 하나님의 말씀을 듣게 하십니다. 오늘도 하나님께서는 수많은 사건을 통하여 동일하게 말씀을 계시하십니다.

　오늘 본문을 보면 열 명의 나병환자들이 있습니다. 아홉 명은 유대인이요, 한 명만 사마리아인입니다. 역사적으로 보면 이 사람들은 도저히 하나가 될 수 없습니다. 함께 다닐 수도 없습니다. 함께 먹을 수도 없습니다. 원수지간입니다. 철천지 원수지간입니다. 그런데도 이들은 함께 있었습니다. 어째서 이렇게 함께 있을 수 있는 것입니까? 고통과 고난 때문입니다. 나병이라는 것은 지금도 무서운 병이지만 그 당시는 불치병이요, 죽음의 병이요, 저주의 병이었습니다. 따라서 나병환자들은 일반인들과는 격리되었습니다. 그러나 이 고통스러운 질병으로 인해서 나병 환자들끼리는 하나가 되었습니다.

　더욱이 그들은 한 마음으로 예수님께 나옵니다. 그리고 간절히 기도합니다. 멀리 서서 소리 높여 예수 그리스도께 기도합니다. 무엇이 이들로 하여금 이처럼 예수님께 나와서 소리치고 간구하며 간절함으로 기도하게 하는 것입니까? 알고 보면 이 또한 고통과 고난 때문입니다. 고통과 고난을 통해서 함께하고 예수 그리스도 앞에 나와 간절히 그분을 신뢰하며 기도하는 것입니다. 이처럼 인간이, 특별히 그리스도인이 하나님과 함께하며 하나님 앞에 나와 하나님을 신뢰하며 오직 예수 그리스도의 이름으로 기도하며 사는 것, 이것이 하나님의 뜻입니다. 이 뜻이 이루어지려면 하나님께서 우리에게 어떻게 하시는 것이 옳습니까? 성공과 능력을 주시는 것이 옳습니까? 아니면, 고통과 고난을 주시는 것이 옳습니까? 하나님 앞에서 말씀 중에 깊이 생각해보시기 바랍니다.

본 교회 한 성도 분의 간증입니다. 제게 여러 번 그 말씀을 해주시더라고요. 이분은 과거에 사업을 잘했습니다. 하지만 신앙생활은 대충대충 했습니다. 주일은 빠지면 안 되는 줄 알고서 나왔지만 가정생활은 엉망이었습니다. 결국 이혼의 위기까지 가게 됩니다. 더욱이 사업까지 실패합니다. 모든 것이 엉망이 되었습니다. 그러는 중에 그냥 우연히 본 교회에 나오게 되었습니다. 그리고 하나님의 은혜로 하나님의 말씀을 듣고 하나님의 존재를 확신하게 됩니다. 가정이 회복됩니다. 그리고 그 고통과 고난 중에 다시 사업이 잘 되어 예전보다 더 큰 기업을 이루게 됩니다. 이제는 정말 하나님만을 믿고 하나님의 뜻대로 살기로 결단하고 감사하며 살아갑니다.

무엇이 은혜입니까? 하나님의 뜻을 이루시기 위하여 하나님께서는 우리에게 어떻게 해주시는 것이 옳습니까? 여기에 고난의 신비가 있습니다. 그리스도인은 모든 사건과 역경을 통해서 영적 깨달음을 얻습니다. 하나님 앞에 다가가고, 하나님 없으면 살 수 없는 삶의 소망을 가지고 이 땅을 살아갑니다. 변해가는 세상 속에서 주시는 깨달음에 감사하고 찬양하며 하나님의 뜻을 이루게 되는 것입니다.

감사와 말씀에 순종함

예수님께서 이들을 불쌍히 여기십니다. 그리고 말씀하십니다. "가서 제사장들에게 너희 몸을 보이라(14절)." 그 멀리까지 가서 보이라는 것입니다. 성경의 다른 곳에서 병 고치는 사건에서 보면 "낫기를 원하느냐?" 물으시고는 병을 바로 고쳐주시는데, 여기서는 그렇지 않습니다. '제사장에게 가서 보이라'는 말씀만 하십니다. 그리고 '그러면 나으리라' 말씀하십니다. 그런데 그들은 그렇게 행합니다. 성경은 기록합니다. "저희가 가다가 깨끗함을 받은지라(14절)."

순종이 없으면 기적이 나타나겠습니까? 오늘 본문은 기적을 통해서 주신 말씀입니다. 순종은 곧 기적의 역사로 나타납니다. 이들이 제사장에게 가지 않고 '에이, 이게 무슨 얘기야? 지금 고쳐주지 않고' 했다면 아무것도 없었을 것입니다. 그러나 이 순종조차도 고통과 고난을 통해서 생기는 마음이었습니다. 간단한 예로, 건강한 사람은 의사 만날 일이 없습니다. 의사 앞에 힘들게 왜 갑니까? 하지만 한 번 아파보십시오. 의사가 반갑습니다. 의사가 만나자고 하면 그렇게 고마울 수가 없습니다. 여러분은 얼마나 하나님과 그 말씀에 대한 순종의 마음으로 오늘을 살아가십니까?

하나님께서는 중심을 보십니다. 하나님 앞에서 그 중심을 숨길 사람은 아무도 없습니다. 항상 순종하는 마음이 문제입니다. 분종하는 자에게 능력이 임합니다. 하나님께서는 순종하는 자를 기뻐하십니다. 그런고로 복 있는 사람은 순종하는 사람입니다. 날마다 순간마다 하나님의 말씀을 기억하고 그 말씀대로 이루어지기를 순종하는 마음, 비록 나의 의지가 약하고 능력이 없어서 감당하기는 어렵지만 그럼에도 불구하고 말씀대로 따르겠다는 마음, 그 순종의 마음을 하나님께서는 기뻐하십니다.

어디 있느냐 물으시는 예수님

이제 그들은 치료를 받았습니다. 그런데 오늘 본문을 보면 오직 한 사람만이 감사를 표하러 예수님께로 왔습니다. 그럼 나머지 아홉 사람은 어떻게 되었습니까? 예수님께서 물으십니다. "그 아홉은 어디 있느냐(17절)." 누구에게 주시는 말씀입니까? "그 아홉은 어디 갔느냐?" 예수님께서도 놀라십니다. '어떻게 이런 일이 있느냐' 이것이지요. 동시에 예수님께서도 서운해 하십니다. 예수님께서 능력을 주시고, 병을 고쳐주심은 감사나 보상을 받고자 하신 것이 아닙니다. 그런데 어찌 이럴 수가 있느냐는 것입니다. "그 아홉은 어디 갔느냐?"

더욱이 그 아홉은 유대인입니다. 자칭 하나님의 백성이요 그리스도인이라고 하는 사람들입니다. 그런데 예수님께로 온 한 사람은 누구입니까? 유대인들이 가장 비난하는, 비참한 인격을 가진 자라고 여기던 사마리아인입니다. 그들이 조롱하던 원수는 감사하러 예수님께 오는데, 정작 그 자신들은 오지 않습니다. "그 아홉은 어디 갔느냐?" 오늘 이 시대 가운데 우리에게 주시는 하나님의 말씀입니다.

하나님의 은혜에는 두 가지 행동이 나타납니다. 감사하느냐, 배은망덕 하느냐 그 둘 중 하나입니다. 하나님의 은혜와 사랑의 응답은 오직 감사뿐입니다. 이는 하나님께서 기뻐하시는 것입니다. 진심으로 감사하는 마음, 그 자체를 하나님께서는 기뻐하십니다. 감사함이 마땅하지 않습니까? '하나님이 그 감사 받아서 뭐해? 전지전능하신 분이 그 감사가 뭐가 필요해서?'라고 물을 수도 있습니다. 그러나 성경은 하나님께 감사함이 마땅하다고 이야기 합니다. 우리도 이 사건을 보면서 '뭐 이런 인간들이 다 있나? 그 아홉은 어디 간 거냐?'고 물을 수 있습니다.

감사하지 않는 이유

그러나 그들은 누구입니까? 바로 우리 자신입니다. 왜 항상 감사할 수 없습니까? 하나님께서 살아계시는데, 은혜 안에 살아가면서도 왜 감사를 잊고 삽니까? 영적 무지 때문입니다. 하나님의 살아계심을 느끼지 못하기 때문이요, 하나님의 역사와 그 은혜의 가치와 높이와 깊이와 능력을 깨닫지 못해서입니다. 성경 가득한 수많은 하나님의 역사 사건 안에 그 메시지가, 영적 진리와 영적 원리들이 풍성히 나타나 있는데 별로 관심이 없습니다. 능력만 있으면 된다고 생각합니다. 그래서 감사하지 못합니다.

뿐만 아니라 깨닫고 하나님의 말씀으로 듣기는 하나 기억하지 못해서입니다. 이것이 인간의 본성입니다. 저나 여러분이나 마찬가지입니다. 기억은 의도적 습관입니다. 반복입니다. 반복하지 않고 기억하는 사람은 없습니다. 계속적 반복을 통해서 습관화가 되며 그러는 중에 은혜 안에 거하는 것입니다. 바로 이런 감사의 사람을 하나님께서는 크게 칭찬하십니다. 오늘 본문 18절에서 예수님이 말씀하십니다. "이 이방인 외에는 하나님께 영광을 돌리러 온 자가 없느냐." 놀라운 영적 진리를 말씀해주시는 것입니다.

하나님께 영광 돌리는 것은 오직 감사를 통해서만 할 수 있습니다. 감사하지 않는 삶은 하나님의 영광을 가로막습니다. 이것이 본질입니다. 그러나 그리스도인인데도 끝없이 계속 자기가 뭘 해야 한다고 생각합니다. 재물을 많이 드려야 되고, 많이 수고해야 되고, 공로도 있어야 되고, 좀 유명해야 되고, 이 세상에서 성공해야 된다고 생각합니다. 그러나 하나님께서 원하시는 것은 그 중심입니다. 하나님께서 하신 일을 바로 알고 그것을 기억함으로 감사하고 찬양하며 살아가는 마음, 그 존재를 하나님께서는 기뻐하십니다.

우리의 삶은 어떻습니까? 우리는 살면서 많은 것을 계획합니다. 하나님의 영광을 위해서라는 명목으로 교회에서도 그렇게 합니다. 꽉꽉 차고 넘쳐야 된다고 이야기합니다. 그래야 하나님께 영광 돌릴 수 있다면서 성도들을 아주 달달 볶습니다. 우리 개개인은 어떻습니까? 성공해야 되고, 유명해야 되고, 돈도 많이 벌어야 내가 하나님께 영광 돌린다고 생각하며 끝없이 하나님과 거래합니다. 그리고 마치 이것이 진실인 것처럼 생각하고 살아갑니다.

감사의 자리 지키기: 하나님의 뜻을 깨닫고 감사

여러분, 이제 그만 자신에게 속으십시오. 또한 하나님도 속이지 마십시오. 하나님께서 원하시는 것은 하나님께서 하신 일에 대한 깨달음과 그 깨달음을 통한 응답입니다. 하나님께서 살아계심과 역사하심에 대한 진실한 감사입니다. 하나님께서는 그리스도인을 그렇게 만드십니다. 하나님께서는 우리가 감사의 인격을 가지고 오늘을 살아가기를 기대하십니다.

저는 목회자의 아들로서 또 목회자로서 이런 사건을 많이 봅니다. 이런 본문을 생각하고 묵상할 때마다 수많은 실제 인물과 사람들이 생각납니다. '이번 일만 잘되면 하나님께 헌신하겠습니다. 내 모든 시간과 재물을 바쳐서 하나님께 영광 돌리겠습니다. 이번 일만 잘 성공하면 앞으로, 앞으로 정말 잘하겠습니다.' 그런데 정말 그러는 사람 저는 거의 못 봤습니다. 거의 들어보지도 못했습니다. 오늘입니다. 앞으로가 아닙니다. 속지도 말고 속이지도 마십시오. 중요한 건 바로 오늘입니다. 하나님께서 기뻐하시는 것은 오늘 얼마나 감사하느냐 입니다. 이 세상의 일이 아니라 하나님께서 하신 일, 내게 행하신 일, 그 일을 깨닫고 감사하며 오늘을 살기를 바라십니다.

여러분은 얼마나 하나님께 영광을 돌리고 감사하며 오늘을 살아갑니까? 그러려면 성경적 지혜가 필요합니다. 적극적으로는 하나님의 뜻을 먼저 분별해야 됩니다. 하나님께 영광 돌리는 것이 무엇인지를 명확하게 알아야 됩니다. 그리고 그 뜻에 순종하는 삶을 살아가야 합니다. 소극적으로는 이 세상을 본받으면 안 됩니다. 아무리 세상이 떠들고 신문방송에서 소리를 높여도 이 세상을 본받고자 하는 순간 망합니다. 왜 그렇습니까? 그리스도인은 하나님 나라에 속한 자이기 때문입니다. 오직 감사를 통하여 하나님께 영광 돌리는 자를 하나님께서는 너무나 기뻐하십니다. 그리고 큰 복을 주십니다. 구하지 않는 복을 주십니다. 넘치도록 주십니다. 하늘에 속한 신령한 복을 주십니다. 그러하기에 예수님께서 이 사람에게 말씀하십니다. "일어나 가라 네 믿음이 너를 구원하였느니라(19절)." 전 인격적인 구원의 은총을 그에게 허락하신 것입니다.

행복의 비결, 하나님의 은총의 비결이 바로 여기에 있습니다. 솔로몬이 어린 시절 나라를 운영할 능력, 감당할 능력이 없어서 하나님께 기도합니다. 하나님의 마음에 합한, 그 뜻에 합한 기도를 합니다. '하나님 지혜를 주소서.' 그 의미는 이것입니다. '하나님의 말씀을 듣는 마음을 주세요.' 그런데 하나님께서 너무나 기특하게 보셨습니다. 구할 것이 많았습니다. 군사, 재물, 성공, 명예, 권력. 그런데도 그는 '하나님의 말씀을 듣는 지혜를 주소서'라고 간구합니다. 하나님께서는 그 중심을 보시고 그가 구하지 않는 것까지 몽땅 다 주셨습니다. 이것이 성경의 기록입니다. 성경은 바로 이것이 하나님의 은총을 얻는 길임을 우리에게 알려주고 있습니다.

감사의 자리 지키기: 감사함으로 다시 시작하기

영국에서 구두를 만들던 한 가난한 소년이 있었습니다. 소년은 구두를 만들면서 헬라어, 라틴어, 히브리어를 열심히 혼자 공부하고 교회생활도 열심히 했습니다. 너무나 어려운 환경 때문에 그는 하나님께 더 간절히 매달리며 생활했습니다. 그리고 훗날 그는 인도에 선교사로 가게 됩니다. 이 사람이 바로 선교의 아버지인 윌리엄 캐리입니다. 그가 항상 선교의 소명을 생각하며 외친 말씀이 있습니다. "하나님으로부터 위대한 일을 기대하라. 그리고 하나님을 위하여 위대한 일을 시도하라."

그는 인도로 가서 열심히 인도어를 공부했고, 마침내 영인(英印)사전을 만듭니다. 그리고 다시 8년간 노력하고 수고해서 성경을 인도어로 번역합니다. 이 인도성경을 출판하려고 그는 인쇄기를 사고 수많은 기술자를 불렀습니다. 하지만 어느 날 그가 순회 집회를 나갔다가 돌아와 보니 불이 나서 그 모든 것이 싹 다 타버렸습니다. 번역한 글도 인쇄기도 다 타버렸습니다. 얼마나 실망스러웠겠습니까? 하나님의 일을 하는 중에, 그것도 성경번역을 해서 책을 출판하려는 중요한 때에 그런 일이 벌어져 그는 큰 절망감에 사로잡혔습니다.

그때 그가 한 유명한 기도가 있습니다. "하나님, 감사합니다. 하나님께서 제 번역이 부족한 것을 아시고 완전하게 다시 번역할 기회를 주신 것으로 알고 다시 시작하겠습니다. 제게 믿음과 인내와 용기를 주소서." 하나님께서 그에게 믿음과 용기와 인내를 주셔서 결국 그는 인도성경을 번역하고 출판하게 됩니다.

모든 인간은, 특별히 하나님의 자녀는 하나님께 영광 돌리는 삶을 살아야 합니다. 여기서 하나님께 영광 돌리는 방법은 오직 하나님의 역사와 말씀에 대한 감사입니다. 감사의 사람, 감사의 인격, 감사의 성품을 통해서 하나님께 영광 돌릴 수 있습니다. 오늘 여러분은 얼마나 하나님 앞에 감사하고 영광 돌리는 삶을 살아가고 있습니까? 아니, 아직도 내 소원, 내 성공을 통해서입니까? 앞으로 하나님께 잘할 것이고, 앞으로 하나님께 영광 돌리겠다고 아직도 속고 속이며 살아갑니까? 아직도 능력을 구하며 살아갑니까?

하나님께서는 전인격적인 감사로 오늘을 살아가는 사람을 기뻐하십니다. 그리고 그를 통해서 하나님의 역사를 이루십니다. 살아계신 하나님께서는 그에게 지혜도 주시고, 능력도 주시고, 구하지 아니한 것도 주시어 하나님의 뜻을 그를 통해서 이루십니다. 그런 감사의 사람은 이 모든 것이 하나님의 지혜와 능력으로 되었음을 분명히 증거할 것입니다.

PRAYER

전지전능하신 은혜의 하나님, 하나님의 초월적 지혜와 은혜와 사랑 가운데 살면서도 아직도 만족함이 없고, 아직도 하나님께 영광 돌리기 위하여 또 다른 무엇이 필요하다고 스스로를 속이며 하나님을 기만하는 이 미련한 인생을 불쌍히 여겨주시옵소서. 오직 하나님의 위대한 역사 앞에 영적 깨달음을 가지고 하나님 앞에 감사하며, 그 은택의 기억 속에 주 만을 찬양하며, 주 만을 신뢰하며 진심으로 감사의 존재로 이 땅을 살아 하나님께 영광 돌리며 하나님의 뜻을 이루는 권세 있는 자의 삶을 회복토록 우리를 붙들어주시옵소서. 주 예수 그리스도의 이름으로 간절히 기도드립니다. 아멘.

16_나사로야 나오라!

하나님의 말씀_요한복음 11 : 33 - 44
예수께서 그의 우는 것과 또 함께 온 유대인들의 우는 것을 보시고 심령에 통분히 여기시고 민망히 여기사 가라사대 그를 어디 두었느냐 가로되 주여 와서 보옵소서 하니 예수께서 눈물을 흘리시더라 이에 유대인들이 말하되 보라 그를 어떻게 사랑하였는가 하며 그 중 어떤이는 말하되 소경의 눈을 뜨게 한 이 사람이 그 사람은 죽지 않게 할 수 없었더냐 하더라 이에 예수께서 다시 속으로 통분히 여기시며 무덤에 가시니 무덤이 굴이라 돌로 막았거늘 예수께서 가라사대 돌을 옮겨 놓으라 하시니 그 죽은 자의 누이 마르다가 가로되 주여 죽은 지가 나흘이 되었으매 벌써 냄새가 나나이다 예수께서 가라사대 내 말이 네가 믿으면 하나님의 영광을 보리라 하지 아니하였느냐 하신대 돌을 옮겨 놓으니 예수께서 눈을 들어 우러러 보시고 가라사대 아버지여 내 말을 들으신 것을 감사하나이다 항상 내 말을 들으시는 줄을 내가 알았나이다 그러나 이 말씀하옵는 것은 둘러선 무리를 위함이니 곧 아버지께서 나를 보내신 것을 저희로 믿게 하려 함이니이다 이 말씀을 하시고 큰 소리로 나사로야 나오라 부르시니 죽은 자가 수족을 베로 동인 채로 나오는데 그 얼굴은 수건에 싸였더라 예수께서 가라사대 풀어놓아 다니게 하라 하시니라

마이클 부시(Michael D. Bush)가 편집한 「내 아버지 집에 거할 곳이 많도다」(This Incomplete One)라는 책이 있습니다. 이 책은 20세기의 유명한

신학자와 설교자가 장례식 때 했던 설교들을 모은 것입니다. 그 가운데 반 정도는 자신의 자녀가 죽는 사건을 직면하여 설교한 것입니다. 여기서 존 클레이풀 목사님은 '우리의 기대와 하나님의 기적'이라는 제목의 설교를 통해서 '저 위에 계신 하나님께서 어떻게 인간들과 교통하시는가?'라는 질문을 던지며, 여기에 대해 성경은 세 가지 답을 준다고 말씀합니다.

첫째는 우리의 상상을 초월하는 강권적인 개입입니다. 예를 들어 복음서에는 나병에 걸린 사람이 길에서 지나가시는 예수 그리스도께 이렇게 외칩니다. "다윗의 자손 예수여 나를 불쌍히 여기소서. 불쌍히 여기소서. 정말 고쳐주세요." 그때 홀연히 초월적인 하나님의 능력이 예수 그리스도를 통해서 나가 그를 치료합니다. 일방적인 사건입니다.

둘째는 협동의 방법입니다. 하나님께서는 인간과 함께 역사하십니다. 이것은 출애굽 사건에 잘 나타납니다. 하나님께서는 혼자 하실 수 있습니다. 충분히 하십니다. 그러나 굳이 인간을 쓰십니다. 모세라는 사람을 태어나게 하시고, 계속 인도하시고 지켜보시다가 그가 80세 되었을 때 마침내 그를 쓰십니다. 그에게 지팡이 하나 쥐어주시고 계속 말씀을 주시며 그로 선포하게 하십니다. 함께 협동하여 하나님의 뜻을 이루게 하십니다. 하나님께서는 오늘도 이와 같이 역사하십니다.

셋째는 우리에게 환경을 인내하고 버텨낼 수 있는 힘을 주시는 방식입니다. 이 점이 가장 중요합니다. 아무것도 바뀐 게 없습니다. 환경은 바뀌지 않았습니다. 그러나 우리의 태도가 바뀝니다. 대표적인 예가 사도 바울입니다. 그를 통해서 하나님의 지혜와 능력이 나타나지만, 정작 그 자신의 육체의 가시를 없애지는 못합니다. 그것을 위해서 간절히 세 번 기도했을 때 그는 마침내 하나님의 말씀을 듣습니다. "내 은혜가 네게 족하다." 그는 이 말씀을 듣고 그대로 믿고 순종합니다. 하지만 병은 낫지 않았습니다. 고통스럽습니다. 그러나 불굴의 의지를 갖게 되고, 믿음으로 인내하게 되고, 그 무서운 질병을 극복하며 살아갑니다. 환경이 바뀌는 대신 자기 인품이 놀랍게 변화되고 높은 내적 성장을 이루게 됩니다. 이 또한 하나님의 초월적 역사임을 기억해야 합니다.

사건으로 말씀하시는 하나님

여러분은 어떻게 하나님과 교제하며, 하나님을 인식하며, 하나님의 뜻 안에서 오늘을 살아가십니까? 너무도 중요한 문제입니다. 인간의 관점에서 보면 하나님의 존재, 말씀, 역사, 능력, 지혜, 이 모든 것이 기적이요 신비요 불가사의입니다. 다시 말해서 성경에 나타난 하나님의 창조역사로부터 최후심판까지 모든 기록이 다 신비요 불가사의한 일입니다.

그런데 그것이 '오늘의' 사건으로 기록되어 있습니다. 대표적인 것으로는 성육신이 그렇습니다. 전지전능하신 하나님께서 인간이 되신다니요? 그런 종교는 없습니다. 인간이 하나님이 되었다는 이야기는 많습니다. 그러나 죄인, 형편없는 원수 된 죄인들을 구원하시기 위해서 십자가에 죽으시고 부활하셨다는 것보다 더 큰 기적은 없습니다. 이것이 사건입니다. 오늘도 하나님께서는 하나님의 나라를 하나님의 지혜와 방법으로 하나님의 나라를 이루고 계십니다. 하나님의 나라는 어느 날 갑자기, 홀연히 완성될 것입니다. 이것이 하나님의 말씀입니다.

하나님의 말씀은 인격이요 능력입니다. 하나님의 말씀은 사건이요 기적입니다. 그것을 별개로 생각하지 마십시오. 하나님의 말씀은 일반 종교처럼 추상적 진리나 한낱 깨달음이 아닙니다. 전혀 아닙니다. 성경의 처음이 그렇습니다. 하나님께서 태초에 말씀하시매 말씀이 그대로 사건으로 임하여 천지가 창조됩니다. 하나님의 사람은 이것을 믿습니다. 그와 같이 모든 말씀이 이루어졌고, 이루어지고 있습니다. 이 사실을 믿는 사람은 거듭난 하나님의 사람입니다. 하나님은 오늘도 사건으로 역사하십니다.

이런 재미있는 이야기가 있습니다. 명망 높은 한 외과 의사가 늦은 저녁 집에서 쉬면서 소파에 앉아 있었습니다. 마침 전화 한 통이 걸려와 받았더니 동료의사가 속삭이면서 말합니다. "지금 우리 세 명이 모여 포커 게임을 해야 하는데 한 사람이 부족하니까 빨리 오게." 그래서 그는 살짝 전화를 끊고 외투를 입고 나가려고 하는데, 부인이 그 모습을 보고 묻습니다. "뭐가 그렇게 급한 일이 있어요? 심각한 일이에요?" 그러자 남편이 엄숙한 표정을 짓고 이야기합니다. "아주 심각한가봐. 벌써 의사 세 명이 모였대."

틀린 말은 아닙니다. 이처럼 우리가 판단하고 생각하는 것은 항상 이런 제한적 지식 안에 있습니다. 우리는 항상 제한적 지식 안에서 생각하고 판단합니다. 이런 사람들이 '세상사람' 입니다. 그러나 하나님의 사람은 그것을 넘어서 살아갑니다. 하나님을 믿고, 하나님의 말씀

을 믿고, 하나님의 말씀의 능력과 인격으로 나타남을 확신하며 그 안에서 믿음을 가지고 소망하고 기도하며 살아갑니다. 완전히 다른 차원의 삶을 살아감을 분명히 깨달아야 합니다.

거듭난 사람이란?

여러분은 인간에게 가장 큰 기적이 무엇이라고 생각합니까? 천지창조는 나와 별 상관이 없습니다. 너무 거리가 멉니다. 성경에서 주는 답은 너무나 중요합니다. 'born again', 즉 '중생(重生)'입니다. 새사람 된 것입니다. 하나님의 자녀가 된 것입니다. 완전히 거듭났습니다. 이보다 더 큰 기적, 이보다 더 큰 복은 없습니다. 하나님 앞에는 오직 두 부류의 인간만이 있음을 성경은 계시합니다. 대학 나왔고 안 나왔고, 유명하고 유명하지 않고, 남자고 여자고 이런 것이 아닙니다. 하나님 앞에는 딱 두 부류뿐입니다. 거듭난 하나님의 자녀, 아니면 거듭나지 못한 세상사람, 둘 중 하나입니다. 여러분은 어디에 속한 사람입니까?

월터 첸트리(Walter J. Chantry) 목사님의 「잃어버린 복음」(Today's Gospel: Authentic or Synthetic)이라는 책이 있습니다. 꼭 읽어보시라고 강력히 추천해드립니다. 두껍지 않고 얇은 책입니다. 글자도 빽빽하지 않습니다. 한 백 페이지밖에 안됩니다. 그러나 수십 년 된 고전입니다. 정말 쉬운 책입니다. 저자가 말하는 핵심은 이것입니다. '예수 그리스도의 복음과 오늘날의 복음의 차이는 사소한 것에서 발견되는 것이 아니라, 핵심적인 것에서 발견된다.' 똑같이 하나님, 예수님, 성령님을 논하지만, 그 메시지와 핵심은 전혀 다릅니다. 이거 분별이 됩니까? 방송을 틀면 설교가 들리고, 수많은 책이나 잡지를 통해서 설교를 보는데 구별이 됩니까? 구별되어야 합니다. 완전히 다릅니다.

오늘날 복음주의자들은 성장을 위해서 이런 요구를 합니다. "ABC 만큼 하나님의 자녀가 되는 것은 쉽다. 선택하면 된다. 자신의 의지로 믿어라. A는 Accept, 하나님의 값없는 선물을 받으라. B는 Believe, 예수님께서 죄인들을 위하여 돌아가신 하나님의 아들이심을 믿으라. C는 Confess, 네가 죄인인 것을 고백하라. 이 ABC만 인정하고 고백하면 당신은 오늘부터 하나님의 자녀다." 그런데 저자는 이것이 가짜라고 합니다. 잘못된 설교요, 거짓 말씀이라고 합니다. 이것이 분별되어야 합니다.

그러면서 저자는 마가복음 10장에 나오는 부자청년을 예로 듭니다. 전체 책 내용이 그것입니다. 부자청년은 당시 굉장한 부자요, 젊은 청년입니다. 도덕적으로 윤리적으로 흠이 없습니다. 많은 선행을 했습니다. 그렇게 유명하고 훌륭한 청년이 "어떻게 하면 영생을 얻으리이까?" 하며 자기 발로 예수님 앞으로 나아왔습니다. 그러니 오늘의 방식으로 하자면 "예수 그리스도를 믿으세요. 그러면 당신은 이제부터 하나님의 자녀입니다"라고 해야 되는데, 이것은 예수님의 복음이 아닙니다. 어디에도 이런 가짜 메시지는 없습니다. 예수님께서 뭐라고 말씀하십니까? 너 가진 전 재산을 팔아 가난한 자에게 주라고 하십니다. 그런데 이게 가능한 일입니까? 여러분은 가능합니까?

예수님께서는 그러면서 그 청년을 돌려보내십니다. 거기에 메시지가 있습니다. 탐심을 가지고는 안 됩니다. 죄가 있는 한 영생을 얻을 수 없습니다. 죄 사함을 받아야 됩니다. 더욱이 인간의 힘으로는 안 됩니다. '내가 무엇을 하리요? 어떻게 하리이까?' 인간의 힘으로는 안 됩니다. 오직 하나님의 은혜로만 가능한 것입니다.

아마도 그 사람이 몇 년 있다가 다시 돌아왔을지도 모릅니다. 그러나 오늘 자신은 구원받았다고 믿습니다. 왜 이런 일이 있을까요? 잘못된 설교, 거짓 복음 때문입니다. 분명 예수님께서는 성경 전체를 통해서 말씀하십니다. "자기를 부인하고 십자가를 따르라. 십자가를 지고 나를 따르라. 이것이 구원의 길이다." 이것이 메시지입니다. ABC를 이야기하면서 "예"라고 대답하면 "당신은 오늘부터 하나님의 자녀요"라고 말해주는 그런 것은 없습니다. 그런데도 이렇게 교인을 만드니까 숫자로는 교회가 차고 넘칩니다. 이것이 가짜입니다. 하나님께서는 전적인 순종과 헌신을 요구하십니다.

거듭남은 하나님이 하시는 일입니다

오늘 본문에는 유명한 기적이 나옵니다. 너무나 유명한 본문 아닙니까? 항상 말씀드립니다마는, 기적은 계시입니다. 구원받지 못한 사람은 계속 기적과 능력을 추구하지만, 거듭난 하나님의 사람은 계시를 구합니다. 말씀이 곧 인격이요 능력이기 때문입니다. 오늘의 사건 안에 나타난 하나님의 의도와 메시지를 들어야 합니다.

젊은 청년 나사로가 죽었습니다. 완전히 죽었습니다. 성경은 자세히 설명합니다. '많은 사람들이 애도하고, 천으로 칭칭 감아 무덤 속에 묻어 돌로 막았고, 나흘이나 되어 냄새가 나더라.' 한마디로 죽은 지 나흘이나 되어 시신이 부패했습니다. 완전히 죽었습니다. 이것이 오늘 본문의 기록입니다.

그런데 예수님께서는 그 무덤으로 가서서, 그것도 수많은 사람들이 있는 데서 큰소리로 말씀하십니다. "나사로야 나오라!" 웬 젊은 삼십대 청년이 아픈 사람을 낫게 하고 많은 이적을 행했다고 하는데, 썩어서 냄새나는 시체를 두고 그 많은 사람들 앞에서 "나사로야 일어나라!" 하고 외칩니다. 이 사람이 도대체 누구입니까? 무덤에 가서 한 번 해보세요. 사람들이 뭐라고 하겠습니까? 미친 사람이지요. 광인입니다. 만일 아니라면 그는 하나님입니다. 하나님의 아들입니다. 어떻게 죽어서 냄새나고 썩어가는 시체가 그 소리를 듣는다고 "나사로야 나오라!" 하고 외치는 것입니까? 어떤 종교에도 이런 사건은 없습니다. 어떤 종교도 죽어서 3일이나 되어 냄새나고 썩어가는 시체를 놓고 그 많은 군중 앞에서 "나사로야 일어나라!" 하는 사건은 없습니다. 그러나 기독교에서는 말씀이 곧 사건이요 인격입니다.

더욱 놀라운 것은, 오늘본문의 기록대로 그 죽어 부패한 시체가 일어나 걸어 다닙니다. 세상에 무슨 시체가, 죽어 썩어가는 시체가 들을 귀가 있다는 말입니까? 이것이 바로 중생입니다. 'born again', 다시 태어난 것입니다. 거듭난 것입니다.

성경은 '의인은 하나도 없다'고 말씀합니다. 모든 인간이 타락했습니다. 죄로 인해서 타락했습니다. 지정의(知情意)가 타락했습니다. 한마디로 죽은 상태입니다. 그래서 하나님은 없다고 합니다. 하나님을 알지 못하고 하나님의 말씀을 듣지도 못합니다. 살아계신 하나님의 역사를 보지도 못합니다. 완전히 죽었습니다. 지정의가 죽었습니다. 그런데 어느 순간 하나님의 존재가 느껴지기 시작하고, 말씀이 들리기 시작하고, 그 말씀이 믿어지기 시작합니다. 그리고 그 말씀이 사건으로 나타남을 확인하게 됩니다. 인간 고유의 지정의, 타락한 지정의가 활동하는 것이 아닙니다. 새로운 영과 새로운 마음이 창조된 것입니다. 이것이 바로 하나님의 창조적 역사입니다. 이것이 중생이요 거듭남입니다. 믿음은 다시 태어남, 중생의 역사입니다.

나의 이만한 믿음, 내가 수고한 것이 많습니까? 내가 노력한 것이 많습니까? 내가 기도한 것이 많습니까? 내가, 내가만 있습니까? 그것은 믿음이 아닙니다. 자기 선택, 자기의지일 뿐입니다. 무슨 죽은 나사로가, 썩어진 이 시신이 들을 귀가 있다는 말입니까? 무슨 자기 의지가 있습니까? 무슨 자기 믿음의 선택이 있습니까? 없습니다. 완전히 새로운 영과 마음의 움직임으로 듣고 일어납니다. 그것은 예수 믿기 전과 후와 같이 그렇게 다른 것입니다. 우리는 그것을 성경으로 확인합니다. 그래서 진리를 붙들고 날마다 그 심령을 새롭게 하며 하나님의 음성을 들을 수 있게 됩니다. 하나님을 알지 못하고 말씀을 듣지 못하는 그 삶 자체가 멸망으로 향하는 삶이요, 그 삶 자체가 불행이요 비극이라고 성경은 말씀합니다.

거듭남은 회개에서 시작됩니다

회개는 믿음의 시작입니다. 내가 죽었음을, 내 지정의가, 내 인격의 모든 것이 타락해서 죽었음을, 하나님을 알지 못할 만큼 죽었음을 탄식하는 것이 회개입니다. 그리고 하나님의 긍휼로 하나님의 구원의 방식을 믿어 하나님의 자녀가 됩니다. 회개는 뉘우침이나 후회가 아닙니다. 그런고로 중생한 하나님의 자녀는 마음과 영이 새롭습니다. 귀가 새롭고, 생각이 새롭습니다. 눈이 새롭습니다. 신령한 세계를 바라보게 됩니다. 그래서 거듭남을 성경적 교리로 다음과 같이 말합니다.

하나는 '칭의', 둘은 '성화', 셋은 '영화'입니다. 첫째는 'Justification', 의롭게 된 것입니다. 회개를 통해서 믿음으로 의롭게 된 것입니다. 의롭다하심을 입은 자, 바로 그가 하나님의 자녀입니다. 그러나 여기서 멈추는 것이 아닙니다. 거듭남은 칭의를 넘어서 성화로 갑니다. 그래서 둘째는 'Sanctification', 성화입니다. 나의 뜻이 아닌 하나님의 뜻이 이루어지는 삶을 소원하며, 그 삶을 경험하며 살게 되는 것입니다. 그 다음은 'Glorification', 영화입니다. 하나님의 영광에 참여하게 되는 것입니다. 이것은 하나님의 약속이요, 하나님의 말씀입니다.

어떻게 이런 놀라운 일이 벌어집니까? 성경의 답은 간단합니다. 말씀으로, 성령의 역사로 이런 일이 일어납니다. 나사로가 어떻게 일어났습니까? 말씀으로, 성령의 역사로 새로워졌습니다. 그리스도인은 이 사건의 증인입니다. 이보다 더 큰 기적은 없습니다. 내가 병이 들었는데 낫고, 사업을 했는데 잘되었다는 식의 유치한 이야기는 그만해야 합니다. 위대한 하나님의 진리가 그대로 임한 거듭남의 역사, 그 증인으로 사는 것이 그리스도인입니다. 증인이 될 수밖에 없습니다. 나 같은 인간을 살려주신, 나 같은 인간을 통해서 하나님을 보게 하신 그 역사가 하나님의 중생의 역사로 시작되었는데, 그것이 십자가의 은혜인데, 어떻게 그것을 말하지 않을 수 있습니까?

오늘 자신을 보고, 주변을 보고 다시 한 번 생각해보시기 바랍니다. 그렇게 교인들이 많고, 기독교가 크게 성장했다는데도 도무지 거듭남의 교리와 거듭남의 메시지는 보이지 않습니다. 사라진 지 오래입니다. 하나님의 자녀는 오직 거듭난 것뿐입니다. 세례 받고, 교인되고, 몇 년 교회 다니고, 직분 얻고, 신학공부를 하고, 사역하고, 선행하고, 목사 되고 하는 것이 무슨 바로미터입니까? 전혀 시금석이 될 수 없습니다. 성경은 오직 하나를 말씀합니다. '거듭났느냐, 거듭나지 못했느냐? 하나님의 자녀냐, 아니냐?'

그런데 어떻게 이 메시지가 사라진 것입니까? ABC에 아멘하면 하나님의 자녀 된다고 합니다. 누구 마음대로요? 아닙니다. 그런 것은 없습니다. 자기가 자기 삶의 증인이 되어야 합니다. 내 안에 성령께서 계시고, 성령께서 말씀 안에서 날마다 내 심령을 새롭게 하십니다. 회개하게 하시고, 기도하게 하시고, 하나님의 뜻을 구하게 하시고, 하나님께 영광 돌리게 하시고, 하나님 나라의 증인으로 살게 하십니다. 날마다 그렇게 인도하십니다. 하나님께서 하신 일의 증인이 '거듭난 자'입니다. 그래서 에베소서 2장 1절은 말씀합니다. "너희의 허물과 죄로 죽었던 너희를 살리셨도다."

그는 예수 그리스도시요, 허물과 죄로 죽었던 나를 살리셨습니다. 나는 예수 그리스도의 은혜로 살았습니다. 하나님이 느껴지고, 하나님이 믿어지고, 하나님의 약속이 내 소망으로 오고, 하나님께서 하신 일이 내 기쁨으로 옵니다. 완전히 새 생명, 새로운 사람으로 변하고 있습니다.

거듭난 자는 하나님의 음성을 듣습니다

영국의 수상 윈스턴 처칠과 관련된 유명한 일화들이 많습니다. 그 가운데 이런 재미있는 일화가 있습니다. 어느 신문기자가 그에게 물었습니다. "장차 정치가가 되고 싶은 젊은 사람들을 위하여 훌륭한 정치가가 갖추어야 할 덕목과 자질에 대해서 한 말씀 해주십시오." 그때 그는 준비된 답을 말합니다. "그것은 십 년 뒤에, 먼 훗날 무슨 일이 어떻게 일어날지를 정확하게 내다보고 자신 있게 예언할 수 있는 능력입니다." 기자들이 받아 적습니다. 그걸 보고 처칠은 한 가지 더 있다고 말합니다. "그리고 그 십 년 뒤에 자기 예언이 틀리게 되었을 때 그 이유를 지극히 합리적으로 설명해줄 수 있는 능력을 가지고 있어야 합니다." 이것이 성공의 비결입니다.

성공은 세상에서 성공한 사람한테 물으시기 바랍니다. 그것이 빠릅니다. 어떤 땅을 살지, 어떤 주식을 살지는 그거 잘하는 사람한테 가서 물어보는 게 제일 좋은 방법입니다. 하나님께 여쭈어본다고 가르쳐주십니까? 성경은 하나님의 사람이 되는 길을 가르쳐주고, 천국 가는 길을 가르쳐주고, 승리하는 법을 가르쳐주고, 하나님께 영광 돌리는 삶을 가르쳐줍니다. 새사람 되는 방법과 영생을 얻는 방법을 가르쳐줍니다. 오직 거듭난 자만이 들을 수 있고, 볼 수 있고, 믿을 수 있는 참 소망을 가르쳐줍니다.

2010년 칠레에서 33명의 광부가 구출되어 온 세계가 함께 기뻐했습니다. 구출된 광부를 맞이하며 칠레에서 큰 난리가 났는데 그 과정을 유심히 살펴보다가 큰 교훈을 하나 얻었습니다. 그 광부들이 땅 밑,

그 깊은 암흑 속에서 처음부터 그렇게 잘 협력하여 마음의 안정을 얻었던 것이 아니었다고 합니다. 처음에는 불안했습니다. 실존적 고통이 있었습니다. 걱정, 근심, 염려가 있었습니다. 그래서 서로 편을 갈라 싸웠습니다. 식량이 적으니 하루에 조금밖에 못 먹었습니다. 하루하루 점점 약해집니다. 제 정신이 아닙니다. 너무나 불안해서 절망에 빠집니다.

그러던 차에 외부와 연락이 닿았습니다. 전혀 기대하지 않았는데, 다 죽었다고 생각했는데 연락이 되었습니다. 그제야 비로소 살 수 있다는 희망을 품기 시작했습니다. 그때도 위에서는 그들을 정말로 살릴 수 있는지 없는지 반신반의하는 상태였는데, 그들은 살 수 있다는 희망을 얻었고, 그래서 그들의 삶이 달라지기 시작했습니다. 서로 돕기 시작하고, 서로 어떻게 해서든 협력하기 시작했고, 새사람이 되어갔습니다. 그리고 마침내 다 살아났습니다.

거듭난 자의 삶도 바로 이와 같습니다. 'Good News', 하나님께서 살아계시고, 하나님께서 역사하시고, 하나님의 말씀은 능력이고, 인격으로 임하시고, 그 말씀대로 됨을 보고 믿게 되는 것입니다. 그리고 그 안에서 영적 기쁨을 가지고 소망하며 은혜 충만하게 하나님의 뜻을 이루며 살아갑니다.

거듭난 사람을 통해 복음의 역사가 일어납니다

그런데 이 위대한 복음이 왜 이 세상에, 그리고 아직도 어느 누군가에게 아무 능력이 없는 것입니까? 이유는 두 가지입니다. 하나는 자기가 누구인지 몰라서 그렇습니다. 지하에 갇힌 광부들이 스스로 죽을 만한 절망적인 상태라는 것을 인식하지 못했다면 외부와 연락되는 것이 그렇게 기쁜 소식이 아니었을 것입니다. 자기의 처지를 너무나 잘 알았기 때문에 그 전화 하나, 연락 하나, 그 소식 하나가 좋은 소식이 된 것입니다. 성경은 오늘 우리 처지가 하나님의 진노 앞에 있다고 말합니다. 우리는 죄로 인해 타락하고, 멸망의 길을 가고, 하나님 없는 세상을 살고 있습니다. 그러나 구원의 소식이 이미 전해졌음에도 불구하고 우리의 지정의가 타락하고, 우리 삶이 이미 죽은 자와 같아서 그 소식을 인식하지 못하는 것입니다. 우리는 이 사실을 알아야 회개하게 됩니다.

또한 하나님의 택하심이 없어서 그렇습니다. 쉽게 말해서 성령이 없어서 그렇습니다. 성령의 역사를 간구하지 못해서 그렇습니다. 성경에 나타난 하나님의 사람들을 보십시오. 예수님의 사도들, 그 제자들, 다 별 볼일 없는 사람들입니다. 어느 누구 하나 정말 위대한 인격과 지식과 영도력을 가진 사람이 없습니다. 그저 평범한 어부요, 보통사람입니다. 그런데 어떻게 그런 사람들이 그토록 놀랍고 위대한 하나님의 사람으로 변한 것입니까? 질문을 던져야 됩니다. 성령의 인치심을 받은 자, 거듭난 자는 자꾸 질문을 던지게 됩니다. 땅을 사든 사업을 하든, 무엇을 하든 자꾸 질문하지 않습니까? 속지 않을까, 바르게 된 정보가 무엇일까? 그런데 왜 하나님께는 질문 하지 않는 것입니까?

도대체 왜 이런 일이 있는 것이냐고 질문해보시기 바랍니다. 그러면 하나님께서 성경적 답을 주십니다. 거듭났기 때문에 이제는 자꾸 하나님의 말씀이 들려옵니다. 중생한 그리스도인은 하나님께서 함께 하심을 믿습니다. 말씀을 사건으로 경험합니다. 말씀이 능력으로 나타납니다. 그렇게 성령에 붙들림 받아서 말씀에 이끌려 살아가다보면 위대한 하나님의 사람이 되는 것입니다.

사도행전에 나타난 하나님의 사람들도 이와 마찬가지입니다. 오늘날로 따지면 다 평범하고 그냥 그런 사람들입니다. 그런데 어떻게 그들이 믿음으로 승리하게 된 것입니까? 성경의 답은 하나입니다. 거듭났기 때문입니다. 우리는 '예수 그리스도 안에서 살아간다'고 고백합니다. 예수 그리스도 안에 우리의 삶이 있습니다.

이러한 삶은 추상적인 것이 아닙니다. 예수 그리스도 안에서 하나님의 말씀을 듣고 하나님을 인식하고, 예수 그리스도의 삶의 방식을 배웁니다. 예수 그리스도의 마음을 배웁니다. 그렇게 가다가 그냥 자기도 모르게 변합니다. 이미 변한 사람이 그 진리 안에서 구체화됩니다.

거듭난 사람에게는 삶의 증언이 있습니다

손양원 목사님은 위대한 순교자입니다. 제가 중생하기 전에는 그분이 정말로 대단한 분인 줄 알았습니다. 그래서 항상 이런 기도를 오랫동안 했습니다. '하나님, 저한테도 그 목사님과 같은 신앙적 의지를 좀 주세요.' 그런데 그게 아니더라고요. 백 날 그런 기도 해봐야 답도 못 얻었습니다. 문제의 원인을 다시 찾아야 됩니다. 손양원 목사님은 그냥 보통사람입니다. 중생했다는 것이 다를 뿐입니다. 성령께 고용되었고 말씀에 붙들렸습니다. 그래서 자기 아들 둘을 죽인 원수를 용서

하고 자기 아들로 삼습니다. 그때 딸인 지금의 손동희 권사님이 이런 말을 했답니다. "아버지, 생각해보세요. 용서했으면 용서했지, 그 원수 놈을 어떻게 아들로 삼습니까? 그러면 저는 그 나쁜 놈, 오빠를 죽인 그 원수를 오빠라고 부르면서 평생을 살아야 되는데, 이게 말이 됩니까?"

그때 손 목사님이 이렇게 대답했다고 합니다. "애, 동희야. 성경말씀을 자세히 읽어봐라. 성경말씀에는 분명히 원수를 사랑하라고 했다. 용서만 가지고는 안 된다. 그 학생을 살려주는 것만으로는 부족해. 원수를 사랑하라 했으니 사랑하기 위해 아들 삼는 거야. 아브라함은 백 살에 얻은 외아들 이삭을 하나님의 명령 한 마디에 모리야 제단에서 칼로 찌르려 하지 않았더냐? 너는 어떻게 생각하느냐? 그 시험이 이 시험보다 더 힘들다고 생각하느냐? 너는 어떻게 생각하느냐?"

중생하지 않고는 할 수 없는 일입니다. 자신의 지정의를 가지고는 할 수 없는 일입니다. 그 심령이 새로워지고 예수 그리스도 안에서 새로운 피조물이 되었습니다. 성령의 인도하심을 따라 말씀이 그를 붙들어갑니다. 그래서 말씀에 순종하며 살았던 것뿐입니다.

구원받은 거듭난 자의 확신은 나 스스로 되는 것이 아닙니다. 오늘 그렇게 생각하는 사람들이 너무 많습니다. 성경은 분명히 말합니다. 오직 성령만이 하신다고 말씀합니다. 성령께서 인치시고, 보증하시고, 성령의 역사로 내가 하나님의 자녀가 되고, 거듭나게 하십니다. 따라서 그 성령께 순종하며 하루하루를 살아갑니다. 이 과정 속에서 하나님은 살아 역사하십니다.

우리는 분명히 압니다. 하나님은 창조주시요, 역사의 주인이십니다. 그분께서 그분의 지혜와 방법으로 오늘도 하나님 나라를 이루고 계십니다. 하나님의 뜻은 반드시 이루어집니다. 거듭남의 역사를 통해서, 오직 거듭난 자를 통해서 하나님의 말씀이 들리게 하시고, 믿어지게 하시고, 그 일의 증인으로 주어진 삶에서 하나님의 종으로 살게 하십니다. 그럴 때 합력하여 선의 역사가 이루어집니다. 여러분은 거듭난 하나님의 자녀임에 틀림없습니까? 하나님께 기도해야 합니다.

PRAYER

전지전능하신 은혜의 하나님, 우리가 하나님과 원수 되었을 때 무지무각하여 타락하고 부패한 자일 때 하나님께서 끝까지 사랑하시어 십자가 위에서 하나님의 사랑을 확증시켜주시어, 오직 믿음으로 하나님의 자녀가 되게 하심을 진심으로 감사드립니다. 하나님의 거듭난 자녀안에 성령께서 계시고, 우리의 심령을 새롭게 하시며, 말씀을 듣고 사는 자로 날마다 새롭게 인도하심을 고백하며, 이 일에 위대한 증인으로 이 땅에 살게 우리를 붙들어주시옵소서. 오늘도 하나님과 동행하는 자로 하나님의 영광을 향하여 신령한 세계를 바라보고 기도하고 회개하고, 하나님의 지혜와 능력과 손길을 구하며 하나님 앞에 바르게 살아갈 수 있도록 온전한 믿음을 허락하여주시옵소서. 우리 주 예수 그리스도의 이름으로 간절히 기도드립니다. 아멘.

17_네 믿음이 너를 구원하였다

하나님의 말씀_마가복음 10 : 46 − 52

저희가 여리고에 이르렀더니 예수께서 제자들과 허다한 무리와 함께 여리고에서 나가실 때에 디매오의 아들인 소경 거지 바디매오가 길가에 앉았다가 나사렛 예수시란 말을 듣고 소리질러 가로되 다윗의 자손 예수여 나를 불쌍히 여기소서 하거늘 많은 사람이 꾸짖어 잠잠하라 하되 그가 더욱 심히 소리질러 가로되 다윗의 자손이여 나를 불쌍히 여기소서 하는지라 예수께서 머물러 서서 저를 부르라 하시니 저희가 그 소경을 부르며 이르되 안심하고 일어나라 너를 부르신다 하매 소경이 겉옷을 내어버리고 뛰어 일어나 예수께 나아오거늘 예수께서 일러 가라사대 네게 무엇을 하여주기를 원하느냐 소경이 가로되 선생님이여 보기를 원하나이다 예수께서 이르시되 가라 네 믿음이 너를 구원하였느니라 하시니 저가 곧 보게 되어 예수를 길에서 좇으니라

영국 캠브리지 대학의 경제학 교수이자 세계적인 경제학자로 명성을 얻고 있는 장하준 박사님의 저서 중에 「그들이 말하지 않는 스물세 가지」라는 베스트셀러가 있습니다. 원제는 23Things They Don't Tell You About Capitalism인데, 의역하면 '자본주의가 말해주지 않는 스물세 가지'라고 할 수 있습니다. 자본주의가 숨겨놓고 있는 사실 스물세 가지에 대한 것인데 한번쯤 읽어볼 만한 경제학 책입니다. 전체의 논지는

'자본주의는 나쁜 경제 시스템이다'라는 것입니다. 모든 자본주의가 나쁘다는 것이 아니라, 자유시장자본주의가 나쁘다는 것입니다. 한마디로 자유시장이란 존재하지 않는다는 것입니다. 참 충격적인 내용이지만, 전적으로 동의합니다.

이런 내용입니다. 예를 들어 같은 자동차를 취객이 운전하면 살인무기가 되듯이 시장의 참여자들이 문제입니다. 모든 시장은 이윤추구의 동기를 갖고 있으나 그 깊은 곳에 있는 마음과 태도, 목적이 문제입니다. 그대로 방치하면 엉망이 되고 맙니다. 그는 이것이 오늘날 자본주의의 모습이라고 하면서 자유시장은 존재하지 않는다고 말합니다. 그러므로 세워놓은 규정과 효과적인 제도로 그 시장을 이끌어서 지금보다 더욱 나은 자본주의의 시장을 만들어야 한다는 것입니다. 개인적으로 전적으로 동의하는 바입니다.

더불어 장하준 교수는 모두에게 맞는 하나의 경제모델은 절대로 존재하지 않는다고 말합니다. 각자에게, 각 나라에 맞는 자본주의의 모델을 찾고 만들어가야 된다고 합니다. 특별히 탈산업화 지식사회인 오늘날의 대한민국도 이것을 추구하는 경제모델인데, 이 모든 것이 신화이고 가짜라는 것입니다. 절대 존재하지 않는다는 것입니다. 오늘날 우리나라는 서비스산업, 금융 산업이 자꾸 그쪽으로 변화하려고 하는데, 수많은 사례를 통해서 그는 물건 만들기를 더욱 중요하게 생각해야 한다고 말합니다. 제조업의 기초 위에 경제가 서지 않으면 어느 날 왕창 무너져버리고 아무것도 남지 않는다는 것입니다. 참으로 좋은 경제지식이라고 생각합니다.

관점이 모든 것을 말합니다

이 책을 읽으면서 문득 떠오른 유명한 철학적 명제가 하나 있었습니다. 바로 '관점이 모든 것을 말한다.'는 것입니다. 'Perspectives', 관점이 모든 것을 말합니다. 장하준 박사가 어떻게 이런 아주 신선하고 또한 사실적이며 명료한 경제지식을 우리에게 줄 수 있었습니까? 그것은 그의 관점 때문입니다. 관점이 모든 것을 말합니다. 관점이란 사전적으로 '무엇을 보거나 생각하는 시각'입니다. 그것이 그와 같은 지식을 갖게 하고, 그런 삶의 선택을 하게 합니다. 이제 우리는 생각해야 합니다. 나는 어떤 관점으로 사물을 보고 생각하며 오늘을 살아갑니까? 너무도 중요한 문제입니다.

한 대학생 과외선생이 도무지 대책이 서지 않는 한 학생을 가르쳤습니다. 마침 사회탐구 공부시간이었습니다. 수요와 공급에 대해서 가르쳐야 하는데, 이것을 좀 쉽게 설명하려고 서로 다른 색깔의 필기도구로 그래프를 그려가면서 한참동안 열심히 설명을 해주었습니다. 그리고 이제 마지막으로 확인을 하기 위해서 이렇게 질문했습니다. "여기 붉은 공급곡선이 위로 올라가고, 파란 수요곡선이 아래로 내려오면 서로 교차되는데, 이렇게 되면 어떻게 되니?" 학생은 깊이깊이 생각하더니 이렇게 대답합니다. "자주색이 될 것 같은데요." 간단합니다. 그 아이의 관점입니다. 그래서 어리석은 대답이 나오는 것입니다.

저는 신학 교수님들을 만날 때마다 그런 생각을 합니다. 한 평생 한 방향으로 깊이 연구하며 살았습니다. 그런데 그러다보니 딱 그것만 봅니다. 부분으로만 보는 것입니다. 그때마다 제가 꼭 제시하는 말씀이 있습니다. '우리 성경으로 봅시다. 진리를 다시 한 번 생각합시다.' 오직 하나님의 말씀만이 우리로 통전적(通典的) 관점을 갖고 보게 하는데 그 가운데 하나를 붙들고 있는 것이 틀렸다는 것이 아니라, 하나만 붙들고 옳은가 그른가를 판단하는 것이 문제라는 것입니다.

제가 미국방문 중에 이런 질문을 받았습니다. "연평도 피습사건을 어떻게 생각하십니까?" 그때마다 제가 되물었습니다. "당신은 어떻게 생각하십니까?" 물어보면 생각이 다 다릅니다. 그것이 관점입니다. 제게 물으니 저도 제 관점으로 설명합니다. 그러나 마지막 한마디는 꼭 강조했습니다. "하나님께서는 살아계시고, 하나님께서 아시는 것입니다." 여기부터 생각해야 합니다. 이제 내게 주시는 말씀을 들으면 됩니다. 저는 분명히 이 사건을 통해서 들은 말씀이 있습니다. 이것입니다. '기도 열심히 해라.' 가만히 보니 북한동포에 대해서 요즘 제가 좀 기도가 게을렀더라고요. 그들을 위해서 무엇을 해야 하는지 과거처럼 구체적으로 생각하지 못했더라고요. 그러면서 그분들에게 물었습니다. "여러분은 얼마나 기도하셨습니까? 그들을 위해서 얼마나 수고하셨습니까?" 아무것도 한 것이 없으면 말하지 말아야 합니다.

그리스도인의 관점과 믿음

믿음과 관점은 절대적 관계입니다. 신앙생활은 믿음으로 하고, 세상생활은 관점으로 하는 것은 잘못입니다. 믿음과 관점은 절대적 관계입니다. 믿음이 관점을 변화시킵니다. 그래서 바른 믿음을 가진 사람은 믿음의 관점으로 보고 생각하고 판단하고 선택하게 됩니다. 그리스도인의 관점은 불신자의 관점과 차원이 다릅니다. 전혀 다릅니다. 항상 다릅니다. 그것이 그리스도인의 삶입니다.

한 오랜 친구를 얼마 전 만났습니다. 이 친구는 불신자입니다. 전도를 하는데, 이 전도라는 것이 참 쉽지 않습니다. 그것도 옛날부터 알던 친구면 더욱 힘듭니다. 그래도 제가 하나님께서 우주를 창조하셨다고 얘기하는데, 친구가 대뜸 그런 말도 안 되는 얘기는 하지도 말라고 말합니다. 그 생각이 그의 관점입니다. 그러면서 한다는 얘기가 지구를 창조했다는 것은 믿겠답니다. 그런데 우주를 창조했다고 하니 이게 말이 되느냐 이거예요. 지구 하나를 창조했다면 자기는 믿겠는데, 그 방대한 우주를 창조했다고 하니 그것은 믿을 수 없답니다. 나름대로 말되더라고요. 왜 그렇습니까? 그 사람의 관점이 그런 것입니다.

그래서 제가 설명했습니다. "믿음이라는 것이 무엇이냐? 창세기 1장 1절에서 말씀한다. 첫 말씀이다. 모든 그리스도인은 이 말씀을 기억한다. '태초에 하나님께서 천지를 창조하셨느니라.' 이걸 믿으면 세계관이 바뀐다. 설명할 길이 없고, 알 길도 없다. 그러나 하나님께서 창조하신 것을 믿는다." 관점이 변합니다. 믿음은 관점을 날마다 변화시킵니다.

저는 믿음의 정의를 이렇게 생각합니다. 제 나름대로의 정의입니다. "믿음은 하나님의 계시에 대한 나의 바른 응답이다." 그래서 바른 믿음을 갖게 되면 그 하나님의 계시가 내 생각을 바꿉니다. 소원도 바꾸고, 관점도 바꾸고, 삶의 태도도 바꾸고, 전부 다 바꿔버립니다. 그런데 믿음과 관점이 따로따로 논다면 그 믿음은 죽은 믿음입니다. 잘못

신앙생활 하는 것입니다. 그러면 믿음은 어디로부터 옵니까? 우리는 항상 질문합니다. 항상 두 가지를 생각해야 합니다.

먼저는 내가 믿는 것입니다. 우리가 사도신경으로 고백하지 않습니까? "내가 믿사오니." 저 사람이 믿어서 내가 구원받는 것이 아닙니다. 저 사람이 믿어서 내가 변화되는 것이 아닙니다. 내가 믿는 것입니다. 나의 응답입니다. 나의 바른 응답이어야 됩니다. 왜 그렇습니까? 잘못된 응답을 할 때가 너무나 많거든요. 분명 나의 선택이요 결단입니다.

그러나 더 중요한 문제가 있습니다. 하나님의 계시가 있어야 됩니다. 무엇에 대한 응답입니까? 하나님의 계시에 대한, 하나님의 뜻에 대한 응답입니다. 그 뜻이 없다면, 계시가 드러나지 않는다면 그 믿음은 헛것 아닙니까? 아무것도 아닙니다. 내가 아무리 믿고, 아무리 결단해도 아무 소용이 없습니다. 그래서 성경은, 믿음은 하나님께서 주시는 은혜의 선물이라고 말합니다. 분명 나의 결단이요 나의 선택이지만, 그렇게 되는 그 동기, 그 믿는 바가 하나님이시거든요. 하나님께서 밝히 보여주시는 그 진리를, 그 뜻을 믿음으로 믿음의 사람이 됩니다. 그 믿음은 하나님께서 주시는 선물일 수밖에 없습니다.

그리스도인의 바른 믿음

오늘 분문은 이적입니다. 이적의 기록입니다. 항상 말씀드립니다마는, 이적은 계시입니다. 믿음의 사람은 그 놀라운 사건을 통해서 하나님의 뜻이 무엇인지, 그 계시를 찾고자 합니다. 그것이 그의 관점입니다. 그런데 믿음이 없는 사람은 놀라운 사건만 중요합니다. 그 사건에만 매입니다. 불신자의 세계관입니다. 그래서 잘못된 믿음은 그 자체가 불행이요, 비극입니다. 잘못된 믿음은 잘못된 관점으로 생각하고 바라보며 선택하는 인생을 살게 하기 때문입니다. 오늘 예수님께서 이 이적을 통해서 바른 믿음이 무엇인가를 우리에게 계시해주십니다. 주께서 말씀하십니다. "네 믿음이 너를 구원하였도다."

여러분, 이 예수님의 말씀은 일평생 날마다 들으며 살아야 할 말씀입니다. 아니, 반드시 한 번은 꼭 들어야 됩니다. 이 다음에 죽어 예수님 앞에 갔거나 최후의 심판 때 예수님께서 '네 믿음이 너를 구원하였도다' 라고 말씀하지 않으신다면 다 지옥에 갑니다. 비록 아무 공로가 없어도 '네 믿음이 너를 구원하였도다' 라는 말씀을 들어야 천당에 갑니다. 너무나 중요한 말씀입니다. 그래서 기도합니다. 어떻게 응답받습니까? "네 믿음이 너를 구원하였도다." 그 믿음으로 응답받습니다. 잘못된 믿음을 가지면 아무것도 없습니다.

그런데 이 놀라운 복의 선언을 예수님 당시에 제사장들이, 종교인들이, 그 훌륭한 분들이 듣지 않고 거지와 시각장애인이 들었습니다. 가장 비참하고 소외된 자들이 이 말씀을 들었습니다. 이 말씀 하나로 그는 변합니다. 이 말씀을 듣지 못했다면 그냥 거지로, 시각장애인으로 그냥 불쌍하고 비참하게 살다가 죽었을 것입니다. 그런데 이 말씀 하나가 이 사람을 완전히 변화시킵니다. 육체적으로, 정신적으로, 영적으로 완전히 다른 사람을 만듭니다. 어느 정도 다른 사람이 되었느냐 하면, 성경에 이 사람의 이름인 바디매오뿐 아니라, 그 아버지의 이름인 디메오까지도 기록이 되었습니다.

기적을 체험하는 믿음

성경을 보면 예수님께로부터 능력을 받아 기적을 체험한 사람들의 이름이 전부 다 기록되어 있지는 않습니다. 대부분은 없습니다. 그러나 이 사람은 끝까지 헌신한 것입니다. 그들이 초대교회의 큰 역사를 일으켰기에 성경 기록자들이 그 이름을 압니다. 그 사건과 그 장본인의 이름을 압니다. 바디매오는 물론이고 그 아버지 디메오까지도 압니다. 이 말씀을 듣지 못했다면 그는 참으로 비극적인 삶으로 끝났을 것입니다. 그러나 이 말씀으로 새로워집니다. 하나님의 사람은 이 말씀을 듣고 살아야 됩니다. "네 믿음이 너를 구원하였느니라(52절)."

도대체 어떤 믿음이기에, 그야말로 거지에 시각장애인인데 그런 믿음을 소유하고 예수님께로부터 칭찬받는 것입니까? 하나님의 사람은 그것을 알고 싶어 합니다. 그래서 성경은 기록되어 있고, 이 놀라운 사건을 통해서 우리에게 하나님의 말씀이 들립니다.

가장 처음 우리가 이 사건을 통해서 접하는 것은 간절한 마음을 가진 바디매오의 믿음입니다. 다시 말해서 믿음은 그 사람에게 간절함을 줍니다. 믿음이 그로 하여금 모든 일에 간절한 마음을 갖도록 만들어 버립니다. 하나님에 대해서, 세상에 대해서, 모든 일에 대해서 간절한 마음을 갖고 살도록 믿음이 그를 변화시킵니다.

바디매오는 지금 예수님께 "주여, 나를 불쌍히 여기소서. 불쌍히 여기소서" 하고 간구합니다. 반복적으로 매달립니다. 그러자 오늘 본문에 나타난 것처럼 사람들이 그를 꾸짖습니다. 그럴 수밖에 없습니다. 지금 능력자이신 예수님께서 오셨습니다. 수많은 사람들이 그로부터 말씀 듣기를 원하고, 능력 받기를 원하는 순간입니다. 그런데 누구 하나가 고래고래 소리를 질러보십시오. 꾸짖을 수밖에 없는 상황입니다. "조용해 해라, 이놈아! 우리도 말씀을 좀 듣자." 지금 이런 것입니다. 그런데 그런 주변상황이 그의 간절함을 멈추지 못합니다. 그만큼 간절합니다.

간절함이 있는 믿음

여러분은 얼마나 간절한 마음으로 신앙생활을 합니까? 오늘날 보면 우리 안에 간절함이 없어졌습니다. 절박함, 간절함이 없습니다. 그런데 성경을 보면 모든 이적과 하나님의 은총은 간절한 마음을 가진 사람들에게 나타났습니다. 출애굽의 이적도 간절한 마음으로 하나님께 기도하는 그들을 위해서 하나님의 긍휼이 이적으로 임한 것입니다. 수많은 병자들도 마찬가지입니다. 간절한 마음으로 구하는 자들에게 임한 것입니다. 우리는 기도응답을 생각합니다. 간절한 마음 말고는 기도응답이 없습니다. 먼저는 간절한 마음이 있어야 합니다. 믿음이 그에게 간절한 마음을 갖게 만들어갑니다. 만일 간절한 마음을 잃었다면 지금 그 믿음이 병들어가는 것입니다. 잘못된 믿음입니다.

특히 오늘 신앙생활을 하면서 우리가 때로 큰 사건을 통해서 절망하고 낙심하고 포기하는 경우가 많습니다. 그러나 진정한 믿음의 사람은, 이 간절한 마음을 가진 사람은 절대 포기하지 않습니다. 절대 절망하지 않습니다. 끝까지 인내하고 끈기 있게 견딥니다. 바디매오처럼 견디는 것입니다. 왜 그렇습니까? 살아계신 하나님을 믿기 때문입니다. 그 하나님께서 사람을 긍휼히 여기십니다. 제도나 업적이 아닙니다. 하나님께서는 항상 사람을 불쌍히 여기십니다. 간절한 마음으로 하나님 앞에 나온 자를 만나주십니다. 거기에 대한 믿음이 있습니다. 그러기에 절대 포기하지 않습니다. 절망하지 않습니다.

우리가 세상을 살면서 성공이라는 것을 향해서 참 많이 노력합니다. 간절한 마음이 참 많습니다. 자녀를 위해서, 자녀교육을 위해서, 그 장래를 위해서 간절한 마음으로 수고하고 애쓰며 참 많은 것을 투자합니다. 그러나 하나님께는 어떻습니까? 도무지 창피해서 비교할 수 없을 만큼 간절함이 없습니다. 정말 하나님께서 살아계시고, 하나님의 지혜와 능력이 하나님의 자녀에게 임하는 것을 믿는다면 간절한 마음을 갖게 됩니다. 그래서 그는 간절한 마음으로 지금 예수님께 나아가고 있습니다.

그 간절함이 다른 쪽을 향해서는 안됩니다. 예수님을 향한 간절함입니다. 그래서 예수님께서 그를 기뻐하십니다. 먼저는 예수님을 향해야 합니다. 오늘 본문은 말씀합니다. "다윗의 자손 예수여, 다윗의 자손 예수여." 예수님께서 메시야이심을 확실히 믿었다는 것이 아닙니다. 다만 그러한 바람 가운데 예수님의 능력을 간절한 마음으로 구했습니다.

모든 종교에서 적어도 존경받는 사람이나 잘 믿는 사람들에게는 간절함이 항상 있습니다. 매년 입시철에 보십시오. 불교신자들도 새벽부터 가서 간절하게 구하지 않습니까? 제가 경험한 바로는 가장 간절한 종교인들은 이슬람교인입니다. 절대 무시할 것이 아닙니다. 정말 배워야 됩니다. 그거 헛것인데도 그렇게 간절합니다. 그 딱딱한 돌바닥에 엎드려서 세 시간씩, 다섯 시간씩 수 천 수만 명이 기도하며 무릎 꿇고 있는 것을 보면 정말 정신이 번쩍번쩍 납니다. '기독교인은 뭐하는 것인가? 어찌 이런 간절함이 없단 말인가?' 다시 생각해야 합니다.

그러나 그들과 그리스도인이 다른 것이 있습니다. 그들은 예수님께 대한 간절함이 없습니다. 잘못된 신앙생활입니다. 참 그리스도인은 예수님을 향한 간절한 마음이 회복되어야 합니다. 그 믿음이 그로 하여금 간절한 마음을 날마다 회복시킵니다. 깊이 생각하시기 바랍니다.

인간은 죄인이기에 하나님의 지혜와 능력이 인간에게 임할 필요가 없습니다. 하나님의 진노 아래 있을 뿐입니다. 그러나 하나님의 지혜와 능력이 우리에게 임하는 것은 오직 한 가지 이유 때문입니다. 예수 그리스도입니다. 그분의 은혜, 그분의 십자가의 피의 보혈 외에는 예수님께서 우리에게 하나님의 사랑과 지혜와 능력을 주실 이유가 없습니다. 오직 예수님의 공로로 예수님께서 주님이시요 구세주가 되시므로, 하나님의 지혜와 능력이 믿음으로 임합니다. 그러니 얼마나 간절해집니까? 이것을 잃는다면 잘못된 신앙생활을 하는 것입니다.

더욱 좋은 것을 택하는 믿음

이제 그 간절한 마음을 갖고 예수님께 온 바디매오를 예수님께서 만나주십니다. 이것이 마땅합니다. 하나님께서는 항상 이와 같으십니다. 그를 만나주십니다. 그를 부르십니다. 만일 하나님께서 부르지 않으셨다면 그 열심도, 간절함도, 믿음도 가짜요 헛것이요, 잘못된 신앙생활입니다. 그러나 예수님께서 만나주심으로 구원에 이르는 믿음을 갖게 되고, 온전한 삶의 변화를 이루어나가게 됩니다. 이 간절한 믿음은 하나님의 선물입니다. 성령께서 이 마음을 회복시켜 주시도록 우리는 기도해야 합니다.

특별히 바디매오의 믿음은 더 좋은 것, 더 큰 것을 선택하는 믿음입니다. 믿음은 하나님의 사람으로 하여금 항상 더 좋은 것, 더 큰 것을 선택하도록 변화시킵니다. 오늘 본문을 보면 예수님께서 바디매오를 부르십니다. 성경은 기록합니다. "겉옷을 내어버리고 뛰어 일어나 예수께 나아오거늘(50절)." 그 당시 이 시각장애인 바디매오에게 겉옷은 전 재산입니다. 그러나 예수님께 나아가는데 거추장스럽습니다. 지금 이것이 방해가 됩니다. 그래서 다 집어던집니다. 오직 더 큰 것, 더 좋은 것을 향하여 예수님께 나아갑니다.

우리가 신앙생활을 하면서 예수님께 나아올 때, 하나님 앞에 나아올 때 방해가 되고, 장애가 되는 것이 너무나 많습니다. 오늘 하나님 앞에 나왔습니다. 교회에 나온 것은 하나님의 말씀을 듣고 하나님을 만나자는 것인데 너무나 많은 방해물들이 내 안에, 내 주변에 있습니다. 그거 다 없애버려야 됩니다. 바른 믿음은 항상 더 좋은 것, 더 큰 것, 그 하나님의 것을 구합니다. 그것은 하나님께 있거든요. 세상과 천국, 이것이 어디 비교가 됩니까? 나의 뜻과 하나님의 뜻, 이것이 어디 비교가 됩니까? 하나님과 재물, 비교가 안 됩니다. 바른 믿음의 사람은 더 좋은 것, 더 큰 것, 하나님과 하나님 나라와 그의 의, 하나님의 뜻을 항상 구합니다. 그러니까 그의 생각과 관점이 싹 변하는 것입니다. 그런데 잘못된 믿음은 항상 둘 다 구합니다. 어차피 못 얻을 것인데, 안된다고 말씀하시는데도 말입니다.

더 나쁜 믿음은 돈, 명예, 세상 것, 나의 꿈, 나의 소원, 날마다 이런 것들만 붙들고 있습니다. 이건 죽은 신앙입니다. 이 바디매오의 믿음은 합당한 소원을 갖고 있습니다. 우리는 많은 소원을 갖고 있지만, 사실 하나님의 뜻에 합한 소원을 갖고 있어야 합니다. 하나님의 마음을 기쁘시게 해드리는 소원을 갖고 있어야 그 소원이 이루어집니다. 바디매오는 그 소원을 갖고 있었습니다. 한 마디로 믿음은 소원을 바꿉니다. 온전한 믿음은 그 사람의 소원을 바꿉니다. 하나님께서 기뻐하시는 소원을 갖고 살아가도록 그 사람을 바꾸십니다. 아직 내가 구하는 소원이 하나님의 뜻과 일치하지 않는다면 빨리 버려야 됩니다. 그것이 바른 믿음입니다.

미국에서 신학교 강연을 갔다가 리더십을 공부하는 싱가포르 출신의 유학생을 만났습니다. 그가 리더십 교수에게 과제물을 내러 왔다가 저를 소개받았는데, 제가 첫 질문을 이렇게 했습니다. "무엇을 하려고 리더십 공부를 합니까?" 그랬더니 이렇게 답합니다. 준비된 대답입니다. "리더십을 열심히 공부해서 리더십의 대가가 될 겁니다." 하나님의 영광을 위하여 많은 일을 하고 싶답니다. 그러면 제가 "아, 그렇습니까? 훌륭하시네요." 뭐 이러고 나가야 되는데, 제 입이 방정이지요. 그만 이렇게 이야기하고 말았습니다. "그거 나쁜 소원인데요."

처음 본 사람한테 그러니까 이분이 당황했습니다. 그래서 제가 설명해주었습니다. "그것은 당신의 소원이 아닙니까? 그것은 당신의 야망이 아닙니까? 당신의 꿈이 아닙니까? 하나님의 뜻이 무엇인지를 알고 소원해야지, 신학교까지 들어와서 아직 그거 붙들고 있으면 되겠습니까?"

솔로몬 왕을 생각해보시기 바랍니다. 엄청난 사건입니다. 그는 나이 어릴 때 왕이 되었습니다. 구할 것이 많았습니다. 하나님께서 '내가 너에게 무엇을 주랴?' 하고 경건한 마음의 솔로몬에게 물으실 때, 그는 오직 한 가지를 구합니다. 그것도 하나님의 뜻에 합한, 하나님을 기쁘시게 해드리는 소원을 구합니다. "지혜를 주소서. 하나님의 마음, 하나님의 뜻을 분별하는 마음을 주소서." 하나님께서 너무나 기뻐하십니다. 그래서 그가 구하지 아니한 것까지도 전무후무하게 주셨습니다. 우리가 믿는 하나님은 그런 하나님이십니다.

오직 한 가지를 구하는 믿음

오늘 본문에서 바디매오는 오직 한 가지를 구하고 있습니다. 오직 한 가지 외에는 필요하지 않습니다. 그거면 만족합니다. 예수님께서 "네가 내게 무엇을 구하느냐? 내가 너에게 무엇을 해줄까?" 물으십니다. 그는 즉시 대답합니다. "보게 해주세요." 그런데 그 소원이 하나님의 마음에 합했습니다. 그리고 듣습니다. "네 믿음이 너를 구원하였느니라."

조금만 더 생각해보면 아니 시각장애인이 눈을 뜨는 것이 가능하다는 말입니까? 그 누구도 할 수 없습니다. 그런데 그런 불가능한 것을 구한 것입니다. 왜 그렇습니까? 하나님께서는 하실 수 있으시기 때문입니다. 그것뿐입니다. 하나님께서는 하실 수 있으십니다. 내가 할 수 있는 것은 내가 합니다. 하나님께서 하실 수 있는 것을 하나님께 구하시기 바랍니다. 그리할 때 하나님께서 너무나 기뻐하십니다. 그리고 말씀하십니다. "네 믿음이 너를 구원하였느니라." 성경은 말씀합니다. "저가 곧 보게 되어(52절)." 구했더니 낫게 된 것입니다.

여러분은 거듭난 그리스도인으로서 하나님께 무엇을 구하고 살아갑니까? 저와 같이 하나만 구했으면 좋겠습니다. '하나님의 자녀답게 살게 해주세요.' 바로 이것입니다. 하나님의 자녀답게 살기를 원하는 것, 하나님께서 분명 기뻐하십니다. "네 믿음대로 될지어다."

토마스 아퀴나스라고 하는 유명한 하나님의 사람의 기도사건이 있습니다. 그가 간절히 하나님께 기도합니다. 많은 것을 하나님께 구했겠지요. 기도제목이 많았습니다. 어느 날 하나님께서 정말 나타나셔서 이렇게 말씀하시더랍니다. "내게 구하라. 내가 네게 무엇을 해줄까?" 그때 그의 유명한 기도가 있습니다. "I want nothing but Jesus Christ."

지금 한참 무엇을 구하고 있는데, 하나님을 딱 만나고 나니 완전히 소원이 바뀝니다. 그리고 말합니다. "아무것도 필요 없습니다. 오직 예수 그리스도만을 구합니다." 하나님께서 우리에게 은혜와 지식과 능력과 사랑을 베푸시는 것은 오직 예수 그리스도 때문입니다. 그분 덕분입니다. 그분이 아니면 우리는 다 하나님의 진노 아래 있을 수밖에 없습니다.

얼마나 예수 그리스도를 아십니까? 얼마나 예수 그리스도께 감사합니까? 얼마나 예수 그리스도와 연합한 자로 오늘을 살아갑니까? 얼마나 예수 그리스도를 믿음으로 신앙생활하고 있습니까? 예수님께서 요한복음 14장에서 말씀하십니다. "내가 곧 길이요 진리요 생명이니(6절)." 참 믿음의 사람은 예수님의 길을 따라 살며, 예수님의 진리 안에 거하며 살며, 예수님의 생명을 기뻐하고 자랑하고 증거하며 삽니다. 이제 주님께서 우리에게 말씀하십니다. "네 믿음이 너를 구원하였도다." 바로 믿음의 사람에게 하시는 말씀입니다. "네 믿음이 너를 구원하였도다."

PRAYER

전지전능하신 은혜의 하나님, 오직 믿음으로 하나님의 자녀 되었음에도 불구하고, 참 믿음의 본체인 예수 그리스도를 사모하지 못하고, 예수 그리스도 알기를 힘쓰지 아니하고, 예수 그리스도와 함께하는 삶을 갈망하지 못하여 휘청거리고 실족하며, 세상의 풍조와 소식에 놀라고 두려워하며 만족 없는 불평과 원망의 삶을 살아갈 수밖에 없는 어리석은 죄인을 주여 불쌍히 여겨주시옵소서. 오직 믿음으로, 주께로부터 "네 믿음이 너를 구원하였도다"하시는 이 말씀을 날마다 들으며 하나님 앞에 나아가는 하나님의 사람으로 하나님의 자녀답게 살아갈 수 있도록 우리를 긍휼히 여겨주시고, 믿음으로 우리의 관점을 바꾸시고, 소원을 바꾸시고, 마음을 바꾸시어 하나님과 동행하는 은총의 삶을 누리며, 위대한 복음의 증인으로, 하나님 나라의 증인으로 이 땅을 살아갈 수 있도록 항상 붙들어주시옵소서. 우리 주 예수 그리스도의 이름으로 간절히 기도드립니다. 아멘.

18_저주받은 무화과나무

하나님의 말씀_마가복음 11 : 12 - 14, 20 - 25

이튿날 저희가 베다니에서 나왔을 때에 예수께서 시장하신지라 멀리서 잎사귀 있는 한 무화과나무를 보시고 혹 그 나무에 무엇이 있을까 하여 가셨더니 가서 보신즉 잎사귀 외에 아무것도 없더라 이는 무화과의 때가 아님이라 예수께서 나무에게 일러 가라사대 이제부터 영원토록 사람이 네게서 열매를 따먹지 못하리라 하시니 제자들이 이를 듣더라 / 저희가 아침에 지나갈 때에 무화과나무가 뿌리로부터 마른 것을 보고 베드로가 생각이 나서 여짜오되 랍비여 보소서 저주하신 무화과나무가 말랐나이 다 예수께서 대답하여 저희에게 이르시되 하나님을 믿으라 내가 진실로 너희에게 이르노니 누구든지 이 산더러 들리어 바다에 던지우라 하며 그 말하는 것이 이룰줄 믿고 마음에 의심치 아니하면 그대로 되리라 그러므로 내가 너희에게 말하노니 무엇이든지 기도하고 구하는 것은 받은 줄로 믿으라 그리하면 너희에게 그대로 되리라 서서 기도할 때에 아무에게나 혐의가 있거든 용서하라 그리하여야 하늘에 계신 너희 아버지도 너희 허물을 사하여 주시리라 하셨더라

어느 날 한 아버지가 자신의 아들이 거칠고 무례한 소년들과 함께 어울려 놀고 있는 것을 우연히 보게 되었습니다. 그날 저녁 아버지는 정원에서 빨간 사과 6개를 따가지고 쟁반에 담아 아들 앞에 내려놓았습

니다. 그리고는 먹기에는 이르다며 그 사과를 보관하게 하면서 거기에 완전히 썩은 사과 하나를 끼어 놓았습니다. 아들이 불평을 합니다. "아버지, 그렇게 하시면 나머지 사과도 다 썩고 맙니다. 그렇게 하시면 안 됩니다." 그러자 아버지가 이렇게 대답합니다. "6개의 싱싱한 사과가 하나의 썩은 사과를 싱싱하게 할지 어떻게 아느냐?" 결국 아버지 말대로 싱싱한 사과와 썩은 사과를 함께 보관해놓았습니다.

8일이 지난 뒤 사과를 꺼내봤더니, 아들의 말대로 나머지 사과들도 모두가 썩어버렸습니다. 아들은 당당하게 아버지에게 자기가 했던 말을 다시 했습니다. 그때 아버지가 조용히 이렇게 아들을 타일렀다고 합니다. "아들아, 나쁜 친구들과 어울리면 너도 결국 나쁜 사람이 될 것이라고 내가 여러 번 말하지 않았더냐? 이 좋은 사과 6개가 한 개의 썩은 사과를 싱싱하게 만들지 못할뿐더러, 싱싱한 6개 모두 썩어버린 것을 보면, 나쁜 친구와 사귈 때 네가 장차 어떻게 될지 이제는 깨닫겠느냐?"

하나님 아버지의 마음이 이와 같습니다. 하나님께서는 당신의 자녀들이 이 세상 안에서 영육 간에 강건하기를 기대하시며 하나님의 자녀답게 살기를 기뻐하십니다. 그리고 그 하나님의 자녀들이 하나님께서 주신 신령한 복을 누리고 기뻐하며 하나님의 뜻을 이루어 영적으로 풍성히 열매 맺는 삶을 살기를 오늘도 기대하고 계십니다. 이 하나님 아버지의 마음을 기억해야 합니다.

하나님의 사람 토저(A. W. Tozer) 목사님은 자신의 책 「이것이 그리스도인이다」(Living as a Christian)에서 왜 죄인의 삶의 방식이 어리석은

가에 대해 성경적으로 5가지를 들어 지적합니다. 첫째, 죄인은 하나님을 생각하지 않으므로 어리석습니다. 둘째, 죄인은 결산을 생각하지 않으므로 어리석습니다. 셋째, 죄인은 보이지 않는 진짜 세계를 생각하지 않으므로 어리석습니다. 넷째, 죄인은 전통의 영향을 강하게 받기에 어리석습니다. 다섯째, 그냥 내버려두면 인간은 자연스럽게 악으로 향하기에 어리석습니다.

우리의 어리석은 행실의 근원은 우리 마음의 타락한 본성 때문입니다. 죄와 허물의 회개 없이는 좋은 열매를 거두지 못합니다. 또한 죄 사함의 은총이 없이는 풍성한 열매를 거둘 수 없습니다. 십자가의 은총 가운데서만 복되고 귀한 열매를 맺을 수 있습니다. 또한 구원에 이르는 믿음 없이는 영적인 열매를 거두지 못합니다. 아름다운 열매는 하나님만을 신뢰하는 자에게 따라옵니다. 특별히 오직 예수 그리스도 안에서 예수를 통해서만 풍성하고 존귀한 열매를 맺게 됩니다. 예수 그리스도 밖에서는 아무런 열매가 약속되어 있지 않습니다. 비록 세상에서 아무리 성공하고 유명하고 인기를 누려도 하나님 앞에서는 무용지물입니다. 아무것도 아니라는 것을 항상 기억해야 합니다.

이적은 계시입니다

오늘 본문에는 기적이 기록되어 있습니다. 기적, 또는 이적은 계시입니다. 하나님의 초월적 능력으로 강하게 메시지를 주십니다. 예수님께서 한 무화과나무를 저주하십니다. 그런데 그 다음날 보니 말씀대로 그 나무가 말라 비틀어 죽었습니다. 말씀대로 심판받습니다.

이적은 두 가지의 내용으로 성경에 기록됩니다. 하나는 긍정적입니다. 보통 우리의 소원처럼 죽은 자가 살아나고, 병든 자가 낫고, 실패한 자가 성공하는 이적들이 많이 있습니다. 동시에 부정적인 이적이 있다는 것을 기억하시기 바랍니다. 건강한 사람이 아파서 죽습니다. 부강한 나라가 멸망합니다. 잘되던 사업이 곤두박질 쳐서 실패하고 맙니다. 오늘 본문에 나타난 이적은 부정적인 이적입니다. 예수님께서 행하신 많은 이적들 가운데 유일하게 파괴적인 이적입니다. 그 유일성만큼 강하고 중요한 메시지가 계시되고 있습니다.

본문에 보면 하나님께서 하신 말씀 가운데 '주의 날'이라는 성경적 용어가 반복해서 나옵니다. 이것은 하나님의 초월적 능력이 역사 안에 실제적으로 강하게 나타난 날을 의미합니다. 성경에 그런 말들이 많이 있지요. 이것은 구원과 동시에 심판적인 사건입니다. 이 '주의 날'에는 현재적인 것이 있고 또 종말적인 것이 있습니다. 예를 들어 '최후의 심판'은 종말적인 주의 날입니다. 반면 오늘 이 기적은 현재적인 주의 날을 계시하고 예언합니다.

오늘 본문에 나타난 이적은 상징적인 이적입니다. 나무가 무슨 죄가 있고 무슨 인격이 있겠습니까? 무엇을 잘못했겠습니까? 또한 예수님께서 길을 가시다가 시장하셔서 나무을 보았는데 열매가 없다고 저주하셨다는 것만을 놓고 보면 이해가 되지 않습니다. 예수님께서는 그런 분이 아니십니다. 한 번도 개인적으로 능력을 행하신 적이 없습니다. 광야 40일 동안 금식기도 하실 때도 마귀가 그렇게 유혹합니다. "돌이 떡이 되게 하라." 하지만 그 굶주림 속에서도 예수님께서는 오직 하나님의 말씀으로 살 뿐이라고 하시면서 거절하십니다. 그런고로 이 사건은 상징적인 계시입니다.

구약을 보면 죄 사함을 받기 위해서 양을 죽입니다. 여기에는 상징적인 메시지가 있습니다. 죄의 값은 사망입니다. 누군가는 죽습니다. 대신 죽어야 됩니다. 동시에 죄 사함을 받으려면 피의 값을 치러야 됩니다. 그냥 스스로 '나 죄 사함 받았다. 그래 너 용서했다' 라는 식으로 죄 사함을 받는 것이 아닙니다. 그 메시지가 상징적으로 양을 통해서 계시 됩니다. 양이 무슨 잘못이 있습니까? 그러나 상징적인 메시지를 양을 통해서 주십니다.

오늘 본문의 상황은 예루살렘 성전 정화사건과 밀접한 관계가 있습니다. 하나님의 교회인 예루살렘이 타락하고 세속화 되었습니다. 우리는 이 사건과 연결해서 하나님의 음성을 들어야 합니다. 오늘 본문 바로 직전인 11절을 보면 예수님께서 이미 예루살렘 성전으로 가셨습니다. 이미 모든 상황을 다 아셨습니다. 그리고 밤늦게 나오십니다.

오늘 본문 가운데 있는 15절부터 19절까지의 말씀을 보면 예수님께서는 거룩한 분노 가운데 성전을 깨끗하게 하시는 엄청난 사건을 일으키십니다. 우리는 이것을 염두에 두고 예수님께서 한 무화과나무를 저주하신 사건을 바라보아야 합니다. 이 사건으로부터 40년 뒤인 AD 70년에 예루살렘이 망합니다. 무화과나무처럼 망해버립니다. 그뿐만 아니라, 이스라엘 백성과 그 나라가 망해버립니다. 우리는 이것을 기억해야 합니다.

하나님의 말씀은 사건입니다. 하나님께서 죄를 사하셨다는 것을 그대로 믿는 자에게 임합니다. '죄가 있다'하면 있는 것입니다. 말씀하시면 그대로 믿는 자에게 사건으로 임합니다. 말씀이 사건으로 역사하는 이적입니다. 이 저주받은 무화과나무의 이적은 대표적이며 대신한다는 의미가 있습니다. 항상 세상을 사는 누군가는 대표로 벌을 받습니다. 항상 어떤 사건을 통해서 메시지를 들어야 합니다. 하나님의 사람은 그 사건을 통해서 회개하며 하나님의 음성을 듣습니다. 그 사람이 복 있는 사람입니다.

회개를 위한 심판

본문의 이적을 통해 우리는 다음의 두 가지 메시지를 듣게 됩니다. 첫째는 회개에 대한 심판입니다. 그것도 현재적인 주의 날의 선포요, 예언입니다. 위선과 거짓에 대한 심판입니다. 예루살렘은 하나님의 전입니다. 그런데 죄와 거짓과 위선이 가득합니다. 세속화됐고 타락했습니다. 그때 당시를 상고하면 그 안에 수많은 성직자들이 있었습니다. 수백 명이 넘게 있었습니다. 또한 수만 명이 넘는 성도들, 교인들도 있었습니다. 그들은 그들만의 오래된 전통과 제도를 자랑하고 있었습니다. 이 세상에서 높은 성공과 인기를 누리고 있었습니다. 그러나 하나님 앞에서는 아무것도 아닙니다.

예수님께서 말씀하십니다. "하나님의 전은 만민의 기도하는 집이니라. 어찌 강도의 굴혈을 만들었느냐?" 하나님의 전은 오직 '만민의 기도하는 집'입니다. 그 밖에는 어떤 모습이든, 세상이 좋다고 칭찬하든 말든 다 강도의 굴혈입니다. 한마디로 잎만 무성한 무화과나무입니다.

하나님의 징계가 임합니다. 잎이 무성해서 열매가 있는 줄 알았더니 없었습니다. 속았습니다. 하나님의 전이 세상을 속이고, 사람을 속인 것입니다. 하나님의 뜻이 나타나지 않는 것입니다. 무화과 나무가 마른 것은 바로 이에 대한 심판입니다.

그래서 하나님께서 먼저 하나님의 택하심을 받은 백성을 징계하십니다. 이스라엘은 하나님께서 복의 근원으로 택하신 민족입니다. 아브라함의 씨입니다. 모든 열방과 국가에 복을 선포하시기 위해서 하나님께서 복의 통로로, 복의 근원으로 정하신 민족입니다. 그런데 그 민족을 통해서 하나님의 영광이 가려집니다. 장애물이 되고 말았습니다. 하나님께 선택받았다는 것은 하나님께서 쓰시고자 하신다는 뜻입니다. 그런데 선택이 곧 구원은 아닙니다. 모든 교인은 선택받았습니다. 그러나 구원은 믿음으로 받습니다. 선택으로 구원받는 것이 아닙니다. 구원받을 만한 믿음이 있어야 됩니다. 믿음은 순종입니다. 그를 통해서 하나님의 뜻이 나타납니다. 선포됩니다.

중국 송나라에 '정이'라는 학자가 있었습니다. 그는 누구나 행복이라고 생각하는 것이 오히려 불행일 수 있다고 말하면서 인간의 세 가지 불행을 말합니다. 첫째 불행이 '소년등과(少年登科)' 입니다. 어린 나이에 과거에 급제하는 것이 좋아할 일이 아니라는 것입니다. 빨리 과거에 급제하는 것이 불행일 수 있다는 것입니다. 너무 빠른 출세에 교만해져서 인생을 불행하게 만들 수 있다는 것이지요.

둘째 불행은 '석부형제지세(席父兄弟之勢)' 입니다. 부모를 너무 잘 만난 것입니다. 위세가 대단한 부모형제를 만나는 것은 복이기는 하지만, 그 자체가 불행일 수 있다는 것입니다. 왜냐하면 부모형제한테 너무 의존하게 되기 때문입니다. 그래서 게을러집니다. 노력하지 않습니다. 방탕합니다. 그 자체가 불행한 삶이 됩니다.

셋째 불행은 '유고재능문장(有高才能文章)'입니다. 뛰어난 재주와 문장력을 타고난 것이 인생의 불행일 수 있다는 것입니다. 재주가 출중하고 문장이 좋으면 그 재주와 문장을 믿고 안일함에 빠져 인생이 불행해질 수 있다는 것입니다. 무엇이 복인지 깊이 생각해보십시오.

이스라엘 백성, 자랑할 것이 많았습니다. 하나님께 택함을 받은 선민입니다. 하지만 그 선민의 책임을 다하지 않고 특권의식에 사로잡혀서 하나님의 영광을 가립니다. 더욱이 이스라엘 백성은 하나님께서 직접 십계명을 주신 민족입니다. 성경말씀을 최초로 소유하고 받은 민족입니다. 얼마나 대단합니까? 정말 위대한 민족입니다. 하지만 그 복이 그들에게 화가 됩니다. 무책임한 백성이 됩니다. 하나님의 뜻이 나타나지도 않고, 하나님의 영광을 가리게 됩니다.

더 큰 문제는 예수 그리스도를 거절한 것입니다. 이것이 가장 큰 죄입니다. 세상에서는 죄 같지 않지만 이것은 분명 죄입니다. 하나님께는 예수 그리스도를 부인하고 거절하고 무시하는 죄가 가장 큰 죄입니다. 하나님께서는 교회를 세우시고, 하나님의 자녀를 세우셨습니다. 이 속에 놀라운 특권이 있습니다. 그러나 교회와 기독교와 그리스도인을 통해서 하나님의 영광이 나타나지 않고, 하나님의 뜻이 증거 되지 않으면 잎만 무성한 무화과나무일 뿐입니다. 하나님의 징계가 임할 수밖에 없는 것입니다.

열매 없음에 대한 심판

두 번째 메시지는 열매 없음에 대한 심판입니다. 무화과나무는 반드시 열매를 맺어야 합니다. 그리스도인은 반드시 열매를 맺어야 합니다. 이 무화과나무를 자세히 조사해보니, 그 당시 한 해에 두 차례, 4월과 가을에 한 번씩 열매를 맺었다고 합니다. 그런데 이 4월의 열매는 맛이 없습니다. 제철이 아니라는 것이지요. 가을에 열린 열매만 맛있습니다. 하지만 4월에는 무화과 열매가 조금 열린답니다. 처음에는 맛이 없어서 먹을 수 없지만, 한두 달쯤 있으면, 그러니까 6월이 지나고부터는 그래도 먹을 만하고 합니다. 오늘 본문은 말씀합니다. "무화과의 때가 아님이라(13절)." 언제입니까? 4월입니다. 지금 주님께서 구하시는 것은 맛있고 풍성한 열매가 아닙니다. 그냥 알량한 열매, 당연히 있어야 할 조그만 열매에 불과합니다.

열매는 각자의 은사대로 맺는 것입니다. 이것은 비교할 것이 없습니다. 우쭐할 것도, 소외감을 느낄 필요도 없습니다. 성경은 분명히 말씀합니다. 제가 특별히 이 말씀을 똑똑히 기억합니다. "많이 받은 자에게 많이 달라 할 것이요, 적게 받은 자에게는 적게 달라 할 것이다." 최후의 심판 기준입니다. 그런데 저, 많이 받았거든요. 그래서 생각할 수밖에요. 각자의 은사대로 하나님께서 심판하십니다. 중요한 것은 각자가 열매를 맺어야 됩니다. 주변의 사람들을 보세요. 어떤 사람은 잘나지 않았습니까? 좋은 환경에 있지 않습니까? 머리도 좋지 않습니까? 같이 노력해서 될 일이 아닙니다. 우리 개개인을 향한 하나님의 기준이 있습니다.

그러나 모든 하나님의 자녀는 하나님께 영광 돌리는 삶을 살아야합니다. 모든 하나님의 자녀는 하나님의 능력과 은혜에 대한 증인으로 살아야 됩니다. 하나님께서는 모든 하나님의 자녀에게 강력하게 요구하십니다. "하나님을 전심으로 사랑하고, 네 이웃을 네 몸과 같이 사랑하라." 이 말씀에 예외가 없습니다. 보편적인 요구입니다. 당시 유대 민족, 예루살렘은 하나님의 요구를 생각하지도 못합니다. 아주 가리고 있습니다. 편협하고 위선적입니다. 비록 세상에서 인기도 누리고 전통을 자랑하며 성공을 논하지만, 하나님 앞에서는 무용지물입니다. 열매가 없는 것입니다.

구원에 이르는 신앙고백은 마음에서 우러나서 입으로 고백되어집니다. 이것이 성령의 역사입니다. 마음만 있어도 안 됩니다. 마음은 없고 말만 해도 안 됩니다. 전인격적인 신앙고백을 통해서 열매 맺는 삶이 되어갑니다. 교회 출석했다는 것으로 하나님의 자녀가 되지는 않습니다. 거듭난 그리스도인만 하나님의 자녀입니다. 전적인 삶의 변화, 하나님 나라의 증인된 삶을 통해서 변해갑니다. 마태복음 7장 21절부터 23절에 있는 유명한 말씀입니다. '주여, 주여'라고 외치면 세상은 그를 그리스도인이라고 부를지 모르지만 천당에 가지는 못합니다. "하나님의 뜻대로 행하는 자라야 하나님 나라에 들어가리라."

더욱 놀라운 것은 선지자 노릇, 귀신축출과 같은 많은 권능을 행할지라도 거듭나지 않으면 결국 그는 불법을 행하는 자입니다. 하나님께서 주신 은사대로 하나님의 뜻을 이루지 않고 자기 뜻을 이루며 살면 천국에 들어가지 못합니다.

유일한 길, 예수 그리스도

어떤 식물원에 견학 온 초등학생들에게 가이드가 말했답니다. "꽃과 나무에게 사랑한다, 예쁘다고 말해주면 그 식물이 잘 자란단다." 정말 그렇지 않습니까? 아이들에게 그렇게 해보라고 했습니다. 그래서 아이들이 지나가면서 저마다 '사랑한다, 예쁘다'라고 말하면서 즐거워하는데, 유독 한 아이만 계속 욕을 하는 것입니다. 그래서 가이드가 타이릅니다. "아니, 칭찬하라고 했지 욕하라고 했니?" 그랬더니 아이가 아주 일리 있게 이렇게 얘기합니다. "잡초한테 욕을 하면 말라죽을까 해서요."

식물에게 한 것이지만 이는 하나님 앞에서는 용서받을 수 없는 죄입니다. 특별히 하나님의 자녀에게는 그럴 권한이 없습니다. 어떤 비난도, 비방도, 정죄도 스스로 책임져야 합니다. 하나님의 자녀는 이 세상의 빛과 소금으로 세워졌습니다. 사명이 있습니다. 그래서 오직 사랑과 긍휼을 전해야 됩니다. 하나님께서 내게 주신 것이기 때문입니다.

체험이 있습니다. 예수 그리스도 안에서 수많은 체험이 있습니다. 우리는 그것을 증거 해야 됩니다. 하나님의 말씀만이 절대 진리임을 선포해야 됩니다. 가장 중요한 것은 삼위일체 하나님께서 살아 계시다는 것입니다. 하나님, 예수님, 성령님께서 오늘도 함께하시고 하나님의 뜻을 이루고 계십니다. 어떠하든 이것은 항상 증거하며 선포해야 할 말씀입니다.

하나님께서 요구하시고 기뻐하시는 영적 열매는 오직 하나의 방법으로, 하나의 길 안에서 맺을 수 있습니다. 이 유일한 '길(The Way)'이 바로 예수 그리스도입니다. 예수 그리스도 안에서, 예수 그리스도를 통하여 하나님의 뜻을 분별할 수 있고, 하나님을 만날 수 있고, 하나님의 능력을 체험할 수 있고, 하나님의 지혜를 구할 수 있습니다. 예수 그리스도 안에서 하나님만을 신뢰하며, 하나님의 뜻에 순종할 수 있습니다. 예수 그리스도 밖에서는 하나님께서 기뻐하시는 열매를 맺을 수 없습니다. 하나님의 뜻은 오직 예수 그리스도 안에서만 계시됩니다.

　우리가 성경을 어떻게 다 알겠습니까? 모르겠거든 예수님만 생각하시기 바랍니다. 예수님이라면 어떻게 하셨을지 생각하시기 바랍니다. 성령께서 거룩한 상상으로 분별하게 해주실 것입니다. 예수 그리스도의 마음과 생각과 지식과 삶의 사고방식으로 하나님의 뜻을 알며, 그 뜻을 이루는 복된 삶을 살게 됩니다. 어떤 전통도, 제도도, 사람의 요구도, 세상의 인정도 아닙니다. 크리스천은 오직 예수 그리스도 안에서 하나님의 뜻을 분별하고 선포하고 증거하며 살아가야 합니다. 거기에 풍성한 열매가 약속되어 있습니다. 만일 그렇지 않으면 잎만 풍성한 무화과나무일 뿐입니다.

　'예수 그리스도 안'이라는 말은 '말씀과 성령의 역사 안'이라는 말과 같은 뜻입니다. 그래서 날마다 말씀과 성령의 역사 안에서 회개해야 됩니다. 날마다 회개하지 않고 살아갈 의인이 없습니다. 죄 사함의 은총을 확신하며 하나님과 동행할 때 믿음으로 승리하게 됩니다. 또한 말씀과 성령의 역사 안에서 내게 주시는, 나의 은사에 맞는, 내게 요구하시는 하나님의 말씀을 들어야 합니다. 그 말씀을 선포하고 감사하고 이루며 살아가는 것입니다.

더욱 중요한 것은 말씀과 성령의 역사 안에서 하나님 나라의 증인으로 살아야 합니다. 세상의 개혁과 개선이 아니라, 세상의 만사형통이 아닙니다. 크리스천은 하나님 나라가 임했고 반드시 완성되며 또한 하나님께서 이 일을 이루고 계신다는 것을 증언하는 하나님의 자녀입니다. 이것을 기억해야 합니다.

하나님의 나라를 증언할 그리스도인

미국에서 가장 복음적이고 성경적인 신학교로 인정받는 장로교 신학교 가운데 피츠버그 신학교가 있습니다. 지난 번에 그 학교 총장인 윌리엄 칼 박사님이 예수소망교회를 잠깐 방문했었습니다. 그리고 예수소망교회의 주선으로 서울장신대에 가서서 채플 시간에 설교를 하셨습니다. 참 은혜로운 시간이었습니다. 거기서 그는 자신의 체험적 간증을 이야기했습니다. 이런 내용입니다.

오래 전 그분이 목회를 할 때 어느 큰 환영만찬 석상에서 미국 대통령을 소개하는 예식순서를 맡게 되었답니다. 아버지 부시가 대통령 하던 때의 일입니다. 그래서 텍사스를 떠나 그 장소로 가면서 계속 고민했습니다. '뭐라고 소개하나? 말씀을 전하는 것도 아니고, 어떻게 소개해야 잘하는 걸까?' 여러 소개 문구를 생각했다고 합니다. 그런데 도착하니까 백악관에서 메모를 딱 주면서 그대로 하라고 시키더랍니다. 그래 메모를 들여다봤더니 딱 한 줄밖에 없더랍니다. "미합중국 대통령 부시!" 기가 막힌 일이지요. 그리고 텍사스 본 교회로 돌아왔는데, 교인들이 "아, 우리 목사님 훌륭하십니다. 그 큰 자리에서 대통령을 소개하셨다니 얼마나 영광스럽습니까!" 하면서 막 축하를 해주더랍니다.

그때 목사님은 하나님으로부터 꽝하고 들려오는 충격적인 메시지를 들었답니다. '이렇게 한 나라의 대통령을 소개하는 것도 즐겁고 기쁘고 모두가 감사하는 일인데, 나는 이 하나님을 모르는 시대에 하나님을 소개하는 사람으로 과연 얼마나 감사하며 이 일을 잘 감당했는가?' 그러면서 크게 회개했답니다.

하나님의 자녀는 하나님을 모르는 세상에 하나님을 소개하는 특권을 가진 백성입니다. 하나님 나라를 증거 해야 할 책임이 있습니다. 새로운 하나님의 역사관, 시간관, 종말관을 비롯하여 모든 하나님의 새로운 지식을 전할 책임이 있습니다. 거기까지입니다. 열매는 성령께서 맺게 하십니다.

우리가 증인의 책임을 다할 때 하나님께서는 기뻐하시고, 그 삶의 과정을 통해서 하나님의 뜻을 이루어주십니다. 참된 증인의 삶을 통해서 성령께서 의의 열매를 맺게 하십니다. 화평의 열매를 맺게 하십니다. 사랑과 긍휼의 열매를 맺게 하십니다. 복음의 열매를 맺게 하십니다. 하나님 나라의 열매를 맺게 하십니다. 이것은 하나님의 약속입니다. 하나님의 마음을 헤아리고 하나님 주시는 기쁨 안에 거하며 복음의 증인으로 살아가는 자, 그 사람이 바로 복 있는 사람입니다.

PRAYER

전지전능하신 은혜의 하나님, 주의 초월적 경륜과 능력과 은혜 안에서 우리를 하나님의 자녀로 택하시고, 놀라운 하나님의 역사를 우리를 통하여 나타내시기를 기뻐하시지만, 여전히 불신앙 가운데 하나님의 뜻을 분별치 못하고, 하나님의 자녀 됨의 책임의식이 없이 살아가는 가운데 오히려 하나님의 영광을 가리며, 하나님께 욕을 돌리는 미련한 인생을 용서하여주시옵소서. 오직 예수 그리스도 안에서 하나님의 뜻을 분별하며, 진실로 감사하고 기뻐하며, 위대한 복음의 증인으로 날마다 회개와 기도와 하나님께 대한 신뢰로 살아 하나님의 뜻이 임하고, 현재적인 주의 날이 임하는 놀라운 하나님의 자녀다운 삶을 살아갈 수 있도록 우리를 붙들어주시옵소서. 우리 주 예수 그리스도의 이름으로 간절히 기도드립니다. 아멘.

19_이것까지 참으라

하나님의 말씀_누가복음 22 : 47 - 53
말씀하실 때에 한 무리가 오는데 열둘 중에 하나인 유다라 하는 자가 그들의 앞에 서서 와서 예수께 입을 맞추려고 가까이 하는지라 예수께서 이르시되 유다야 네가 입맞춤으로 인자를 파느냐 하시니 좌우가 그 될 일을 보고 여짜오되 주여 우리가 검으로 치리이까 하고 그 중에 한 사람이 대제사장의 종을 쳐 그 오른편 귀를 떨어뜨린지라 예수께서 일러 가라사대 이것까지 참으라 하시고 그 귀를 만져 낫게 하시더라 예수께서 그 잡으러 온 대제사장들과 성전의 군관들과 장로들에게 이르시되 너희가 강도를 잡는 것같이 검과 몽치를 가지고 나왔느냐 내가 날마다 너희와 함께 성전에 있을 때에 내게 손을 대지 아니하였도다 그러나 이제는 너희 때요 어두움의 권세로다 하시더라

인간 관계론의 대가로 꼽히는 데일 카네기(Dale Carnegie)의 일화 하나를 소개합니다. 어느 날 독자로부터 자신의 책에 대해 신랄하게 비판하는 편지 한통을 받았습니다. "당신의 책은 읽을 가치가 없습니다." 이 내용에 카네기는 분노했습니다. 즉시 펜을 들어 답장을 씁니다. "당신이 저능아라서 그런 것 같은데 아마도 당신은 내가 지금 보내는 답

장의 글조차도 제대로 이해할 수 없는 바보인 것 같구려." 아주 감정이 북받쳐서 답장을 썼습니다. 그리고 그 편지를 책상서랍 안에 던져 놓았습니다.

며칠 지나서 다시 그 편지를 끄집어내어 읽어보았습니다. 그러더니 스스로 빙그레 웃으면서 다시 펜을 잡았습니다. 새롭게 답장을 쓰기 시작했습니다. "저의 저서에 대해 충고해주셔서 감사합니다. 주신 의견을 잘 반영하도록 하겠습니다." 곁에서 보던 비서가 묻습니다. 왜 답장을 두 번씩이나 쓰십니까? 그때 대답했습니다. "첫 번째 답장은 감정에 휩싸여서 분노하여 화풀이로 쓴 것이니 보낼 수 없다. 두 번째 답장이 나 자신과 저서를 돌아본 후에 쓴 객관적인 것이기 때문에 이것을 보내야 한다." 깊이 생각해보시기 바랍니다.

마태복음 10장에 보면 예수님께서 제자들을 세상으로 파송하시면서 "너희는 이리 가운데 보냄 받은 양"이라고 선언하신 후 곧바로 22절에서 아주 중요한 메시지를 전하셨습니다. "나중까지 견디는 자는 구원을 얻으리라." 세상으로 제자를 보내시면서 나중까지 견디는 자는 구원을 얻으리라고 하십니다. 이 험악한 세상에서 핍박받고 비난받고 조소당하고 무시당할 때 이기는 최후승리의 비결은 나중까지 참고 기다리는 것이라는 메시지를 주시며 제자들을 보내십니다. 여러분, 얼마나 인내하며 참으며 오늘을 살아가십니까?

참지도 기다리지도 못하는 세상

이 세상은 참으로 빠르게 변화하고 있습니다. 항상 그러했지만 오늘의 문화, 정치, 경제는 참으로 빨리 변합니다. 앞으로 점점 더 빨리 변할 것입니다. 시간은 사람들을 재촉합니다. 그렇지 못하면 뒤처집니다. 그러다보니 온 세상 사람들이 바쁜 인생을 살아갑니다. 과거에 비해서 엄청나게 바쁜 인생을 삽니다. 그리고 급한 결정을 내리며 삽니다. 빠른 결정을 내려야 성공할 수 있고, 이 속도의 변화에 맞출 수 있다고 생각하며 삽니다. 무한경쟁 속에서 승리하는 건 바쁜 삶이요, 빠른 결정이라 생각합니다. 그러나 여기에 대단히 위험한 함정이 있습니다.

아침을 굶고 출근하는 사람들을 대상으로 김밥을 파는 가게가 있었습니다. 그 유리창에 이렇게 써놨습니다. "김밥을 포장해 드립니다." 그런데 장사가 잘 안됩니다. 그래서 깊이 생각한 후에 문구를 간단하게 고쳤더니 매출이 두 배로 늘고 장사가 잘되었습니다. 어떻게 바꿨는지 아십니까? "김밥을 포장해놨습니다." 이 바쁜 시대에 언제 포장해서 가지고 갑니까? 포장된 것 그대로 들고 나와야지요. 오늘의 세태를 풍자하는 이야기입니다.

오늘날 우리는 마치 느리고 참고 인내하는 삶은 게으른 삶이요, 낙오자의 삶이요, 미련한 삶인 것처럼 착각하게 만드는 세상 속에서 살고 있습니다. 그러나 성경은 분명히 말씀합니다. "끝까지 인내하고 참고 견디는 자가 승리하느니라." 하나님의 말씀입니다.

그리스도인은 순간적인 기쁨과 만족을 포기하고 영원한 기쁨과 영광을 추구하며 오늘을 삽니다. 세상의 칭찬과 인기와 물질과 성공과 권력을 뒤로한 채 하나님 나라와 의를 먼저 구하며 삽니다. 하나님 나라의 영화와 약속과 평강과 의를 사모하며 삽니다. 분명 그리스도인은 자신의 영광은 포기하고 하나님께 영광 돌리는 삶을 선택하며 삽니다. 두 가지 다 가질 수가 없습니다. 동시에 가질 수가 없습니다. 절대로 없습니다. 있다고 생각하는 것 자체가 사탄에게 속고 사는 것입니다. 분명 믿음의 결단을 내려야합니다. 더 큰 것, 더 좋은 것, 더 영원한 것, 더 가치 있는 것, 그것을 구하며 살아가는 자가 하나님의 사람입니다.

평생 기억할 말씀

오늘 본문에 이적이 기록되어 있습니다. 예수님께서 부활사건 이전에 행하신 마지막 이적입니다. 이적은 계시입니다. 하나님의 큰 능력을 나타내어 사건으로 강하게 말씀하십니다. 오늘도 하나님의 능력 앞에서, 사건 앞에서 메시지를 듣는 자가 복이 있습니다. 하나님의 뜻을 구하는 자가 하나님의 사람입니다.

본문의 사건은 그 유명한 겟세마네 동산에서 일어나고 있습니다. 예수님께서 십자가를 앞에 놓으시고 전날 밤 피땀 흘려 기도하십니다. 그러면서 제자들에게 기도하라 하시는데 그들은 자꾸 졸고 있습니다. 그래서 예수님께서는 46절에서 "이르시되 어찌하여 자느냐 시험에 들지 않게 일어나 기도하라."라고 말씀하십니다.

오늘 본문은 바로 여기서부터 시작되는 사건입니다. 가룟 유다와 예수님을 잡으러 온 큰 무리가 앞에 검을 들고 나타났습니다. 이 장면을 생각해보세요. 뭐 큰 무리는 그렇다 치고, 가룟 유다가 앞장서서 옵니다. 가룟 유다는 예수님의 제자입니다. 12제자의 한 사람입니다. 예수님께서 택하신 자입니다. 삼 년 공생애를 함께 지냈습니다. 생사고락을 같이했습니다. 예수님의 말씀과 능력을 눈으로 보고 귀로 들은 사람입니다. 가장 가까운 그가 앞장서서 가증스럽게 입을 맞추는 행동을 통하여 예수님을 지목함으로 잡아 죽이려고 합니다. 이거 참을 수 있는 상황입니까? 가장 참기 어려운 상황입니다. 우리 자신도 가장 믿고 신뢰하고 사랑했던 사람에게 배반당하고, 그걸 넘어 나를 죽이며 해치려고 한다면 정말 그 상황은 목숨 걸 그런 상황입니다. 참기 가장 어려운 상황입니다.

그 상황에서 제자 중 한 사람이 칼을 들어 휘두릅니다. 그리고 잡으러 온 무리 중 한 사람의 오른쪽 귀를 잘라버립니다. 칼 쓰는 게 서툴러서 귀가 맞았습니다. 요한복음에 보면 이 제자가 베드로라 지적합니다. 그리고 귀가 잘린 종은 이름이 말고였습니다. 이 상황에서, 예수님께서 이 참기 어려운 급박한 상황에서도 끝까지 참으시며 말고의 귀를 치유해주십니다. 이적을 행하십니다. 그리고 제자에게 말씀하십니다. "이것까지 참으라."

마지막 이적을 통해서 계시를 주십니다. '이것까지 참으라. 이것이 승리의 길이다. 하나님 앞에 영광 돌리는 길이다. 이것까지 참으라.' 베드로와 사도들은 평생 이 사건을 기억했을 것입니다. 말고의 귀를 생각했을 것입니다. 그 사건이 그를 주도하여 메시지를 들으며 살아갔을 것입니다. '이것까지 참으라.' 오늘 우리에게 주시는 하나님의 말씀입니다.

베드로의 행동을 한번 생각해보세요. 베드로가 내가 가까운 사이인데, 내가 이런 억울한 일을 당할 때 그가 나서서 사태를 정리해줍니다. 내 눈에 베드로는 의리 있는 친구처럼 보일 것입니다. 세상도 그렇게 판단합니다. 그러나 성경은 분명히 말씀합니다. 그의 행동은 불신앙의 행동이며, 어리석고 미련한 행동이라는 것입니다. 또한 이는 하나님의 일을 망치는 행동이며 하나님께 욕을 돌리는 행위입니다. 우리는 이것을 분별해야 합니다.

물론 이것을 분별하기 아주 어렵습니다. 왜냐하면 내 안에 분노가 있거든요. 내가 억울하거든요. 그러나 영적 지혜로 무엇이 옳은지를 분별해야 합니다. 로마서 12장 21절의 말씀입니다. "선으로 악을 이기라." 이건 성경의 대주제입니다. '어떤 상황이든 선으로 악을 이기라. 그것이 하나님께 영광 돌리는 길이요 하나님의 자녀다운 삶이다.' 누가 나를 비난하면 같이 비난합니다. 누가 나에게 폭력을 행하면 같이 폭력을 행합니다. 내가 억울하니까 그렇게 합니다. 그러나 이건 이미 마귀에게 지는 삶입니다. 선으로 악을 이기는 것만이 승리의 삶임을 성경은 말씀합니다. 오직 사랑과 용서와 인내로 승리하는 자가 하나님의 사람입니다.

참음의 비결: 성경으로부터 배워야 합니다

네덜란드 레이든 대학 공개토론장에서 있었던 일입니다. 한 늙은 구두 수선공이 이 대학교수들이 토론하는 데 항상 와서 참여합니다. 그들은 라틴어로 토론하는 데, 이 수선공은 전혀 라틴어를 알지 못합니다. 그래 한 친구가 말합니다. "아, 당신 참 웃겨. 말도 못 알아들으면서 거기 왜 오랜 시간동안 앉아 있어?" 그때 이 수선공이 이렇게 대답했답니다. "나는 분명 못 알아들어. 라틴어 모르니까. 그런데 하나는 분명히 알 수 있어. 누가 틀린 소리 하는지를." 알아듣지 못하는데 당신이 그걸 어떻게 알아? 수선공은 말합니다. "누가 먼저 화를 내는가를 보면 알지." 그렇습니다. 위협적인 상황이고 힘든 상황에서 먼저 분노하는 사람, 그 사람에게 문제가 있습니다. 새 마음을 가진 하나님의 사람은 믿음으로 인내하며 승리합니다.

어느 초등학교에서 있었던 일입니다. 욱하는 성격을 가진 한 아이가 있었습니다. 어느 날 친구랑 놀다가 친구의 잘못으로 다투게 되었습니다. 그러다 담임 선생님한테 불려가게 되었고, 자기는 억울하다고 생각하는데 담임선생님이 이렇게 말씀하더랍니다. "네가 참아야 한다. 참는 자가 이기는 거다. 그래야 훌륭한 사람이다. 그리고 너는 그리스도인 아니냐? 모세야? 너 목사님 아들 아니냐?" 그랬더니 부들부들 떨며, 화나는 것을 못내 참으면서 이렇게 말하더랍니다. "예수님께서 일흔 번씩 일곱 번까지 참으라고 하셨으니 제가 참겠습니다. 참는 자가 이기는 거죠." 주께서 말씀하십니다. '참을 수 없는 것까지 참아라. 그것이 하나님의 뜻이니라.'

여러분, 어떻게 이렇게 험악한 세상에서 끝까지 참을 수 있습니까? 참을 수 없는 것까지도 참을 수 있습니까? 이것은 불가능합니다. 그러나 하나님께선 우리에게 불가능을 말씀하지 않으십니다. 반드시 그 비결을 주시면서 말씀하십니다. 참을 수 있는 비결은 하나님의 말씀 안에 있습니다. 성경에서 그 답을 들어야 합니다.

첫째, 성경으로부터 배워야 됩니다. 우리가 잘 아는 대로 내게 거듭 남의 역사가 일어났고 내게 새 마음이 있으면 인생의 목적도 달라집니다. 그럼에도 불구하고 신기한 건 그 기질은 옛 본성 그대로라는 것입니다. 우리는 이것을 잘 다스려야 합니다. 배우고 깨달아서 말씀에 순종하며 그 말씀이 내게 체질화하도록 훈련시켜나가야 됩니다. 야고보서 5장에 말씀합니다. '농부의 인내를 생각하라. 욥의 인내를 생각해보라.' 수많은 하나님의 사람들을 통하여, 성경말씀을 통하여 배우고 깨닫고 훈련시켜나가야 됩니다. 이것은 단 한 번에 되는 일이 아닙니다. 여기에 성령의 역사가 있습니다. 성령이 생각과 말과 행동의 절제력을 주십니다. 어떤 상황에서도 성령이 인도하실 땐 생각과 말과 행동에 인내함을 갖습니다. 하나님의 뜻을 분별하고, 그 다음에 생각하고, 말하고, 행동해야 됩니다.

성경에 아주 극적인 장면이 있지 않습니까? 우리들이 평소에 사도 신경에서 고백하는 내용입니다. 동정녀 마리아가 임신을 했습니다. 요셉은 그녀의 정혼자입니다. 그 당시 풍습으론 손 한번 못 잡아봤습니다. 결혼날짜를 기다리는 어느 날 요셉은 약혼자 마리아가 임신했다는 소식을 듣습니다. 여러분이라면 이 소식을 들었을 때 어떻겠습니까? 난리 나는 거죠. 상식적으로는 어떤 지식으로도 이것은 용납할 수 없는 것 아닙니까? 요셉도 우리 같은 사람입니다. 그러나 그는 기도합니다. 신중하게 생각합니다. 이게 무슨 일이지 물으며 하나님의 뜻을 기다립니다. 믿음의 인내로 하나님의 음성을 듣습니다. "성령으로 잉태하였느니라." 참지 못하고 기다리지 못했으면 다 망치는 것입니다.

302 예수님의 이적과 계시

자기 말에 자기가 책임지는 것입니다. 그래서 거듭난 그리스도인은 말과 행동과 생각에 있어서 신중합니다. 하나님의 뜻을 분별하고 나서야 말하고 행동합니다. 하나님 앞에 스스로 말하고 행동하는 건 다 자기가 책임져야 됩니다. 그러니 이처럼 미련한 것이 어디 있습니까? 그런데, 오늘날 보면 이 세상은 우리를 참 인내하기 힘들게 만듭니다. 대표적으로 가장 말을 함부로 하고 행동하는 사람들이 지도자들입니다. 정치인들입니다. 그리고 언론입니다. 즉각적인 판단을 내립니다. 결론을 내려놓고, 아니면 말고 하는 식입니다. 너무 무책임합니다. 그러다보니 자꾸 그렇게 따라가는 것입니다. 그리스도인은 세상을 거스르며 살아가는 사람입니다. 더 신중하게, 그럴 때마다 더 깊이 하나님의 뜻을 물으며 정직한 자로 책임 있는 생각과 말과 행동을 하며 살아갑니다.

참음의 비결: 기도해야 합니다

또 하나는 기도입니다. 기도하지 않으면 다 분노하고 급해서 망치게 됩니다. 항상 깨어 기도하는 자만이 성령의 인도하심 속에 인내할 수 있습니다. 이건 자신의 인격적 인내가 아닙니다. 성령이 인도하시는 성령의 열매요, 절제입니다. 베드로의 결정적인 실패 이유가 여기 있습니다. 지금 겟세마네 동산에서 피땀 흘려 예수님께서 기도하시는데, 그리고 계속해서 기도하라고 하시며 유혹에 빠지지 않도록 기도하라 하시는데 기도도 안하고 잡니다. 그리고는 씩씩하게 예수님을 잡으러 온 사람들을 향해 칼을 뽑습니다. 베드로 입장에서는 그럴 수밖에 없었을 것입니다. 가장 사랑하고 존경하는 예수님을 잡으러 왔는데, 그것도 같이 지내던 동료 가룟 유다가 앞장서서 오는데 칼 안 뽑으면 그놈이 더 나쁜 놈이지요.

그러나 이 일이 하나님의 영광을 가립니다. 베드로는 영적 분별력이 없었습니다. 왜 그렇습니까? 기도하지 않았기 때문입니다. 예수님께서는 기도로 이 상황을 미리 준비하셨습니다. 그리고 용기 있게 끝까지 참으시며, 그 위기의 순간에도 상처 입은 자, 말고를 치유해주시고 메시지를 주십니다. "이것까지 참으라." 아마도 베드로는 평생 이 사건을 기억했을 것입니다.

훗날 베드로는 교회를 향하여 이렇게 설교합니다. 베드로전서 5장 8절의 말씀입니다. "근신하라 깨어라 너희 대적 마귀가 우는 사자같이 두루 다니며 삼킬 자를 찾느니라." 이 사건을 통해서 메시지를 얻은 것입니다. 분명 자기는 잘하는 거라 생각했지만 이 마귀의 역사에 휩쓸렸습니다. 깨어 기도하지 못했기 때문입니다. 예수님께서 말씀하십니다. "근신하라. 깨어 기도하라." 베드로는 사도행전 6장 4절에서도 이렇게 고백합니다. "우리는 오로지 기도하는 일과 말씀사역에 힘쓰리라."

오늘 우리 주변에는 우리를 향한 수많은 요구와 핍박이 있습니다. 그러나 그것보다 더 중요한 게 있습니다. 그것은 바로 기도하는 일과 말씀 전하는 일입니다. 그 외의 그 어떤 것도 중요한 것은 없습니다. 그래야 이 세상에서 승리할 수 있기 때문입니다. 이 사건으로 베드로는 기도의 사람으로 변해갑니다. 그래서 인내할 수 있었습니다. 또한 우리는 하나님을 바라보아야 합니다. 하나님의 경륜을 바라봐야 됩니다. 믿지 않는 사람들은 사건과 사람을 바라봅니다. 그러나 거듭난 사람은 성령의 인도하심 속에 잠깐 보류하고 하나님을 바라봅니다. 하나님께서 아시는지 모르시는지부터 생각해봐야 됩니다. 하나님의 경륜을 바라보아야 합니다.

이것까지 참으신 예수님

예수님께서 요한복음 18장 11절에 똑같은 상황에서 주시는 말씀입니다. "예수께서 베드로에게 이르시되 칼을 칼집에 꽂으라. 아버지께서 주시는 잔을 내가 마시지 아니하겠느냐 하시니라." 가룟 유다의 배반, 그의 가증스러운 입맞춤의 행위, 수많은 사람들이 폭력을 행하며 예수님을 잡으려 하는 그 사건, 이 모든 것이 하나님의 경륜 아래 있었습니다. 이 모든 것이 어둠의 때 십자가를 지시게 하기 위해서 허락하신 일입니다. 예수님께서는 그 사건 속에서 하나님의 경륜을 읽음으로 믿음으로 승리하실 수 있었습니다. 인내할 수 있었습니다. 그 경륜을 알지 못한다면 누구도 참을 수 없을 것입니다.

우리가 하나님의 일에 봉사하고 하나님의 일을 사역할 때 착각하는 게 있습니다. 항상 좋은 결과가 있고 칭찬이 있고 뭐 그런 일을 생각합니다. 천만의 말씀입니다. 정말 하나님의 일에 올인 하면 조롱이 있고, 시기가 있고, 질투가 있고, 배반이 있고, 거역이 있고 무시함이 있습니다. 이런 일이 있는 것입니다. 그럴 때마다 하나님의 결말을 생각해야 합니다. 하나님의 경륜 중에서도 무엇보다도 끝을 봐야 됩니다. 하나님께서 행하시는 마지막을 봐야 됩니다.

성경을 보세요. 십자가 뒤에 부활이 있습니다. 부활 뒤에 하나님 우편의 영광이 있습니다. 그것을 보며 십자가를 질 수 있는 것입니다. 수많은 고통과 고난 속에 하나님의 뜻이 이루어짐이 있습니다. 그것이 하나님의 결론입니다. 욥의 인내, 욥의 고난을 보세요. 모든 사건 후에 욥은 고백합니다. "이전에는 귀로만 하나님을 들었는데 이제는 눈으로 만납니다(욥 42:5)." 하나님의 결말입니다. 누구도 예측하지 못하는 하나님의 지혜와 능력의 결말입니다.

또한 세상 안에서도 하나님께서 보상해주시고 모든 것에 갑절로 은혜를 베푸십니다. 하나님의 결말입니다. 하나님의 경륜 안에서 하나님의 결말을 봐야 합니다. 끝을 분명히 볼 때 우리는 믿음으로 인내할 수 있습니다. 예수님께서는 내게 주시는 아버지의 잔으로 그 사건을 받아들이십니다. 그리고 말씀하십니다. "이것까지 참으라."

무엇보다 중요한 지혜는 십자가의 메시지입니다. 십자가의 사랑입니다. 십자가를 통해서 하나님께서 말씀하십니다. 그 사건을 통해서 강력하게 말씀하십니다. 하나님께서 끝까지 참으셨습니다. 오래 참으셨습니다. 크신 사랑을 베푸셨습니다. 그걸 믿음으로 우리가 거듭난 하나님의 자녀가 되었습니다. 그 사랑을, 그 오래 참으심을 우리는 증거 해야 합니다. 내 인격이 아니라 하나님의 인격으로 증거 해야 합니다.

그래서 끝까지 참고 사랑하며 위하여 기도하는 것뿐입니다. 고린도전서 13장에 말씀합니다. 사랑의 수많은 정의가 있습니다. 첫 번째가 무엇입니까? "사랑은 오래 참고." 이것이 첫 번째입니다. 사랑하니까 참는 것입니다. 베드로는 왜 못 참았습니까? 사랑하지 않았기 때문입니다. 저들은 나쁜 놈들이니까 못 참는 것이지요. 아직 십자가의 은혜를 몰랐기 때문이었습니다.

그러나 그가 변합니다. 십자가의 은혜와 사랑 가운데 위대한 사도로 변합니다. 인내에는 사랑과 용기가 필요합니다. 인내에는 두려움이 없어야 됩니다. 베드로는 두려웠습니다. 군중이 두려웠습니다. 사랑하는 마음도, 긍휼도 없었습니다. 용기도 없었습니다. 그러니 분노하고 칼을 휘두른 것입니다.

베드로는 후에 나이 들어 이 사건을 다시 회고하며 설교합니다. 간절하게 교회를 향하여, 하나님의 성도를 향하여 하나님의 말씀을 체험적으로 증거 합니다. 베드로전서 3장 8절과 9절의 말씀입니다. "마지막으로 말하노니 너희가 다 마음을 같이하여 동정하며 형제를 사랑하며 불쌍히 여기며 겸손하며 악을 악으로 욕을 욕으로 갚지 말고 도리어 복을 빌라 이를 위하여 너희가 부르심을 받았으니 이는 복을 이어받게 하려 하심이라."

하나님의 사람 루이스(C. S. Lewis)의 말입니다. "그리스도인이 된다는 것은 용서할 수 없는 죄를 용서하는 것을 말한다. 하나님께서 용서받을 수 없는 우리 죄를 사하셨기 때문이다."

참음은 거듭난 그리스도인의 증표

내가 거듭난 그리스도인이라고 확신하십니까? 용서받을 수 없는 죄를 용서해야 그 사람이 그리스도인입니다. 그 삶 자체로 하나님께서 영광 받으시고 그가 복을 받습니다. 참을 수 없는 사건에 대하여 참고 견뎌야 하나님의 은혜와 능력이 나타납니다. 내 힘과 세상의 논리로 의를 나타내고자 할 때, 악을 악으로 갚으려다 더 악한 사람이 되고 맙니다.

예수님께서 제자를 택하신 후에 '너희는 이리 가운데 보내는 양'이라고 말씀하시면서 강하게 메시지를 주십니다. "끝까지 견디는 자가 구원을 얻으리라. 아니, 끝까지 참는 자만이 하나님의 영광을 나타내리라." 그리고 마지막 이적을 통하여 계시를 주십니다. "이것까지 참으라." 도저히 참을 수 없는 모욕적이고 치욕적이며 수치스러운 배반의 사건이지만 이것까지 참으라고 하십니다. 하나님께서는 알고 계시고, 하나님의 경륜 가운데 하나님의 뜻이 이루어짐을 바라보라고 하십니다. 이 말씀이 내 삶을 주도하고, 이 말씀에 순종하는 삶을 살아갈 때 비로소 하나님께 영광 돌리는 삶을 살아가게 됩니다.

하나님께서 이제 행동하십니다. 내가 믿음으로 참고 견딜 때 하나님께서 움직이십니다. 하나님께서 결말을 내십니다. 하나님의 은혜와 능력으로 참된 구원의 역사가 선포되며 다만 하나님을 영화롭게 하는 사건이 나타날 것입니다.

PRAYER

전지전능하신 은혜의 하나님, 하나님의 오래 참으심과 풍성한 은혜와 사랑 가운데 오직 믿음으로 하나님의 자녀 되었습니다. 그러나 사랑과 긍휼을 잃어버린 말과 마음과 생각과 행위로, 참지 못하고 견디지 못하고 분노하며 쉽게 절망하며 정죄하며 세상을 탓하며 원망과 불평 중에 살아가는 미련한 죄인을 용서하여주옵소서. 진실로 이 세상의 불의와 불경건에 대하여 애통하는 마음으로 중보기도 하는 자로 거듭나게 하시고, 이 세상의 험악한 소식 속에도 불구하고 오래 참음으로 견디어 믿음으로 하나님의 경륜을 바라보며 하나님의 능력의 체험자로 하나님나라의 증인으로 권세 있는 자의 삶을 살아갈 수 있도록 우리와 함께하여주옵소서. 우리 주 예수 그리스도의 이름으로 간절히 기도드립니다. 아멘.

20_나는 부활이요 생명이다

하나님의 말씀_ 요한복음 11 : 17 – 27

예수께서 와서 보시니 나사로가 무덤에 있은 지 이미 나흘이라 베다니는
예루살렘에서 가깝기가 한 오 리쯤 되매 많은 유대인이 마르다와 마리아
에게 그 오라비의 일로 위문하러 왔더니 마르다는 예수께서 오신다는 말
을 듣고 곧 나가 맞이하되 마리아는 집에 앉았더라 마르다가 예수께 여
짜오되 주께서 여기 계셨더라면 내 오라버니가 죽지 아니하였겠나이다
그러나 나는 이제라도 주께서 무엇이든지 하나님께 구하시는 것을 하나
님이 주실 줄을 아나이다 예수께서 이르시되 네 오라비가 다시 살아나리
라 마르다가 이르되 마지막 날 부활 때에는 다시 살아날 줄을 내가 아나
이다 예수께서 이르시되 나는 부활이요 생명이니 나를 믿는 자는 죽어도
살겠고 무릇 살아서 나를 믿는 자는 영원히 죽지 아니하리니 이것을 네
가 믿느냐 이르되 주여 그러하외다 주는 그리스도시요 세상에 오시는 하
나님의 아들이신 줄 내가 믿나이다

어느 교회 예배시간에 있었던 일입니다. 목사님이 '하나님께서는 살아
계시고, 그 은혜와 능력으로 스스로 하나님 나라를 이루고 계신다'라는
말씀을 선포하고 증거 했습니다. 예배를 마치고 그 예배에 처음으로
참석했던 한 노인이 목사님께 이렇게 말합니다. "목사님, 죄송하지만
저는 당신이 믿으라고 한 것에 대해서 하나도 믿을 수가 없습니다. 당

신이 말씀하신 어느 것 하나도 실제로 내가 본 적이 없습니다."

그때 옆에 있던, 그 교회에 출석하는 시각장애인 교인이 노인에게 이렇게 물었다고 합니다. "선생님, 당신은 이곳에 올 때 어떻게 오셨습니까?" 노인이 그 사람을 보니까 시각장애인이었습니다. 그래서 노인은 거기까지 오는 데 걸린 시간과 경로는 물론이고 자기가 무슨 차를 타고 왔는지까지 아주 친절하고 자세하게 설명해주었습니다. 그러자 그 시각장애인 교인이 이렇게 말했습니다. "선생님, 저는 당신이 지금껏 말한 것을 하나도 믿을 수 없습니다. 저는 한 번도 그걸 본 적이 없기 때문입니다. 그러나 저는 지금 마음의 눈을 떠서 선생님께서 하신 말씀도 믿고, 목사님의 말씀도 믿습니다."

믿음은 들음에서

믿음은 들음에서 나오는 것입니다. 이것이 성경의 진리입니다. 체험으로, 눈으로 보는 것으로는 믿음이 나오지 않습니다. 누가 하나님을 보고 믿겠습니까? 지금 무엇을 보여주겠다는 것입니까? 많은 사람들이 자꾸 보고 느끼게 하려고 애쓰는데 그것은 성경이 말씀하는 것과는 거리가 멉니다. 그것은 세속화된 것입니다. 믿음은 들음에서 나오는 것입니다. 구원에 이르는 믿음은 오직 그리스도의 말씀을 들어야 되는 것입니다. 로마서 10장 17절은 말씀합니다. "그러므로 믿음은 들음에서 나며 들음은 그리스도의 말씀으로 말미암았느니라." 하나님께서 이렇게 정하셨습니다. 이것은 하나님의 뜻입니다. 그러므로 하나님의 말씀을 듣지 못하는 자는 가장 불행한 사람입니다.

그리스도의 말씀은 성경에 기록되어 있습니다. 성경 말고는 다른 어느 곳에도 있지 않습니다. 약간의 유익은 있지만, 거기서 찾으려고 하지 마십시오. 오직 성경뿐입니다. 스스로 성경 안에서 하나님의 말씀을 분별해야 합니다. 성경을 보면 거짓 선지자와 거짓 사도들이 진짜 선지자나 사도들보다 훨씬 더 엄청나게 많습니다. 무엇을 뜻하는 것일까요? 역사 안에서 항상 이러했다는 것입니다. 오늘도 그렇고 내일도 그런 것입니다. 왜곡된 진리를 선포하는 것입니다. 같은 성경을 놓고 다르게 이야기합니다. 크게는 유대교가 그러하고, 이슬람이 그렇지 않습니까? 우리가 살아가는 오늘도 그렇습니다.

방송설교를 듣다가 깜짝 깜짝 놀랄 때가 많습니다. 스스로 분별해야 됩니다. 왜 그렇습니까? 그리스도인 안에는 성령께서 계십니다. 그러므로 우리들 각자의 책임입니다. 누구의 책임도 아닙니다. 성경을 소유했다고 해서 하나님의 말씀을 다 아는 것이 아닙니다. '나는 성경이 차에도 있고, 집에도 있고, 사무실에도 있다. 또 품속에도 넣어갖고 다닌다.' 이렇게 착각하는 분이 많은 것 같습니다.

뿐만 아니라, 성경이 하나님의 말씀이라고 스스로 인정한다고 해도 그것이 곧 우리가 하나님의 말씀을 듣는다는 뜻은 아닙니다. 무엇보다 우리는 성경을 가까이해야 됩니다. 그리고 그 안에서 하나님 말씀을 들어야 합니다. 읽는 것이 아니라 들어야 됩니다. 그러므로 우리는 성경을 볼 때 하나님의 말씀 듣기를 기대해야 합니다. 성경은 교양서적도 아니요, 오늘 나의 문제를 해결해주는 책도 아닙니다. 하나님의 말씀을 듣는 것입니다. 오직 성령의 역사로만 가능합니다.

들음을 통해 자라는 믿음

오늘 본문 25절, 26절에서 예수님이 말씀하십니다. "예수께서 가라사대 나는 부활이요 생명이니 나를 믿는 자는 죽어도 살겠고 무릇 살아서 나를 믿는 자는 영원히 죽지 아니하리니 이것을 네가 믿느냐?" 주께서 온 인류에게 오늘 이 시간 말씀하십니다. "나는 부활이요 생명이다. 이것을 네가 믿느냐?" 이것을 들어야 합니다. 살아 계신 주님의 음성으로 들어야 합니다. 우리가 이 말씀을 암송하고 기록된 것을 인정한다 해도 아무 상관이 없습니다. 무엇보다 기록을 통해서 말씀을 들어야 합니다. 나한테 주시는 말씀을 듣지 않으면 아무것도 아닙니다.

이미 우리가 알지 않습니까? 성경은 말씀합니다. '그리스도인은 새로운 피조물이다. 거듭난 하나님의 자녀다. 새사람이다.' 무엇이 새로운 것입니까? 성경 안에서 하나님의 말씀을 듣는 것이 다른 것입니다. 그리고 믿고 순종하고 삽니다. 이는 완전히 다른 것입니다. 불신자는 절대 이런 생각을 못합니다. 그래서 이럽니다. '뭐 그런 꿈과 같은 소설이 있냐? 미쳤냐? 우리 자신도 믿기 전까지만 해도 그랬지 않습니까? 무시했지 않습니까? 조롱했지 않습니까? 그러나 이제는 아닙니다. 성경을 통해 하나님의 음성을 듣는 것입니다. 들음을 통해서 믿음이 자라납니다. 그 밖에는 다른 길이 없습니다.

창세기 1장 1절에 기록되어 있습니다. "태초에 하나님이 천지를 창조하시니라." 이 말씀이 기록되었음을 아무리 성경에서 확인해봐야 말씀을 들은 것이 아닙니다. 우리는 이 말씀을 통해서 하나님의 말씀을 들어야 합니다. '아, 하나님께서 천지를 창조하셨구나!' 듣고 믿으면 하나님의 자녀입니다. 그 믿음대로 살아갑니다. 아무리 세상에서 진화론을 말하고 뛰어난 과학자와 온 세상이 그것을 강조해도 끄떡하지 않습니다. 왜 그렇습니까? 하나님의 말씀을 들었기 때문입니다. 하나님께서 천지를 창조하신 것입니다. 완전히 다른 삶 아닙니까?

창세기 12장에 아브라함의 유명한 사건이 나옵니다. 그가 하나님의 말씀을 듣습니다. 듣고 믿습니다. 그래서 믿음의 조상이 되었습니다. '너로 큰 나라를 이루고 복의 근원이 되게 하리라.' 라는 말씀을 들었습니다. 아브라함은 들은 것을 믿고 그대로 살았습니다. 확신하며 살았습니다. 그리고 믿음의 조상이 된 것입니다. 그러나 듣지 못하면 아무 것도 아닙니다. 들었어도 믿지 아니하면 아무것도 아닙니다. 믿고 순종함으로써 하나님의 사람이 되어가고, 하나님의 은총을 누리게 되고, 약속이 능력으로 임하게 됩니다. 아브라함의 사건을 통해서 하나님께서는 우리에게 말씀하십니다. 우리는 이것을 기억해야 합니다.

모든 그리스도인은 이런 공통점을 갖고 있습니다. 완전히 다른 차원의 삶을 삽니다. 하나님의 말씀을 듣고, 믿고, 순종하고, 증거하고, 기뻐하며 살아갑니다. 그러나 불신자는 전혀 그렇지 않습니다. 아무리 일러줘도 조롱하고 웃지, 들으려 하지 않습니다. 이것이 완전히 구별된 그리스도인의 삶입니다.

복음은 십자가의 도

선다 싱(Sundar Singh)이라는 유명한 하나님의 사람이 있습니다. 인도사람으로, 원래 힌두교인이었다가 회심한 분입니다. 아주 신실한 하나님의 사람이었습니다. 그가 어느 날 힌두교 대학을 방문했습니다. 강사 한 분이 선다 싱을 알아보고 이렇게 묻습니다. "당신이 예전에 믿던 종교인 힌두교와 지금 믿는 기독교는 서로 어떻게 다릅니까? 기독교에서 무엇을 발견했습니까?" 공격적으로 따진 것입니다.

그때 선다 싱은 이런 말을 남깁니다. "나는 그리스도를 발견했습니다." 그랬더니 그 사람이 조금 화가 났습니다. "그건 나도 압니다. 기독교에서 그리스도에 대해서 얘기하는 것은 나도 압니다. 그것 말고 특별한 원리나 교리 같은, 좀 다르고 새로운 것이 없습니까? 무엇을 발견한 것입니까?" 그러자 선다 싱은 이렇게 말했답니다. "내가 발견한 특별한 것이 바로 그리스도요." 듣고 믿으며 사는 것과 그냥 아는 것은 천지차이입니다.

성경은 예수 그리스도를 증거 합니다. 성경 전체가 예수 그리스도에 관한 것입니다. 다시 말해서 창세기부터 요한계시록까지 성경을 보면서 예수 그리스도를 만나지 못하면 잘못 보는 것입니다. 예수 그리스도 안에서만 하나님을 만날 수 있습니다. 하나님께서 그렇게 정하셨습니다. 그러므로 성경을 통해서 예수 그리스도를 만나야, 예수 그리스도 안에서 하나님을 만날 수 있습니다. 더욱이 예수 그리스도와 십자가는 하나입니다. 별개가 아닙니다.

오늘날 너무나 많은 사람들이 예수 그리스도는 좋아하는데 십자가는 싫어합니다. 쳐다보지도 않습니다. 자꾸 예수님만 봅니다. 이것이 별개가 되어버렸습니다. 그런데 그것이 가짜 신앙이라는 것입니다. 십자가를 빼놓고는 예수님을 이해할 수 없습니다. 다시 말해서 성경 전체를 통하여 모든 말씀은 예수 그리스도 안에서 십자가의 도를 따라 재해석되어야 하는 것입니다.

도대체 십자가, 그 험악한 십자가에 무슨 부와 번영이 있다는 것입니까? 여러분 기억하시기 바랍니다. 십자가 안에 하나님의 의가 있고 지혜와 능력이 있습니다. 거기까지입니다. 복음은 십자가의 도입니다. 그 이상을 생각하지 마십시오. 그것은 하나님께서 하실 일입니다. 그래서 예수님께서 다 이루셨다고 하신 것입니다. 나머지는 이제 하나님께서 살리실 것입니다. 우리가 할 일은 '십자가의 도'까지 입니다. 그 진리가 성경 전체에 있습니다. 그 은혜의 빛 아래서 성경을 이해하고 해석해나가야 합니다.

말씀을 듣는 자의 행복

오늘 본문에서 예수님께서는 '나는 부활이요 생명이다'라고 말씀하십니다. 이 말씀을 깊이 생각해보시기 바랍니다. 어떤 종교가 이런 말을 합니까? 어떤 종교 창시자가 이런 말을 합니까? 못합니다. 왜 그렇습니까? 이런 말을 하는 사람은 미치광이 아니면 하나님입니다. 그 누구도 할 수 없는 말입니다. 예수님께서만 하신 말씀입니다. 예수님께서는 이 둘 가운데 한 분입니다. 미친 사람 아니면 하나님이십니다. 생사의 문제를 누가 말할 수 있습니까? 자기도 언제 죽을지 모르는데요. 어떤 지식도, 어떤 세상의 논리도 말할 수 없습니다. 오직 하나님께서만 말씀하실 수 있습니다. 보통 종교는 오직 절대자의 소관입니다. 그러니 미친 사람 아니면 절대자입니다. 예수님께서는 바로 그 말씀을 하신 것입니다. "나는 부활이요 생명이다."

오늘 본문의 상황은 나사로라는 사람이 죽었다는 것에서 시작합니다. 무덤에 묻힌 지 나흘이나 되었습니다. 이것은 무엇을 말하는 것입니까? 냄새가 난다는 것입니다. 부패했다는 것입니다. 완전히 죽었다는 것입니다. 그런데 근간에 보면 이렇게 주장하는 책들이 많더라고요. '완전히 죽지는 않았다. 썩지 않았다.' 하지만 그것은 진리가 아닙니다. 중요한 것은 죽었다가 살아났다는 것입니다. 나사로는 성경에 기록되어 있듯이 썩었습니다. "무덤에 있은 지 이미 나흘이라(17절)." 썩었다는 것입니다. 부패했다는 것입니다. 완전히 죽었다는 것입니다.

그런데 이 나사로가 살아났습니다. 어떻게 이런 일이 있습니까? 완전히 썩은 자가 살아났습니다. 이적입니다. 이런 일을 하실 분은 오직 하나님 한 분밖에 안 계시지 않습니까? 이 사건을 통해 예수님 스스로 하나님이심을 선포하고 계십니다. 그런데 이 나사로가 어떻게 살아납니까? 성경기록을 보면 예수님께서 "나사로야, 나오너라!" 라고 하셨습니다. 그리고 나사로가 그 말씀을 들었습니다. 예수님의 말씀을 듣고 살아난 것입니다. 듣지 못하면 아무것도 없는 것입니다.

더 놀라운 것은 시체가, 그러니까 이미 죽은 자가 그 말씀을 들었다는 것 아닙니까? 이것이 권능이요, 하나님의 능력입니다. 시체가 들었습니다. 그 언젠가 우리에게도 홀연히 이런 일이 일어날 것입니다. 내가 원하든지 원하지 않든지 말씀이 선포되고 일어납니다. 그리고 그날, 최후의 심판을 받고 둘 가운데 한 곳에는 가야 합니다. 천당과 지옥, 성경은 그것을 말씀하지 않습니까?

말씀을 듣지 못하는 자의 불행

그러니 중요한 것이 무엇입니까? 지금 하나님의 말씀을 듣느냐, 듣지 않느냐 이것이 문제입니다. 날마다 듣고 살아가야 됩니다. 들은 말씀에 순종하고, 기뻐하고, 묵상하며 살아가야 합니다. 주일에 내게 주신 말씀을 여기서 못 들으면 평소에 듣기가 힘듭니다. 그 말씀을 붙들고 한 주간을 살아가는 것입니다. 말씀을 듣는 자가 복 있는 자입니다.

그럼 이 세상에서 가장 불행한 사람은 누구입니까? 말씀을 듣지 못하는 사람입니다. 이것이 그리스도인의 관점이요, 가치관입니다. 아무리 세상에서 재벌이고, 대통령이고, 심지어 존경받는 인물이라 할지라도 하나님 말씀을 못 들으면 불쌍한 사람입니다. 부러워할 것 하나도 없습니다. 왜 그렇습니까? 인간을 복되게 만드는 것은 오직 성경 말씀이기 때문입니다.

불교에도 비슷한 것이 있습니다. '열반'입니다. '니르바나'의 경지입니다. 그러나 그들도 알고 우리도 알듯이 차원이 완전히 다릅니다. 몸의 부활이 없습니다. 또한 불사(不死, immortality)를 말하는 문화나 종교는 많습니다. 또한 영혼불멸, 오직 영혼만 살아간다고 하는 철학 사상들이 있습니다. 예를 들어, 힌두교나 라마교 같은 것도 있습니다. 하지만 이것도 아닙니다. 이것은 부활이 아닙니다.

기독교의 부활은 무엇입니까? 주일마다 우리가 사도신경에서 고백하는 것입니다. "몸이 다시 사는 것과 영원히 사는 것을 믿습니다." 사도신경의 이 마지막 결론을 빼면 신앙고백이 안 됩니다. 모든 삼위일체 하나님과 모든 것이 이것으로 증명됩니다. "몸이 다시 사는 것과 영원히 사는 것을 믿습니다." 새로운 몸, 하나님께서 사시는 영으로 예수님께서 부활하신 것처럼 완전한 인격체로 부활합니다. 그것을 믿고 오늘을 살아갑니다. 완전히 새로운, 다른 차원의 몸입니다. 더욱이 이 사실이 중요한 것은 우리 모두의 부활이기 때문입니다. 모든 인류가 원하든 원하지 아니하든 부활에서 최후의 심판을 받아야 합니다. 이것이 얼마나 중요합니까?

오늘날 보면 신앙인인데도 매장을 그토록 고수하는 분이 있습니다. 화장을 하면 부활을 못할까봐 걱정합니다. 불신앙입니다. 이는 인간 문화에 집착하는 것이지 진리 안에 있는 것이 아닙니다. 부활은 무에서 유의 창조입니다. 전혀 개의치 마시기 바랍니다. 죽은 시체가 듣고 일어나는 것입니다. 나사로가 살아났습니다. 소생했습니다. 하지만 그 역시도 다시 죽고 썩었습니다. 그 몸은 없어졌습니다. 이 사건은 하나의 예표입니다. 생명의 주인이신 예수님께서 하나님이심을 증거 하는 예표입니다. 예수님의 부활을 앞둔 예표입니다. 이것을 기억해야 합니다.

그러면 부활사건의 메시지가 무엇입니까? '나는 부활이요 생명이다'라고 말씀하신 이 기록의 메시지가 무엇입니까? 거듭난 그리스도인은 항상 메시지를 사모해야 됩니다. 이 사건이 성경에 기록되어 있다고 내가 그 사건을 믿는 것이 아닙니다. 기록만으로 그 사람이 신앙인인 것은 아닙니다. 우리는 그 안에서 메시지를 들어야 합니다. 읽는 것이 아닙니다. 듣는 것입니다. 여기 기록된 이 사건은 아무나 읽으면 볼 수 있습니다. 그러나 그들이 못하는 것은 듣는 일입니다. 말씀을 듣지 못합니다. 메시지를 듣지 못하는 것입니다.

부활의 메시지: 하나님 말씀의 사실성

부활사건의 메시지는 최소한 절대 진리 두 가지를 말합니다. 첫째, 성경에 기록된 모든 하나님의 말씀, 모든 사건이 사실이라는 것입니다. 믿든 말든 창세기부터 요한계시록까지 전부가 사실임을 증명합니다. 부활사건이 이를 증명합니다. 그것은 사건이요 반드시 말씀대로 이루어졌습니다. 얼마나 경이롭고, 두렵고, 놀랄 일입니까? 십자가를 생각하시기 바랍니다. 성경대로 오셨고, 죽었고, 부활하셨습니다. 그것도 정확하게 3일 만에 이루어진 사실이라는 것을 부활로 증명합니다. 주께서 다 이루었다고 말씀하십니다.

도대체 이룬 것이 무엇입니까? 악하고 타락한 세상을 악이 지배하고, 로마가 세계를 관리하고, 그들은 하나님은 없다고 합니다. 도대체가 불평등한 사회인데, 아무것도 하신 일이 없는 것 같은데, 예수님은 다 이루셨다고 하십니다. 예수님께서 여기에 오셔서 하신 것은 성경에 기록된 대로 그대로 이루신 것입니다. 말씀대로 이루신 것입니다. 나머지는 이제 말씀대로 하나님께서 하실 일입니다. 그것만이 남았습니다. 예수님께서 살아나시고, 승천하시고, 부활하시어 하나님 우편에 앉아 계시고 통치하시는 이 모든 것은 하나님의 권능입니다. 십자가의 도가 구원의 능력입니다. 십자가가 메시지입니다.

그런데 오늘은 십자가가 싫다고 합니다. 하지만 십자가 없는 부활은 없습니다. 이것을 기억해야 합니다. '부활이 없다면 모든 것이 헛되

다.' 이것은 최후의 증명이기 때문입니다. 고린도전서 15장 14절은 말씀합니다. "우리의 전파하는 것도 헛것이요 또 너희 믿음도 헛것이며." 더욱이 그리스도의 부활이라는 것은 모든 하나님의 역사가 사실임을 증명하는 것입니다. 성경말씀 그대로 될 것입니다. 이것을 믿게 하느라고 최후의 그날에 있을 부활이 단 한 번 예수님을 통해서 나타나게 됩니다.

부활의 메시지: 하나님 말씀을 믿음

둘째, 하나님의 존재와 역사가 사실임을 믿으라는 것입니다. 이것이 부활의 메시지입니다. 오직 한 분만이 하나님이십니다. 이 세상에는 수많은 종교가 있습니다. 존경받는 종교도 많습니다. 그러나 거기에는 하나님이 없습니다. 자기들도 하나님을 얘기하지만, 한 분만이 진짜입니다. 창조주시요, 역사의 주인이시며 심판주이신 전지전능하신 하나님 한 분이 계십니다. 그것이 사실이라는 것을 부활이 증명해 줍니다. 왜 그렇습니까? 그분만이 부활시키실 수 있기 때문입니다. 그분만이 하신 일이니까 이것을 믿으라는 것입니다.

아주 단순하게 생각해보십시오. 정말 전지전능하신 하나님께서 살아 계시다면, 그래서 그분이 역사하신다면 못 믿을 것이 뭐가 있겠습니까? 그런데 안 믿는 사람이 너무나 많습니다. 역사적으로도 많습니다. 하나님은 믿으면서도 천지창조는 안 믿는 사람이 많습니다. 진화론에 빠져서 망친 신학자, 목회자, 성도들도 굉장히 많습니다. 그들은 애초에 믿음이 없는 것입니다.

제가 참 존경하는 신학자 가운데 에밀 브루너라는 분이 있습니다. 20세기 최고의 신학자입니다. 하지만 그는 동정녀 탄생을 믿지 않았습니다. 그분의 말에 따르면 어떻게 사람이 성령으로 잉태하느냐는 것입니다. 정말 실망스럽습니다. 이 부분만 빼면 나머지는 천재인 학자입니다. 하지만 그것을 믿지 못하면 실패한 것입니다. 어떻게 하나님을 믿으면서 그것을 안 믿을 수 있습니까? 나머지는 다 믿으면서 말입니다. 이것은 불신앙입니다. 사단의 역사입니다.

더욱이 하나님을 믿고 다 믿는데, 부활을 안 믿습니다. 믿음이 없는 것입니다. 잘못된 믿음입니다. 하나님께서 계신데, 이적을 안 믿는 이들도 있습니다. 오늘날 교황이나 추기경 같은 사람들을 한 번 보십시오. 오병이어든 뭐든, 성경에 나오는 기적들은 안 믿습니다. 인터넷에 들어가서 확인해보시기 바랍니다. 절대 안 믿습니다. 그것이 말이 되느냐고 합니다. 하나님을 믿으면서 어떻게 기적을 안 믿을 수 있습니까? 성경에 기록되어 있는데 말입니다. 그러니 부활이 우리에게 무엇을 말하는 것입니까? '모든 것이 사실이다. 하나님께서도 살아 계시고, 역사하신다.' 이 사실을 믿으라는 것입니다. 그러나 입으로만 부활을 외쳐봐야 아무 소용없습니다. 메시지를 들어야 합니다.

부활신앙의 증거

우리도 하나님을 보지 않았지만, 하나님의 음성을 갈망하지 않습니까? 능력을 구하지 않습니까? 무엇보다 중요한 것은 이것입니다. 부활신앙, 부활사건은 모든 인류를 뒤바꿔놓습니다. 완전히 변화시킵니다.

천천히 변화되는 것이 아닙니다. 착각하지 마십시오. 즉시, 홀연히 변화시킵니다. 지금 변화시킵니다. 지금 믿으면 지금 변하는 것입니다. 하나님께서 살아 계시고 성경이 다 진짜인데 어떻게 안 변하겠습니까? 우리가 하나님을 믿는 순간 세상의 지식과 가치관은 싹없어지지 않습니까? '지금까지 내가 속고 살았구나!' 그러니 어떻게 안 변하겠습니까? 지금 홀연히 변하는 것입니다. 소망도, 열정도, 관심도, 꿈도, 행복도, 의미도 변합니다. 하나님께서 살아 계시고 성경의 모든 사건이 사실이라는데 어떻게 안 변하겠습니까?

사도행전에 나오는 부활의 증인들을 보십시오. 완전히 변하지 않습니까? 천천히 변한 것이 아니라 믿는 순간 당장 변할 수밖에 없는 것입니다. 예수님께서 십자가에 달리실 때 제자들은 다 도망갔습니다. 베드로는 저주까지 하면서 도망갔습니다. 그러나 부활하신 주님을 보고 믿는 순간 완전히 변합니다. 성령께서 변화시키시는 것입니다. 그리고 담대히 고백합니다. "예수님께서는 살아 계시다. 너희가 죽인, 십자가에 못 박은 예수께서 살아나셨다. 하늘에 계시다. 오늘도 통치하신다. 그분이 오늘도 능력을 행하신다." 완전히 변했습니다.

여러분은 이 부활신앙을 갖고 살아가십니까? 부활신앙 안에 있는 하나님의 사람은 공통점이 있습니다. 하나님의 나라와 의를 먼저 구합니다. 이것이 가장 중요합니다. 왜 그렇습니까? 하나님께서 가장 중요하게 여기시고 그 일을 행하시기 때문입니다. 그보다 더 중요한 것이 없습니다. 그렇게 변합니다.

우리가 살아가는 오늘은 너무나 문제가 많습니다. 나를 유혹하는 것이 많습니다. 내가 감당할 수 없는 일이 너무나 많습니다. 따라서 성경을 통해서 말씀을 들어야 합니다. 믿어야 합니다. 그 말씀에 끌려 살아가야 합니다. 그 말씀을 증거하며 살아가야 합니다. 그 사람이 바로 하나님의 사람입니다. 죽음도 두려워하지 않는 하나님의 사람입니다. 세상에 죽음을 두려워하지 않는 사람이 어디 있겠습니까? 그러나 부활신앙 안에서는 두렵지 않습니다.

여러분은 언제 천당 가기를 바라십니까? 이 세상과 천당, 어느 것이 더 좋습니까? 하나님을 만나는 그날과 오늘 가운데 어느 것이 더 좋습니까? 거듭난 하나님의 사람은 재난도, 질병도, 고통도, 실패와 그 무엇도 두려워하지 않습니다. 부활신앙은 그것을 이깁니다. 전혀 두렵지 않습니다. 문제는 믿음입니다. 부활신앙 안에 확실한 믿음을 가지고 살아가느냐 아니냐의 문제입니다. 주님께서 부활 후 승천하시면서 말씀하셨습니다. '볼지어다. 내가 세상 끝날 때까지 너희와 항상 함께 있으리라' 제자들은 이 사실을 듣고 믿었습니다. 때문에 두렵지 않습니다. 주님 만날 날만을 기대하고 갈망하며 살아갑니다. 완전히 변한 것입니다.

십자가에 죽어야 부활이 있습니다

내가 원하든지 원하지 않든지, 인류가 원하든지 원하지 않든지, 사람은 다 하나님 앞에 가야 됩니다. 하나님을 만나 뵈어야 합니다. 그래서 그리스도인은 하나님을 만날 그날이 가장 기쁜 날입니다. 부활의 날이 가장 기쁜 날입니다. 그런데 부활하려면 죽어야 됩니다. 산 채로 누가 부활한다는 말입니까? 그런데 그날이 가장 기쁜 날이라고 그러지 않습니까? 우리가 혼히 '축 부활'을 외치며 인사하지 않습니까? 죽어야 부활합니다. 십자가에 죽어야 부활합니다. 하나님 나라의 메시지는 오직 십자가의 도입니다. 성경 전체를 통해서도 알 수 있듯이 십자가를 떠난다면 아무것도 아닙니다. 모두 쓰레기일 뿐입니다.

여러분은 부활신앙을 가지고, 부활의 메시지에 이끌려 오늘을 살아가십니까? 성경 말씀을 통해서 하나님의 말씀 듣기를 갈망하며 날마다 말씀을 듣고, 믿고, 기뻐하고, 실천하고, 증거하며 살아가십니까? 오늘 주님께서 말씀하십니다. "나는 부활이요 생명이다. 이것을 네가 믿느냐?" 여러분은 이 말씀을 듣고 믿으십니까?

PRAYER

전지전능하신 은혜의 하나님, 하나님의 초월적 지혜와 능력과 사랑 안에서 우리를 택하시고, 오직 믿음으로 하나님 자녀 되어 천국시민권을 가진 자로 이 험악한 세상을 살게 해주심을 진심으로 감사드립니다. 그러나 부활신앙에 대한 막연한 신념이 있어 부활을 갈망하지 아니하고, 주님을 만날 그날을 사모하지 못해 마치 하나님 없는 세계관을 가진 자인 것처럼 자행자지(自行自止)하며, 주의 말씀을 떠나 살아가는 죄인을 용서하여주시옵소서. 날마다 성경 안에서 하나님의 말씀을 기대하고 갈망하며, 하나님의 말씀을 듣고 기뻐하고 믿고 실천하며 살아가는 모든 주의 사람이 되도록 우리를 새롭게 하여주시옵소서. 우리 주 예수 그리스도의 이름으로 간절히 기도드립니다. 아멘.

예수님의 이적과 계시
Copyright ⓒ 새세대 2011
초판발행 2011년 12월 20일

지 은 이 곽요셉
편   집 이영순
인   쇄 ㈜학원인쇄

펴 낸 곳 도서출판 새세대
홈페이지 www.newgen.or.kr
이 메 일 churchgrowth@hanmail.net
출판등록 2009년 12월 18일 제2009-000055호
주   소 경기도 성남시 분당구 정자동 210-1
전   화 031) 761-0338
팩   스 031) 761-1340

ISBN 978-89-967016-1-3-03230
책값은 뒷표지에 있습니다.